# 군주론

## 니콜로 마키아벨리

강정인, 김경희 옮김

까치

역자 강정인(姜正仁)

서강대학교 정치외교학과 교수

저서로는 「자유민주주의의 이념적 초상」, 「소크라테스, 악법도 법인가」, 「서구 중심주의를 넘어서」, 「넘나듦(通涉)의 정치사상」, 「한국 현대 정치사상과 박정희」, 「서양 근대 정치사상사」(공저) 등이 있고, 역서로는 「플라톤의 이해」, 「마키아벨리의 이해」, 「통치론」, 「로마사 논고」(공역), 「정치와 비전 1-3」(공역) 등이 있다.

김경희(金敬熙)

이화여자대학교 정치외교학과 교수

서울대학교 정치학과를 졸업하고, 독일 베를린 훔볼트 대학에서 마키아벨리 연구로 박사학위를 받았다. 저서로는 「근대 국가 개념의 탄생」, 「공화주의」, 「공존의 정치 : 마키아벨리 군주론의 새로운 이해」, 역서로는 「공화주의」(공역), 논문으로는 "국가와 공공선—마키아벨리의 stato론", "국가와 공공선/공동선—절대선과 개별선 사이의 마키아벨리" 등이 있다.

© 강정인, 김경희 2015

군주론

저자 / 니콜로 마키아벨리
역자 / 강정인, 김경희
발행처 / 까치글방
발행인 / 박후영
주소 / 서울시 용산구 서빙고로 67, 파크타워 103동 1003호
전화 / 02 · 735 · 8998, 736 · 7768
팩시밀리 / 02 · 723 · 4591
홈페이지 / www.kachibooks.co.kr
전자우편 / kachibooks@gmail.com
등록번호 / 1-528
등록일 / 1977. 8. 5
번역 초판 1쇄 발행일 / 1994. 2. 25
번역 제2판 1쇄 발행일 / 2003. 5. 25
번역 제3판 1쇄 발행일 / 2008. 5. 20
번역 제4판 1쇄 발행일 / 2015. 2. 10
          27쇄 발행일 / 2024. 6. 17

값 / 뒤표지에 쓰여 있음

ISBN 978-89-7291-578-2   03340

이 도서의 국립중앙도서관 출판시도서목록(CIP)은 서지정보유통지원시스템 홈페이지(http://seoji.nl.go.kr)와 국가자료공동목록시스템(http://www.nl.go.kr/kolisnet)에서 이용하실 수 있습니다. (CIP제어번호 : CIP2015003371)

베르가모

베네치아 공화국

노바라 밀라노
카라바조
바일라 브레스치아

비센차 트레비소
베로나 메스트레
만토바 파두아 베네치아

알레산드리아
밀라노 공국

제노바 포르노보

페라라

볼로냐 라벤나

이몰라 파엔차
푸룰리 리미니
체세나

루카 피스토이아
피사 피렌체
피렌체 공화국 우르비노

시니갈리아
시에나 카스텔로

마조네 카메리노
페루자 페르모
피움비노

퍼틸리아노 카스텔델라 피에베 교황령

로마

베나프로

가에타

포르투갈
다바라
톨레도 사라고사
리스본 아라곤
카스티야

그라나다

15세기경의 북-중부 이탈리아와 이베리아 반도

# 「군주론」의 이해를 위한 당대의 이탈리아 역사 개관

고대 로마 제국의 영광이 서린 땅인 이탈리아는 서로마 제국이 476년에 게르만 족의 용병대장 오도아케르에 의해서 로물루스 아우구스툴루스 황제가 폐위당하고 멸망한 뒤, 중심 세력의 부재로 사분오열되었다. 그러나 11세기가 되자 유럽의 정치적 안정과 경제적 번영에 힘입어 베네치아, 제노바, 밀라노, 피렌체 등이 지역적 중심이자 거대한 상업도시로 등장했다. 이런 도시들의 발전을 배경으로 하여 귀족들과 상인들은 자치조직을 결성하여 자치도시를 만들었으나, 지역적 중심이 되었을 뿐이고 이탈리아 반도 전체는 교황령을 비롯한 여러 세력들의 각축상태에 놓여 있었다.

그런데 중세 유럽 권력의 두 축이었던 황제권과 교황권은 이처럼 권력 공백의 상태에 있었던 이탈리아에서 맞부딪히게 되었다. 신성 로마 제국 황제 프리드리히 1세와 2세의 개입에 대하여 이탈리아의 도시들은 교황 인노켄티우스 3세와 4세의 지원하에서 저항했다. 이 투쟁 과정에서 겔프(교황파)와 기벨린(황제파)이 생겼다. 교황은 신성 로마 제국에 대항하여 프랑스의 앙주 왕가에 도움을 요청함으로써 앙주 가문의 나폴리 지배가 시작되었고, 그 지배권은 스페인의 아라곤 가문이 들어오게 되는 13세기 말까지 지속된다.

시인 단테는 14세기에 그의 조국을 이렇게 노래했다. "비참한 땅에서 피를 흘리는 아아 비굴한 이탈리아여. 거대한 폭풍우 속에서 선원이 없는 배여." 그러나 어떤 군주도 19세기 중반이 되기까지는 이 난파 직전의 배의 선장이 될 수 없었다.

14세기에 겔프와 기벨린의 대립, 도시국가들 간의 세력 투쟁 등으로 이탈리아의 분열은 심화되었으며, 이런 상황은 15세기 중반까지 계속되었다. 그런데 이 와중에서도 도시 경제의 융성과 도시들 간의 경쟁을 바탕으로 하여 고대 그리스와 로마의 문화를 재발견하고 새로운 시민 문화가 자리를 잡게 되는 르네상스 시대가 전개되었다. 1454년에는 베네치아와 밀라노 간에 로디(Lodi) 평화조약이 체결되어 이를 계기로 하여 당대의 이탈리아 5대 세력이었던 교황령, 나폴리 왕국, 밀라노 공국, 베네치아 공화국, 피렌체 공화국이 대립과 견제를 지양하고 평화체제에 들어감으로써, 자신들의 위상 확보를 위한 이탈리아 동맹이 구축되었다. 정치적으로는 전제적 경향이 강화되어 밀라노에는 스포르차 가문의 지배가 확고해졌고, 피렌체에는 메디치 가문이 권력을 강화했다.

14세기 후반에 스페인은 스페인 연합왕국이 카스티야의 이사벨 1세와 그의 남편인 아라곤의 페르난도 2세에 의해서 1479년에 성립됨으로써, 그리고 프랑스는 백년전쟁(1337–1453)에서 승리함으로써, 두 나라는 정치적 안정을 달성함은 물론 왕권이 강화되었다. 특히 프랑스의 샤를 8세는 아라곤 가문의 나폴리 왕이 죽자 자신의 가문인 앙주의 왕위계승권을 주장하고 밀라노의 루도비코 스포르차와 나폴리의 아라곤 가문의 불화를 이용하여 일시 나폴리 왕국을 점령했다. 샤를 8세의 이탈리아 침입은 그후의 이탈리아에 대한 무력을 수반한 본격적인 외세 개입의 전주곡이 되었다. 샤를 8세의 지원으로 피렌체에서는 사보나롤라가 일시적으로 집권하게 되었다. 이 도미니크 교단의 수도사는 피렌체의 교만과 허영의 죄악을 불로써 속죄해야 한다고 설교함으로써 인민의 환심을 샀고 피렌체의 권력을 장악했다.

그러나 1495년에 교황 알렉산데르 6세, 신성 로마 제국 황제 막시밀리안 1세, 스페인의 페르난도 2세, 베네치아 공화국, 밀라노 공국이 결성한 제1차 신성동맹(Holy League)의 승리에 의해서 1496년 샤를 8세의 프랑스 군대는 이탈리아에서 철수했다. 그러나 샤를 8세의 뒤를 이은 루이 12세는 베네치아와 동맹을 맺고 밀라노를 공격했다. 당시 그는 이혼 문제로 교황청의 도움이 필요했고, 교황 알렉산데르 6세는 아들 체사레 보르자의 권력과 영토 확보를 위해서 그의 도움이 필요했다. 그리하여 프랑스는 체사레의 로마냐 지방에 대한 야심을 돕기 위해서, 교황은 프랑스의 밀라노와 나폴리에 대한 야심을 돕기 위해서 야합하게 되었다.

밀라노 공국은 교황의 지원하에서 베네치아 군대와 합세한 루이 12세의 군대에게 1497년에 점령되었다. 체사레는 아버지 알렉산데르 6세와 루이 12세의 지원하에서 로마냐 지방을 영유하게 되었다. 체사레는 "통일 이탈리아"라는 원대한 야망을 가지고 있었으나, 현실적으로 밀라노는 루이 12세가 지배했고, 베네치아는 강력한 독립 공화국이었다. 더구나 교황인 아버지가 급사함으로써 로마냐에서의 그의 국가 수립 계획은 좌초되었다. 체사레는 이에 피렌체와 볼로냐를 겨냥했고, 두 도시는 루이 12세에게 도움을 요청했다. 루이 12세는 체사레를 견제하기 위해서 스페인의 페르난도 3세와 함께 나폴리 왕국을 분할했으나, 프랑스 군대는 역부족으로 곧 철수하고 나폴리는 시칠리아와 함께 스페인의 장기 지배하에 들어갔다. 마키아벨리는 통치 역량과 군사력을 겸비한 체사레에게서 외세의 각축장이 된 조국 이탈리아의 독립과 통일의 가능성을 발견하고, 부분적으로는 그를 모델로 삼아 「군주론」을 썼다.

알렉산데르 6세를 뒤이은 율리우스 2세는 프랑스, 스페인, 신성 로마 제국과 동맹을 맺고 베네치아 공화국에 대립함으로써 교황령 확대는 물론이고 교황의 이탈리아에 대한 권력 지분을 확대시켰다. 그후 율리우스 2세는 프랑스 세력을 이탈리아에서 내쫓기 위해서 베네치아, 스위스, 스페인, 신성 로마 제국과 영국을 끌어들여 두 번째의 신성동맹을 조직했고, 1521년에는 스페인과 연합하여 프랑스 군대를 밀라노에서 축출했다. 이제 이탈리아는 프랑스를 대신한 스페인의 세력권이 되었다. 1521-44년의 이탈리아 전쟁에서 신성 로마 제국의 카를 5세(스페인 합스부르크 가문)는 프랑스 왕국의 프랑수아 1세를 패퇴시켰다. 그는 밀라노를 병합했고 피렌체의 통치권을 메디치 가문에게 양여했다. 1559년에는 그의 아들인 펠리페 2세가 30여 년간 지속되어오던 스페인과 프랑스의 전쟁을 종식시킨 카토-캉브레지 강화조약을 성립시킴으로써 프랑스는 이탈리아 장악을 포기했고 스페인이 주도권을 확립하게 되어 이탈리아의 통일과 독립은 요원하게 되었다. 특히 스페인 주도하의 대서양 항로가 열리게 되자 지중해 중심의 세력권을 형성했던 베네치아 공화국도 해외 식민지를 잃고 쇠퇴의 길로 접어들었다.*

「군주론」의 마지막 장에서 "야만족의 폭정"으로 인해 유럽의 변방이 된 조국 이탈리아의 구출과 통일을 기원하는 마키아벨리가 그러한 사명을 수행하는 데에 중심이 되어야 한다고 생각했던 피렌체는 별로 길다고 할 수 없는 마키아벨리의 생애에서도 여러 정권들(메디치 가문을 대체한 사보나롤라의 신정 정치, 소데리니의 집권, 메디치 가문의 재기)이 등장한다. 상인과 귀족의 도시 피렌체는 일시적으로 사보나롤라와 소데리니 등의 통치 시기도 있었지만, 1434년 피렌체의 권력을 장악한 대(大)코시모(코시모 데 메디치, 1389-1464, 피렌체의 "국부[Pater Patriae]"라고 불린다), 피에로 디 코시모 데 메디치(1416-69), "대인(il Magnifico)" 로렌초(로렌초 데 메디치, 1449-92), 피에로 데 메디치(1471-1503), 로렌초 디 피에로 데 메디치(우르비노 공작 1492-1519)를 거쳐 알레산드로(1511-37)로 계승되는 메디치 가문의 대(大)코시모 가계의 100여 년 통치하에 있었다.

선조가 의사였다는 연유로 메디치(Medici)라는 씨성을 얻게 된, 세 가계(또 하나의 가계인 조벤코의 가계까지 감안하면 네 가계이다)로 이루어진 메디치

---

* 유럽 열강의 각축장이 된 이탈리아는 18세기의 오스트리아 지배, 프랑스 혁명 이후의 나폴레옹 체제 편입, 그후 빈 회의(1814-15) 이후의 오스트리아 주도에 의한 구체제로의 복귀, 이탈리아의 대부분 영토에 대한 오스트리아의 지배, 주세페 마치니의 민중 봉기 실패, 파리와 빈의 1848년 혁명의 영향하에서 다시 힘을 얻게 된 리소르지멘토(Risorgimento : 나폴레옹 체제의 영향으로 대두한 이탈리아의 통일운동)의 제1차 독립전쟁의 실패 등으로 1,400년 이상(476년 오도아케르에 의한 서로마 제국 멸망 이후) 분열되어, "이탈리아"라는 명칭은 단지 세계 지도 위의 한 지역을 가리키는 명칭에 불과하게 되었다. 그 뒤에 오스트리아의 지배를 면한 사르데냐 왕국을 중심으로 통일 운동은 지속되어 제2차 독립전쟁을 개시했으나, 실패를 하게 된다. 그러나 사르데냐 왕국의 에마누엘레 2세가 1861년 통일 이탈리아 왕국의 국왕으로 추대됨으로써 이탈리아는 일단 통일과 독립을 이룩하게 되었다. 그뒤 1866년에는 오스트리아 군을 베네치아에서, 1870년에는 나폴레옹 3세의 프랑스 세력을 로마에서 축출함으로써 나폴레옹 체제하에서 출현한 급진적인 비밀결사 카르보나리(숯구이)의 반란에서 시작된 리소르지멘토는 일단락되고 이탈리아 독립은 완성된다.

가문 중에서 특히 대(大)로렌초 가계는 피렌체를 당대 유럽의 주도적 금융도시로 만들었고 막대한 재부로 예술가들(브루넬레스키, 도나텔로, 보티첼리, 미켈란젤로, 레오나르도 다 빈치 등)을 후원했다. 메디치 가문은 4명의 교황들(레오 10세, 클레멘스 7세, 피우스 4세[조반니 안젤로 데 메디치, 1499-1565], 레오 11세)과 2명의 프랑스 왕비들(카트린 드 메디시스, 마리 드 메디시스)을 배출한 르네상스 이탈리아의 영욕을 상징하는 가문이었다.

까치글방 편집부

# 차례

# 헌정사 : 니콜로 마키아벨리가 로렌초 데 메디치 전하[1]께 올리는 글

　군주의 총애를 구하는 이들은 그들이 가진 것들 중에서 가장 귀중한 것이나 군주가 가장 기뻐할 것을 가지고 군주에게 접근하려고 합니다. 따라서 군주는 말, 무기, 금박의 천, 보석 그리고 군주의 위엄에 적합한 장신구들을 종종 선물로 받곤 합니다. 저 또한 전하에 대한 복종의 표시로 무엇인가를 드리고 싶었지만, 제가 가진 것 중에서는 최근 일어난 사건들에 대한 지속적인 경험과 고대사에 대한 꾸준한 공부를 통해서 배운 위대한 인물들의 행위에 대한 지식만큼 소중하고 가치가 있는 것은 없다는 점을 깨닫게 되었습니다. 이제 저는 그러한 것들을 오랫동안 성심껏 성찰한 결과를 한 권의 작은 책자로 만들어 전하께 바치려고 합니다.

　이 책은 전하께 바치기에는 많은 부족함이 있습니다만, 그토록 오랜 시간 동안 위험과 역경 속에서 제가 배웠던 것을 전하께서 가장 빠른 시간 안에 이해하실 수 있도록 썼기 때문에, 자비로운 전하께서 이것을 제가 드릴 수 있는 최대의 선물로 여기시고 거두어들이시리라고 믿습니다. 저는 이 저작을 꾸미지 않았습니다. 저는 많은 사람들이 그들의 주제를 기술하고 꾸미기 위해서 동원하던 과장된 구절이나 고상하고 화려한 단어, 그리고 그 어떤 다른 수식이나 외양상의 장식을 하지 않았습니다. 왜

---

1) 대인 로렌초(Lorenzo il Magnifico)가 아니라 피에로 데 메디치(Piero de' Medici)의 아들이자 교황 레오 10세(Leo X)의 조카인 로렌초 디 피에로 데 메디치(Lorenzo di Piero de' Medici, 1492-1519)를 말한다. 마키아벨리가 원래 「군주론」을 헌정하려고 한 군주는 로렌초의 숙부인 줄리아노 데 메디치(Giuliano de' Medici, 1479-1516)였다. 헌정 대상이 바뀐 것은 당시 피렌체 통치자였던 줄리아노가 교황(레오 10세)이 된 형 조반니를 따라 신성 로마 제국 교회의 행정관이 되어 로마로 갔기 때문이다.

냐하면 저는 저의 저작이 오직 다양한 소재와 진지한 주제로서 그 가치를 존중받기를 원했기 때문입니다.

그리고 저는 신분이 낮고 비천한 지위에 있는 자가 감히 군주의 통치를 논하고 그것에 관한 지침을 제시하는 것이 무례한 소행으로 여겨지지 않기를 바랍니다. 왜냐하면 국가의 지도를 그리는 자들은 산이나 다른 높은 곳의 모습을 파악하기 위해서는 아래로 내려가고 낮은 곳의 모습을 파악하기 위해서는 산 위로 올라가기 때문입니다. 마찬가지로 인민의 성격을 잘 이해하기 위해서는 군주가 될 필요가 있고, 군주의 성격을 잘 이해하기 위해서는 평범한 인민이 될 필요가 있습니다.

그렇다면 전하께서는 부디 이 작은 선물을 제가 보낸 뜻에 따라서 받아주십시오. 만약 이 책을 꼼꼼하게 읽고 그 뜻을 새기시면, 저의 가장 간절한 소망, 즉 전하께서 운명(fortuna)과 전하의 탁월한 자질(qualità)이 약속하고 있는 위업을 성취하셔야 한다는 저의 뜻을 헤아리시게 될 것입니다. 그리고 전하께서 그 높은 곳에서 어쩌다가 여기 이 낮은 곳에 눈을 돌리시면, 제가 엄청나고 지속적인 불운으로 인해서 얼마나 부당한 학대를 당하고 있는가를 아시게 될 것입니다.

# 제1장
# 군주국의 종류와 그 획득 방법들[1]

인간에 대해서 지배권을 가졌거나 가지고 있는 모든
국가(stato)나 모든 통치체(dominio)는 공화국 아니면 군
주국입니다. 군주국들은 (통치자가 오랫동안 같은 가
문으로부터 내려오는) 세습 군주국이거나 신생 군주국
입니다.[2] 신생 군주국은 (프란체스코 스포르차[3]가 통치
하는 밀라노처럼) 전적으로 새롭게 탄생한 군주국이거
나 (스페인 왕[4]이 통치하는 나폴리 왕국처럼) 기왕의 세
습 군주국의 군주에게 정복당하여 그 일부로 새로 편입
된 군주국입니다. 그런데 이런 식으로 편입된 영토에는
군주 통치하에서 사는 데에 익숙한 곳들과 그렇지 않고
자유롭게 사는 데에 익숙한 곳들[5]이 있습니다. 그리고
그러한 영토를 획득하는 방법에는 타인의 무력을 이용

---

1) 이 장은 제2-11장에서 논의되는 주제를 요약한 것이다.
2) 동양에서 군주국이라고 하면 보통 세습 전제 군주국을 연상하게 된다. 그러나 마키아벨리
  가 말하는 군주제는 '1인 통치자에 의한 지배체제'를 의미한다. 피렌체 등을 포함하는 르네
  상스 이탈리아의 중-북부 도시국가들에서는 시민들의 세력이 강한 데다가 공화정의 전통이
  뿌리 깊었다. 따라서 도시 내의 권력투쟁 속에서 권력을 잡게 된 명문 귀족가문 출신의 군주
  라도 강력한 세습 전제정권을 세우기가 거의 불가능했다.
3) Francesco Sforza는 Filippo Maria Visconti가 1447년에 죽은 후 수립된 단명에 그친 암브로
  시아 공화국을 멸망시키고 1450년에 밀라노 공작이 되었다.
4) 아라곤의 페르난도 2세(별칭은 가톨릭 왕 페르난도[Fernando el Católico]). 그는 나폴리에서
  는 페르디난도 3세, 시칠리아에서는 페르디난도 2세라고 불렸다.
5) 공화국을 말한다.

하는 경우와 자신의 무력을 사용하는 경우가 있으며,
운명(fortuna)에 의한 경우와 역량(virtú)[6]에 의한 경우가
있습니다.[7]

---

6) 마키아벨리 사상의 핵심 개념인 비르투의 현대 이탈리아어 표기로는 virtù가 맞다. 그러나
『군주론』의 현대 이탈리아어 본은 모두 고어의 표현을 존중해서 virtú로 표기하고 있다. 어
느 것이나 큰 차이가 없지만, 이 책에서는 virtú로 표기하겠다.
7) 이 구절이 마키아벨리의 저작에서 그토록 유명한 포르투나(fortuna)와 비르투(virtú)의 대비가
처음으로 나오는 구절이다. 여기서 역량은 virtú의 옮긴 말이다. 특히 제6-9장을 참조하라.
부록 2 "『군주론』에 나오는 용어들에 대한 해설"에서 밝힌 것처럼, 여기서 '운명'은 행운 또
는 타인의 호의를 얻는 것을 의미한다.

## 제2장
# 세습 군주국

공화국에 대해서는 다른 곳에서 길게 논의한 바가 있기 때문에[1] 여기에서는 다루지 않겠습니다. 따라서 저는 군주국에 대해서만 고려하려고 하는데, 앞에서 제시한 순서에 따라서 어떻게 이 군주국들을 통치하고 유지할 수 있는가를 검토할 것입니다.

현재 다스리는 군주 가문의 통치에 익숙한 세습 군주국(principato ereditari, hereditary principality)은 신생 국가보다 훨씬 더 용이하게 보존될 수 있다고 말할 수 있겠습니다. 왜냐하면 세습 군주국의 경우에는 선조의 기존 질서를 바꾸지 않으면서 불의의 사태에 적절히 대처하는 것만으로도 충분하기 때문입니다. 그 결과 세습 군주가 어지간히 근면하기만 하면, 의외의 아주 강력한 어떤 세력이 출현하여 그에게서 나라를 빼앗지 않는 한, 그의 통치는 항상 안정될 것입니다. 그리고 설사 그러한 사태가 일어나서 권좌에서 물러난다고 해도, 새 정복자가 어려움에 처하게 되면, 이전의 군주는 바로 예전의 지위에 복귀할 수 있을 것입니다.

세습적인 지배자는
도발적인 변화를
피할 수 있다

---

1) 이것도 아마도 「로마사 논고(*Discorsi*)」 혹은 그 저작의 제1권에 대한 암시일 것이다. 그러나 이것은 나중에 삽입된 구절이라고 추정할 수도 있다.

이탈리아의 예를 들어보겠습니다. 페라라 공작[2]은 1484년의 베네치아인들의 공격과 1510년의 교황 율리우스의 공격을 물리쳤는데, 그 이유는 단지 그의 가문이 그 지역에서 오랫동안 통치하고 있었기 때문이었습니다. 세습 군주는 신생 군주에 비해서 사람들을 괴롭힐 이유나 필요가 많지 않습니다. 그 결과 그는 더 많은 호감을 얻게 됩니다. 따라서 군주가 상식밖의 사악한 비행으로 미움을 사지 않는 한,[3] 신민들이 그를 따르는 것은 자연스러운 일입니다. 더욱이 군주 가문의 통치가 오래 지속될수록 예전의 급격한 변화에 대한 기억과 그 원인은 희미해지기 마련입니다.[4] 어떠한 변화든지 으레 새로운 변화를 초래하는 화근을 남기기 때문입니다.

---

2) 마키아벨리는 두 명의 Ferrara 공작을, 곧 Ercole I(1471-1505 재위)와 Alfonso I d'Este(1505-34 재위)를 혼동하고 있다.
3) 예컨대 타인에게 속하는 재산이나 여인들을 빼앗는 것을 말한다. 120, 128면을 보라.
4) 이 구절의 의미는 명료하지 않다.

# 제3장
# 복합 군주국

그러나 신생 군주국이야말로 정말로 어려운 문제들에 봉착합니다. 첫째, 군주국이 전적으로 새롭게 생긴 것은 아니지만, 종래에 있던 군주국에 수족처럼 병합된 경우(이렇게 병합된 국가를 복합 군주국[principato misto, mixed principality]이라고 부를 수 있겠습니다), 그러한 국가의 변화 가능성은 모든 신생 군주국이 겪기 마련인 자연발생적인 난관에서 연유합니다. 즉 사람들이란 자신들의 처지를 개선할 수 있다고 믿으면 기꺼이 지배자를 갈아치우려고 하며, 이런 믿음으로 인해서 지배자에게 무기를 들고 봉기하게 됩니다. 하지만 그들은 착각에 빠진 것입니다. 왜냐하면 사람들은 뒤늦게 자신들의 상황이 악화된 것을 경험하기 때문입니다. 이러한 상황은 자연적이고 일반적인 또 다른 필연성에서 비롯되기도 하는데, 신생 군주는 그의 군대를 통해서 또 국가를 정복하는 데에 따르는 무수히 많은 가혹행위를 통해서, 항상 새롭게 편입된 신민들에게 피해를 줄 수밖에 없는 상황에 처하기 마련입니다. 그 결과 당신은 군주국을 확장, 병합하면서 피해를 준 모든 사람들을 적으로 만들게 되었지만, 다른 한편 당신이 통치자가 되도록 지원한 사람들을 애초에 그들이 기대한 만큼 만족시

19

킬 수 없기 때문에, 그들의 우애도 유지할 수 없는 상황에 직면하게 됩니다. 그렇다고 자신에게 은혜를 베푼 지원자들에게 강력한 대응책을 쓸 수도 없는 노릇입니다. 그러므로 신생 군주는 강력한 군대를 거느리고 있더라도, 새로운 지역을 점령하기 위해서는 그 지역 주민들의 호의(favore, goodwill)가 항상 필수적입니다.

바로 이러한 이유들로 인해서 프랑스의 루이 12세는 단숨에 (루도비코 스포르차가 통치하던/역자) 밀라노를 병합할 수 있었지만,[1] 마찬가지로 순식간에 잃고 말았습니다. 처음으로 루도비코의 군대는 스스로의 힘만으로도 일거에 루이 12세를 몰아낼 수 있을 만큼 충분히 강해졌던 것입니다.[2] 왜냐하면 루이 왕에게 문을 열어주었던 인민들은 그들이 기대했던 만큼의 이득을 누리지 못하게 되자, 새로운 군주가 초래한 불편함을 참을 수 없었기 때문이었습니다.[3]

**두 번째 정복의 경우**

그러나 반란을 일으킨 나라를 다시 정복한 경우, 좀처럼 잃지 않게 된다는 것은 상당히 맞는 말입니다. 왜냐하면 새 지배자는 그의 권력을 강화하기 위해서 이전의 반란을 기화로 반역자를 처벌하며, 혐의자를 찾아내고, 자신의 통치상의 결함을 고치는 데에 더욱 무자비하고 단호하게 처신할 것이기 때문입니다. 그리하여 루도비코 공작이라는 자는 처음에는 단순히 국경 부근을 교란하는 것만으로도 프랑스 왕을 밀라노에서 몰아낼 수 있었습니다. 그러나 다시 밀라노를 프랑스에게 빼앗

---

1) 1499년 9월.
2) Ludovico Sforza는 1500년 2월 5일에 밀라노를 탈환했지만, 그해 4월에 다시 잃고 말았다.
3) 168면을 보라.

기고 난 다음에 재탈환하기 위해서는 모든 국가들이 연합하여 프랑스 왕에게 대항함으로써[4] 그의 군대를 패주시켜 이탈리아로부터 몰아내야만 했습니다. 앞에서 말한 이유 때문에 이런 사태가 일어났던 것입니다. 여하튼 프랑스인들은 두 번씩이나 밀라노를 잃게 되었습니다.

처음에 밀라노를 잃게 된 일반적인 이유들에 관해서는 앞에서 이미 논의하였습니다. 문제는 두 번째로 밀라노를 잃게 된 이유를 논의하고, 프랑스 왕에게 어떤 해결책이 있었으며, 그와 유사한 처지에 있는 지배자의 경우 어떻게 하면 병합된 영토를 프랑스 왕보다도 더 잘 유지할 수 있을 것인가를 고려하는 것입니다.

우선 말할 수 있는 것은 정복자가 새로 얻어 본국에 병합한 영토가 (본국과/역자) 동일한 언어를 사용하는 동일한 지역(provincia)[5]에 있는가 그렇지 않은가에 따라서 달라진다는 점입니다. 만약 그러한 지역이라면 그 영토를 유지하는 것은 지극히 쉬운 일이며, 게다가 그 영토가 자치(自治)[6]에 익숙하지 않은 곳이라면, 특히 쉬울 것입니다. 그 영토를 확보하기 위해서는 단순히 그곳을 지배하던 군주의 가문을 없애버리는 것으로 족합니다. 왜냐하면 그밖의 다른 일들에 관한 한, 주민들은 예전의 생활양식을 유지할 수 있고, 관습상의 차이가 없는 한, 평온한 삶을 지속할 수 있기 때문입니다. 그 예로 프랑스에 오랫동안 병합된 부르고뉴, 브르타뉴, 가스

정복한 땅을
확보하는 방법

---

4) 신성동맹의 연합군이 프랑스 군과 대결한 Ravenna 전투가 끝난 1512년 4월을 말한다. 1500년 4월 밀라노는 Novara 전투 후에 루이 12세의 영향력하에 들어가게 되었다.
5) 여기에서 지역(provincia)이란 '도시' 또는 '도시국가'보다 더 큰 땅을 의미한다.
6) vivere liberi, 201-202면을 보라.

코뉴 및 노르망디를 들 수 있습니다.[7] 비록 언어상의 차이가 약간 있었지만, 그 지역들의 관습은 유사했기 때문에 여태껏 별다른 어려움이 야기되지 않았습니다. 따라서 그러한 영토를 병합하여 유지하고자 결심한 사람은 누구나 다음의 두 가지 정책을 따라야 합니다. 첫째, 예전에 통치하던 군주의 가문을 제거하는 것입니다. 둘째, 그들의 법을 바꾸지 않고 새로운 조세를 부과하지 않는 것입니다. 그렇게 하면 새로운 영토와 기존의 군주국은 가장 빠른 시일 내에 통합되어 한 몸처럼 될 것입니다.

**본국과 다른 영토를 정복한 경우**

그러나 언어, 관습 및 제도가 다른 지역을 정복하여 영토로 병합하게 되면 상당한 문제가 야기되며, 이를 유지하는 데에는 대단히 커다란 행운(fortuna)과 엄청난 노력이 요구됩니다. 최선의 그리고 가장 효과적인 해결책은 정복자가 그 지역에 가서 친히 정주하는 것입니다.[8] 이런 조치를 취하면, 병합된 지역은 더 안전하고 안정적으로 확보될 것입니다.

그리스[9]에 대한 투르크의 정책이 바로 이러한 정책의 표본입니다. 만약 투르크가 직접 통치하려고 하지 않았더라면, 그리스를 확보하기 위해서 취한 그밖의 다른 어떤 정책도 충분하지 못했을 것입니다. 왜냐하면 현지에 가서 직접 살게 되면 사고가 일어나자마자 곧바로 알

7) 노르망디는 1204년에, 가스코뉴는 1453년에, 부르고뉴는 1477년에, 브르타뉴는 1491년에 각각 병합되었다.
8) 직접 통치를 시행하는 것을 말한다.
9) 그리스라는 말로 마키아벨리는 15세기에 투르크 족에 의해서 침략당한 발칸 반도 전역을 지칭하고 있다. 투르크 족이 그 나라에 살았다(혹은 직접 통치했다)는 말은 1453년 이후에는 콘스탄티노플이 오스만 투르크의 수도가 되었다는 사실을 말한다.

수 있어 효과적인 조치를 신속하게 내릴 수 있기 때문입니다. 그러나 만약 그렇지 않으면, 사고가 일어나서 이미 해결이 불가능할 때가 되어서야, 비로소 사태의 심각성을 알게 됩니다. 더욱이 직접 그 지역에 살게 되면 당신의 관리들은 신민들을 함부로 약탈하지 못할 것입니다. 또 신민들은 통치자에게 직접 호소할 수 있기 때문에 만족해할 것입니다. 그 결과, 순순히 행동하는 신민들은 당신에게 헌신하며, 그렇지 않고 다른 뜻을 품은 자들은 당신을 두렵게 여길 만한 이유를 가지게 될 것입니다. 그러한 국가를 공격하고자 하는 외국세력은 누구라도 매우 주저하게 될 것입니다. 이 모든 점을 고려할 때, 새로운 영토에 정주하여 직접 통치하게 되면, 그 영토를 결코 쉽게 잃지 않을 것입니다.

차선의 다른 해결책은 이른바 정복한 영토의 거점이 될 수 있는 한두 곳에 식민지를 건설하는 것입니다. 만약 그렇지 못하면, 대규모의 무장병력을 주둔시키는 것이 필요합니다. 식민지는 비용이 거의 들지 않습니다. 따라서 전혀 비용이 들지 않거나 아주 적은 비용으로 식민지를 건설하고 유지할 수 있습니다. 피해를 보는 사람들은 새로 온 이주민들에게 주기 위해서 자신들의 경지와 집을 잃게 되는 사람들일 뿐입니다. 그러나 이런 식으로 피해를 보는 자들은 소수의 주민들에 불과합니다. 더욱이 그로 인해서 피해를 본 자들은 궁핍해지고 뿔뿔이 흩어져버리기 때문에 군주에게 보복할 엄두를 내지 못합니다. 그밖의 모든 다른 주민들은 한편으로는 피해를 보지 않았기 때문에 안심할 것이며, 다른 한편으로는 다른 자들처럼 소유물을 빼앗길까 두려워

식민지

말썽을 피울 엄두조차 내지 못할 것입니다. 따라서 저는 이러한 식민지들은 많은 비용이 들지 않고, 보다 충성스러우며, 단지 소수의 사람에게만 피해를 주는 데 불과하다고 결론짓겠습니다. 그리고 이미 말씀 드린 대로 이로 인해서 희생당한 사람들은 궁핍해지고 뿔뿔이 흩어져서 군주에게 피해를 주지 못할 것입니다.

**어중간한 조치는 결단코 피해야 한다**

이와 관련하여 여기에서 염두에 두어야 할 것은 인간들이란 다정하게 대해주거나 아니면 아주 짓밟아 뭉개 버려야 한다는 것입니다. 왜냐하면 인간이란 사소한 피해에 대해서는 보복하려고 들지만, 엄청난 피해에 대해서는 감히 복수할 엄두조차 내지 못하기 때문입니다. 따라서 사람들에게 피해를 주려면 그들의 복수를 두려워할 필요가 없을 정도로 아예 크게 주어야 합니다.[10]

**군대를 주둔시키는 것은 유해하고 많은 비용이 든다**

그러나 식민지 건설 대신에 군대를 파견한다면, 이는 훨씬 더 많은 비용이 들 것입니다. 왜냐하면 그 지역의 모든 수입은 그 지역의 안보에 쓰이게 될 것이기 때문입니다. 그 결과, 취득된 영토는 군주에게 피해를 주게 됩니다. 게다가 그의 군대가 그 영토에 주둔하게 됨으로써 전체 지역에 피해를 주기 때문에 더 많은 피해를 주게 됩니다. 민심이 흉흉해지고, 이로 인해서 그 지역의 모든 주민들은 군주에게 적대적이 됩니다. 그리고 주민들은 패배했지만, 자신들의 고향에 그대로 거주하고 있기 때문에 위험한 적으로 남아 있게 됩니다. 따라서 모든 점에서 볼 때, 식민지 건설 정책은 고도로 효과적인 반면, 군사 주둔책은 비효율적이라고 할 수 있습니다.

---

10) 「로마사 논고」, 제2권 제23장 참조.

또한 제가 이미 말한 것처럼 자신의 본국과 (풍습이
나 언어가/역자) 다른 지역의 국가를 정복한 군주는 인
접한 약소 국가들의 맹주가 되어 보호자의 역할을 담
당하고, 그 지역의 강력한 국가를 약화시키도록 노력하
며, 어떠한 돌발적인 사태로 인해서 자신과 같은 강력한
외부의 국가가 개입하지 않도록 만반의 태세를 갖추어
야 합니다. 지나친 야심이나 두려움[11]으로 인해서 불만
을 품은 자들은, 역사상 그리스에서 아이톨리아인들이
로마인들의 침입을 유인했을 때처럼, 언제나 강력한 외
세를 끌어들이기 마련입니다. 그리고 로마가 침략한 모
든 나라에서는 원주민들의 일부가 로마인들의 침입을
지원했습니다. 통상 강력한 침략자가 어느 나라를 공격
하기만 하면, 모든 약소 세력들[12]이 그에게 모여드는데,
그 이유가 그들이 자신들을 지배하던 통치자에게 불만
을 품고 있었기 때문이라는 것은 사물의 당연한 이치입
니다. 침략자는 별 어려움 없이 이러한 약소 세력들을
자기편으로 만들 수 있는데, 그것은 그들이 이미 그가
획득한 새로운 권력과 함께 하려는 성향을 가지고 있
기 때문입니다. 그는 단지 그들이 너무 많은 군사력이나
영향력을 가지지 않도록 조심하면 됩니다. 그리고 그는
자신의 군대를 그들의 지원하에서 사용함으로써 강력
한 세력을 쉽게 진압할 수 있고 그 나라를 완전히 장악
할 수 있습니다. 이런 식으로 지배하지 못하는 자는 그
가 정복한 것을 쉽게 잃을 것이며, 그것을 유지하는 동
안에도 무수히 많은 환란과 분규를 겪게 될 것입니다.

---

11) 지배자에 대한 두려움을 말한다.
12) 대중이 아니라 약간의 권력이나 영향력이 있는 자들을 말한다.

**로마인들이 채택한
통치방식**

로마인들은 자신들이 점령한 지역에서 이러한 정책들을 아주 훌륭하게 시행했습니다. 그들은 식민지를 세우고, 약소 세력과의 우호관계를 (그들의 영향력을 증대시키지 않으면서도) 유지했으며, 강력한 세력을 진압하고, 점령지에서 강력한 외세가 영향력을 얻지 못하도록 조치했습니다.

적절한 사례로써 저는 단지 그리스의 경우만을 인용하는 것으로도 충분하다고 생각합니다. 로마인들은 아카이아인들 및 아이톨리아인들[13])과 우호관계를 유지했습니다. 마케도니아 왕국을 굴복시켰고,[14] 안티오코스를 몰아냈습니다.[15] 하지만 로마인들은, 아카이아인들이나 아이톨리아인들이 비록 많은 공헌을 했지만, 그들의 세력이 강성해지는 것을 결코 허용하지 않았습니다. 필리포스[16])는 동맹국으로서 받아들여지기를 간곡히 설득했지만, 로마인들은 그가 굴복하기 전에는 이를 허용하지 않았습니다. 심지어 안티오코스가 강력한 세력으로 버티고 있었음에도 불구하고, 로마인들은 그리스의 어떠한 영토도 그에게 허용하지 않았습니다.

**선견지명 : 전쟁을
지연시키는 것**

이러한 사례에서 알 수 있듯이 로마인들은 현명한 군주라면 누구나 취해야만 하는 조치를 취했던 것입니다. 이러한 조치들은 현재의 분규뿐만이 아니라 미래에 일어날지도 모르는 분규에 대한 배려를 필요로 하며, 특히 미

---

13) 이들은 앞에서 말한 약소 세력들이었다.
14) 기원전 197년에 마케도니아의 Philippos 5세는 Flaminius에 의해서 키노스세팔라이에서 결정적으로 패퇴했다.
15) 기원전 191년에 시리아의 왕인 Antiochos 3세는 테르포필라이에서 로마인들에 의해서 격파되었다.
16) 마케도니아의 Philippos 5세.

26

래의 분규를 방지하기 위해서 모든 노력을 다해야 합니다. 왜냐하면 분규를 그 최초의 징후부터 감지하면, 처방을 구하기가 쉽기 때문입니다. 만약 분규를 방치하여 대책이 너무 늦어지면, 병폐를 치유할 수 없기 때문입니다.

의사들이 소모성 열병에 대해서 말하는 바가 이 경우에 해당됩니다. 그 병은 초기에는 치료하기는 쉬우나 진단하기가 어려운 데에 반해서, 초기에 발견하여 적절히 치료하지 않으면 시간이 흐름에 따라서 진단하기는 쉬우나 치료하기는 어려워집니다. 국가를 통치하는 일도 또한 마찬가지입니다. 왜냐하면 정치적 문제를 일찍이 인지하면(이는 현명하고 장기적인 안목을 가진 사람만이 가능합니다),[17] 문제가 신속히 해결될 수 있기 때문입니다. 그러나 인식하지 못하고 사태가 악화되어 모든 사람이 알아차릴 정도가 되면 어떤 해결책도 더 이상 소용이 없습니다.

로마인들은 재난을 미리부터 예견했기 때문에 항상 대처할 수 있었습니다. 그들은 전쟁을 피하기 위해서 화근이 자라는 것을 결코 용납하지 않았습니다. 왜냐하면 그들은 전쟁이란 피할 수 있는 것이 아니라 단지 적에게 유리하도록 지연되는 것에 불과하다는 점을 익히 알고 있었기 때문입니다. 바로 이러한 이유로 그들은 (자신들의 본거지인/역자) 이탈리아에서 필리포스와 안티오코스를 맞아 싸우는 것을 피하기 위해서 선수를 쳐서 그

---

17) 「피렌체사」, VII, 5에서 마키아벨리는 Cosimo de' Medici가 매우 어려운 시기에 국가를 무려 "31년 동안"이나 잘 다스렸다고 언급하면서, 그 이유로 "그는 매우 신중한 사람으로 재난이 단지 싹 트고 있을 때에도 이를 알아보았다. 따라서 그는 재난이 더 이상 자라는 것을 방지할 수 있는 충분한 시간을 또는 그것이 성숙했을 때에도 자신에게 피해를 주지 않도록 자신을 방어할 수 있는 충분한 시간을 가졌다"는 점을 지적한다.

리스에서 그들과 전쟁하는 길을 택했습니다. 그리고 로마인들은 그리스에서 그 두 세력을 상대로 싸우는 것을 피할 수도 있었겠지만, 피하지 않기로 결정했습니다. 더욱이 로마인들은 우리 시대의 현인들이 늘상 말하는 "시간을 끌면서 이익을 취하라"는 격언을 결코 받아들이지 않았습니다. 오히려 그들은 자신들의 역량(virtú)과 현명함(prudènzia, prudence)에서 비롯되는 이익을 취하는 것을 선호했습니다. 왜냐하면 시간은 모든 것을 몰고 오며, 해악은 물론 이익을, 이익은 물론 해악을 가져오기 때문입니다.

**이탈리아에서 루이 12세가 거둔 초기의 성공**

그런데 다시 프랑스 왕의 사례로 돌아가서, 우리가 주장했던 것들 중에서 과연 어떤 것을 왕이 행했는지 검토해보겠습니다. 저는 샤를 왕이 아니라 루이 왕의 경우를 논하겠습니다.[18] 루이 왕은 이탈리아에서 영토를 훨씬 더 오랫동안 유지했고,[19] 따라서 그의 행적을 더욱 상세하게 추적할 수 있기 때문입니다. 여기에서 우리는 그가 다른 영토(앞에서 말한 풍습과 언어가 다른 지역/역자)를 유지하기 위해서 시행해야 하는 정책과 정반대의 정책을 시행한 것을 발견할 수 있습니다.

루이 왕의 이탈리아 침입은 베네치아인들의 야망에 의해서 추동되었는데, 그들은 그 침입을 틈타서 롬바르디아 영토의 반을 획득하려고 했습니다.[20] 저는 루이 왕이 택한 이 결정을 비난할 의도는 없습니다. 왕은 이탈리

---

18) 루이 12세와 샤를 8세를 말한다.
19) 루이 12세는 이탈리아에서 권력을 1499년에서 1512년까지 유지한 반면, 샤를 8세는 1494년 8월에서 1495년 7월까지 유지한 데에 불과했다.
20) 루이는 블루아(Blois) 조약(1499년 4월)에 의해서 그러한 약속을 베네치아인들에게 했다.

아에서 발판을 구축하고 싶어했지만, 그곳에서 어떠한 동맹도 맺고 있지 않았기 때문에(오히려 그는 샤를 왕의 처신 때문에 모든 문이 그에게 닫혀 있는 것을 발견했습니다)[21] 맺을 수 있는 동맹이라면 어떤 동맹이든지 받아들이지 않을 수 없었습니다. 그가 다른 일에서 실수를 저지르지 않았더라면, 그의 이 좋은 결정은 성공했을 것입니다. 그가 롬바르디아를 정복했을 때, 그는 샤를 왕 때문에 실추되었던 명성을 즉각 되찾을 수 있었습니다. 제노바는 항복했고,[22] 피렌체는 그의 동맹국이 되었습니다. 만토바 후작, 페라라 공작, 벤티볼리오 공작, 푸를리 백작 부인, 파엔차, 페사로, 리미니, 카메리노, 피옴비노의 영주들 그리고 루카, 피사 및 시에나의 인민들이 그에게 접근하여 동맹국이 되고자 했습니다. 그제서야 베네치아인들은 자신들의 정책이 경솔했음을 깨달았습니다. 롬바르디아에서 불과 몇 군데[23]의 영지를 욕심내다가 그들은 프랑스 왕이 전체 이탈리아 반도의 3분의 2[24]를 차지하도록 만든 꼴이 되었습니다.

만약 루이 왕이 앞에서 제시한 규칙을 따르고 이 모든 동맹국들을 유지하고 보호했더라면, 이탈리아에서의 명성을 별 어려움 없이 확보했을 것이라고 누구나 생각했 **루이 12세가 취했어야 했던 조치들**

---

21) 포르노보(Fornovo) 전투(1495년 7월 6일)에 베네치아, 밀라노, 피렌체, 나폴리, 만토바, 스페인 및 신성 로마 제국은 모두 샤를 왕에게 대항하여 동맹했다.
22) 1499년에 항복했다. 프랑스인들은 1507년에 제노바에서 쫓겨났다.
23) 원문은 due terre로 직역하면 '두 개의 영지'정도가 되겠으나, '두 개'의 의미는 문맥에서 보면 '조금'의 의미가 강하기에 '불과 몇 군데의 영지'가 정확한 번역이다.
24) 기존 번역에서는 '3분의 1'로 기술했으나, 새 번역에서는 Giorgio Inglese가 편집한 이탈리아어 본을 따라 '3분의 2'로 옮겼다. 이 부분은 베네치아인들의 실수를 강조하는 부분이며, 나아가서 본문의 다음 쪽에서 나오듯이 나폴리까지도 프랑스 왕의 수중에 들어갔기 때문에 '3분의 1'보다는 '3분의 2'가 내용상 더 정확하다.

을 것입니다. 왜냐하면 그에게는 많은 동맹국들이 있었고 동시에 그 동맹국들은 허약하고 (일부는 교회 세력을, 일부는 베네치아인들을) 두려워하고 있었으므로 그와 동맹관계를 유지하지 않을 수 없었기 때문입니다. 게다가 그는 그들의 도움을 등에 업고 나머지 강대국들로부터 쉽게 안전을 확보할 수 있었을 것입니다.

그러나 루이 왕은 밀라노에 입성하자마자, 교황 알렉산데르의 로마냐 지방 정복[25]을 도와줌으로써 제가 제안한 것과 반대되는 정책을 추진하기 시작했습니다. 게다가 그는 이러한 결정이 한편으로 (그의 동맹국들과 그의 품에 자신을 내맡긴 세력들을 소외시키기 때문에) 자신을 약화시키고, 다른 한편으로 막강한 권위의 근원인 교회의 영적인 권력에다 많은 속권(俗權)을 보태줌으로써 교회를 강성하게 한다는 점을 깨닫지 못했습니다. 그는 첫 번째 실수를 저지른 후 이를 만회하려다가 다른 실수를 거듭하게 되었고 급기야는 알렉산데르의 야심을 견제하고 알렉산데르가 토스카나 지방의 지배자가 되는 것을 막기 위해서[26] 그 자신이 이탈리아로 쳐들어와야 하는 지경에 이르렀습니다.[27] 교회 세력을 강화시키고 자신의 동맹국들을 상실하는 것으로도 그는 성이 차지 않았습니다. 그리하여 나폴리 왕국을 탐냈기 때문에, 그 왕국을 스페인 왕과 분할했습니다.[28] 그 결

25) 사실상 이것은 (알렉산데르 6세에게 고무된) 체사레 보르자에 의해서 수행되었다.
26) 1502년 5월, 체사레 보르자는 피렌체를 공격하기 위해서 진군했지만, 루이 12세가 보낸 군대에 의해서 저지당했다.
27) 1501년 7월, 그러나 체사레 보르자의 세력 증대를 견제하기 위해서가 아니라 나폴리 왕국에 있는 스페인인들을 공격하기 위해서 침입했다(56-57면을 보라).
28) 그라나다 조약(1500년 11월 11일)에 의해서 루이 왕과 페르난도 2세는 1501년 나폴리 왕국

과 이전에는 루이 왕이 거의 단독으로 이탈리아를 지배
했으나, 이제 그는 이탈리아의 야심가들이나 그에게 불
만을 품은 불평분자들에게 도움이 될 수 있는 또 다른
지배자를 끌어들인 셈이 되었습니다. 루이 왕은 자신에
게 충성스럽게 진상할 수 있는 왕을 나폴리 왕국에서
유지할 수 있었음에도 불구하고, 그를 제거하고 대신
그 자리에 자신을 몰아낼 수 있는 자를 앉혀놓고 말았
습니다.[29]

영토 확장의 욕구는 매우 자연스럽고 정상적인 욕구
이며, 유능한 자들이 이를 수행할 때 그들은 항상 칭송
받으며, 칭송받지 못하는 경우에도 적어도 비난받지는
않습니다. 그러나 성취할 역량이 없는 자들이 경우를 가
리지 않고 이를 추구하려고 할 경우, 그것은 비난을 받
을 수 있는 실책이 됩니다.

**독자적인 능력을 넘어서는 일은 시도하지 말아야 한다**

따라서 프랑스 왕이 자신의 군대만으로 나폴리 왕국
을 공격할 수 있었더라면, 그렇게 하는 것이 마땅했을
것입니다. 만약 그럴 수 없었다면, 그는 그 왕국을 분할
하지 말았어야 했습니다. 비록 그가 롬바르디아를 베네
치아인들과 분할함으로써 이탈리아에서 거점을 확보할
수 있었기 때문에 그 일은 용서받을 수 있었다고 하더
라도, 나폴리 왕국을 분할한 것은 불가피한 일이 아니
었기 때문에 비난받아 마땅합니다.

---

을 정복하기로 합의했고, 그 결과 캄파니아와 아브루치는 프랑스에, 아풀리아와 칼라브리
아는 스페인에 병합되었다.

29) 제거된 자는 기존의 지배자인 아라곤의 프레데리코 1세를 말하는데, 1501년의 정복 이후
분할 문제로 프랑스와 스페인은 전쟁을 했고, 그 결과 1504년 패배한 프랑스는 나폴리 왕
국 전체를 잃었다.

　그렇다면 루이 왕은 다음의 다섯 가지 실수를 범한
셈입니다. 곧 약소 국가들을 섬멸한 것,[30] 이탈리아에서
이미 강력했던 군주[31]의 세력을 강화시킨 것, 이탈리아
에 매우 강력한 외세[32]를 끌어들인 것, 직접 통치하지 않
은 것(본인이 거주하지 않는 것/역자), 그리고 식민지를
건설하지 않은 것이 바로 그것입니다. 그렇다고 하더라
도 그가 여섯 번째의 실수, 곧 베네치아인들을 격파한
실수[33]를 저지르지 않았더라면, 자신의 생애에서 이러한
실책들로 인해서 피해를 입지는 않았을 것입니다. 물론
그가 교회 세력을 강화하지 않았거나 스페인 왕을 이탈
리아에 끌어들이지 않았더라면, 베네치아인들의 세력을
약화시키는 것은 합리적이고 필수적이었을 것입니다.

　그러나 이미 두 가지 결과가 초래된 이상, 그는 결코
베네치아의 몰락을 용인해서는 안 되었습니다. 베네치
아인들은 세력이 강대했기 때문에 항상 다른 세력들이
롬바르디아에 개입하는 것을 방지할 수 있었을 것입니
다. 그들은 자신들이 롬바르디아의 패자(覇者)가 되는
일이 아니라면, 결코 개입을 허용하지 않았을 것입니다.
그리고 다른 세력들도 롬바르디아를 단지 베네치아에
넘겨주기 위해서 프랑스 왕으로부터 빼앗으려고 했을
리가 없었으며, 그렇다고 프랑스와 베네치아 양국을 상
대로 싸울 만한 용기도 없었습니다. 만약 누군가가 루

---

30) 만토바 후작 등의 29면에 언급된 세력들을 말한다.
31) 알렉산데르 6세.
32) 페르난도 2세.
33) 프랑스는 베네치아에 대항하여 캉브레(Cambrai) 동맹에 가입했으며(1508년 12월), 베네치아
인들은 1509년 5월 14일 바일라(또는 아그나델로)에서 결정적으로 패퇴했다. 바일라와 아그
나델로는 인접해 있다. 94면을 보라.

이 왕이 전쟁을 피하기 위해서 로마냐 지방을 알렉산데르에게, 나폴리 왕국을 스페인에게 양보했다고 대꾸한다면, 저는 앞에서 제시했던 주장으로 응수하겠습니다. 즉 사실상 전쟁은 피할 수 있는 것이 아니라 단지 당신에게 불리하게 지연되는 것에 불과하기 때문에 전쟁을 피하기 위해서 화근이 자라는 것을 허용해서는 결코 안 된다는 것입니다. 만약 다른 사람들이 왕이 교황과 맺은 약속(그의 결혼 취소를 허용하고 루앙의 대주교를 추기경으로 임명한 것[34])에 대한 대가로 로마냐 지방에서의 전쟁에서 교황에게 협력하기로 한 약속) 때문에 어쩔 도리가 없었다고 주장한다면, 저는 나중에 "군주는 어디까지 약속을 지켜야 하는가"에 관해서 논의할 때 그 주장에 대해서 답변하겠습니다.[35]

루이 왕은 영토를 점령하고 유지하고자 하는 자들이 지켜야 할 원칙들을 준수하지 않았기 때문에 롬바르디아를 잃고 말았습니다. 그리고 이러한 사태는 전혀 놀랄 일이 아니며 의당 예상된 것이었습니다.

(알렉산데르 교황의 아들인 체사레 보르자를 통칭했던) 발렌티노 공작[36]이 로마냐 지방을 점령하려고 전투를 수행하고 있을 때, 저는 낭트에서 루앙의 추기경과 이 문제를 논의한 적이 있습니다.[37] 루앙의 추기경이 제게 이탈리아인들은 전쟁을 이해하지 못한다고 말했을 때, 저는 프랑스인들은 국가 통치술을 이해하지 못한다

루앙의 추기경과의 대화

---

34) 루이 12세와 Jeanne de Valois의 결혼. 루앙의 대주교는 Georges d'Amboise를 가리킨다.
35) 제18장을 보라.
36) 프랑스의 나바라 왕의 여동생과 결혼함으로써 체사레 보르자는 발렌티누아(Valentinois) 공작이 되었다. 이때부터 그는 이탈리아에서 발렌티노 공작이라는 별명으로 통칭되었다.
37) 1500년.

고 대꾸했습니다. 왜냐하면 그들이 국가 통치술을 이해했더라면, 교회가 그렇게 큰 권력을 획득하는 것을 결코 용납하지 않았을 것이기 때문입니다. 그리고 경험에 비추어보더라도 여기 이탈리아에서 교회와 스페인 왕[38]의 강대한 권력은 프랑스 왕[39]에 의해서 초래되었으며, 그들이 프랑스 왕을 몰락시킨 것[40]은 명백하기 때문입니다.

**강력한 도움을 준 자는 두려움의 대상이 된다**

이로부터 항상 또는 거의 항상 유효한 일반 원칙을 이끌어낼 수 있습니다. 즉 타인이 강력해지도록 도움을 준 자는 자멸을 자초한다는 것입니다. 타인의 세력은 도움을 주는 자의 술책이나 힘을 통해서 커지는데, 이 두 가지는 도움을 받아 강력해진 자가 의심의 눈초리로 바라보는 것들이기 때문입니다.

---

38) 아라곤의 페르난도 2세.
39) 루이 12세.
40) 이탈리아에서의 프랑스 세력의 붕괴를 말한다.

제4장

# 알렉산드로스 대왕이 정복했던 다리우스 왕국에서는 대왕이 죽은 후 왜 백성들이 그의 후계자들에게 반란을 일으키지 않았는가

새로 정복하게 된 국가(stato)를 유지할 때 직면하는 어려움을 고려할 때, 다음과 같은 사실에 우리는 놀라지 않을 수 없습니다. 알렉산드로스 대왕은 불과 수년 만에 아시아(지금의 서아시아 지역/역자)의 패자가 되었고,[1] 그 뒤 곧 세상을 떠났습니다.[2] 그렇다면 전 지역이 반란을 일으켰으리라고 기대할 법합니다. 하지만 알렉산드로스의 후계자들은 영토를 유지하는 데에 아무런 어려움이 없었습니다. 다만 그들 자신의 야심 때문에 그들 사이에서 어려움이 생겼을 뿐입니다.[3]

이를 설명하기 위해서는 역사상 알려진 모든 군주국은 두 가지 방법 중 하나의 방법으로 통치되어왔다는 점을 상기할 필요가 있습니다. 그 하나는 한 명의 군주가 그의 가신들, 곧 그의 은덕과 선임에 의해서 국정을 보좌하는 자들의 도움을 받아 통치하는 것이고, 다른

두 가지 유형의
국가

---

1) 기원전 334-327년.
2) 기원전 323년.
3) 7인의 그리스 장군들 간의 내분으로 인해서 최종적으로 11개의 새로운 왕국이 출현했다.

하나는 군주가 제후들과 더불어 통치하는 것입니다. 그런데 그 제후들은 군주의 은덕이 아니라 오랜 귀족 가문의 세습적인 권리를 통해서 그 지위를 차지했습니다. 그러한 제후는 자신의 영토와 신민들을 영유하고 있으며, 신민들은 그를 주인으로 인정하고 자연스럽게 그에게 충성합니다. 군주와 가신에 의해서 통치되는 국가에서 군주는 보다 큰 권위를 누리는데, 이는 전체 영토에 걸쳐서 군주 이외에는 주인으로 인정되는 자가 없기 때문입니다. 비록 신민들이 다른 사람들에게 복종한다고 하더라도, 이는 그들이 단지 군주의 신하이거나 관리이기 때문입니다. 따라서 오로지 군주에게만 특별한 충성을 바치는 것입니다.[4]

투르크와
프랑스의 사례

우리 시대에 이러한 두 가지 통치 유형의 사례는 투르크의 술탄과 프랑스의 왕입니다. 투르크 왕국 전체는 한 사람의 군주에 의해서 지배되고 다른 사람들은 모두 그의 가신에 불과할 뿐입니다. 그 왕국은 산자크(sangiak)라는 행정지역으로 나누어져 있는데, 술탄은 각 지역에 다양한 행정관들을 파견하고, 자신이 원하는 바에 따라서 그들을 교체하거나 이동시킵니다. 그러나 프랑스 왕은 수많은 세습 제후들로 둘러싸여 있으며, 그 제후들은 각 지역에서 자신들을 인정하고 자신들에게 충성을 바치는 신민들을 거느리고 있습니다. 제후들은 각각의 고유한 세습적인 특권을 가지고 있으며, 그 특권은 왕도 위험을 감수하지 않는 한, 건드릴 수 없습니다. 이 두 유형의 국가를 비교, 고찰하면, 투르크 유

---

4) Giorgio Inglese는 기존 판본의 non gli portano particulare amore를 a lui portano particulare amore로 수정했고, 여기에서는 그 수정을 따른다.

형의 국가는 정복하기가 어렵지만, 일단 정복하면 유지하기가 아주 쉽습니다. 반면에, 프랑스와 같은 국가는 몇 가지 점에서 정복하기가 더 쉽지만, 유지하기는 매우 어렵습니다.

투르크 왕국을 정복하기 어려운 이유는, 첫째, 그 왕국의 신하들이 외국에 도움을 청할 가능성이 없다는 것이고, 둘째, 지배자 주위의 신하들이, 이미 언급한 이유로, 반란을 일으켜 외세의 침입을 용이하게 할 가능성이 없다는 것입니다. 귀족들이 모두 지배자의 종복들이고 그의 은혜를 입어 그 자리에 올랐기 때문에, 그들을 타락시키기란 여간 어렵지 않으며, 설사 성공한다고 해도 주민들이 이미 언급한 이유들로 귀족들을 추종하지 않기 때문에 별 이득을 기대할 수 없습니다.

따라서 투르크의 술탄을 공격하려고 하는 자는 누구나 의당 적이 일치단결하여 대항할 것이라는 점을 염두에 두어야 하며, 자신의 군대를 신뢰해야지 적의 분열을 기대해서는 안 됩니다. 그러나 만약 전장(戰場)에서 결정적 승리를 거두어 적에게 재기할 수 없을 정도로 결정적인 패배를 안겨주었다면, 이제는 군주의 가문을 제외하고는 더 이상 두려워할 어떠한 것도 남아 있지 않을 것입니다. 군주의 가문을 단절시켜버리면 두려워할 어떤 것도 남지 않게 되는데, 왜냐하면 (군주 이외의/역자) 어느 누구도 인민들의 신망을 얻을 수 없기 때문입니다. 정복자가 자신의 승리 이전에 그들(군주 이외의 귀족 따위/역자)로부터 어떠한 도움도 기대할 수 없었던 것과 마찬가지로, 승리 후에는 그들을 두려워할 이유가 없습니다.

투르크 : 정복하기는 어려우나 유지하기는 쉽다

프랑스처럼 지배되는 왕국에서는 이와 반대되는 현상이 나타납니다. 즉 그곳에는 항상 불만을 품은 세력과 정권을 전복하려고 하는 무리들이 있기 때문에 당신은 그 왕국의 일부 제후들과 결탁함으로써 쉽게 공격할 수 있습니다. 이미 제시한 이유로 인해서 그들은 그 나라로 향하는 길을 당신에게 열어줄 것이며, 승리를 얻도록 도와줄 것입니다. 그러나 그후에 당신이 획득한 것을 지키려고 할 때, 당신은 당신을 도운 무리들과 당신의 침략으로 인해서 고통을 당한 자들로부터 무수히 많은 시련들을 겪게 될 것입니다. 새로운 반란의 주모자가 되려고 하는 귀족들이 남아 있기 때문에 군주 가문의 혈통을 단절시키는 것만으로는 충분하지 않습니다. 실로 당신은 그들을 만족시킬 수도 파멸시킬 수도 없기 때문에, 상황이 불리해지면 언제나 그 나라를 잃게 될 것입니다.

이제 다리우스 왕국의 정부 형태를 살펴보면, 투르크 왕국과 닮았다는 점을 발견하게 될 것입니다. 그렇기 때문에 알렉산드로스는 정면돌파를 통해서 결정적인 승리를 거두는 수밖에 없었습니다. 그 승리 후에 다리우스(3세/역자)가 죽었기 때문에 알렉산드로스는 앞에서 말한 이유에 따라서 확실하게 자신의 권력을 유지할 수 있었습니다. 만약 알렉산드로스의 후계자들이 일치단결했더라면, 그들은 자신들의 권력을 순조롭게 유지할 수 있었을 것입니다. 왜냐하면 그 왕국에서 일어난 분규란 단지 그들 자신의 소행에서 비롯된 것이었기 때문입니다. 그러나 프랑스와 같이 조직된 국가를 그와 같이 순탄하게 통치하는 것은 불가능합니다.

바로 이 점이 스페인, 프랑스와 그리스 지역에서 로마에 대한 반란이 빈발했던 이유를 설명하고 있습니다. 왜냐하면 이러한 나라들에는 많은 군주국들이 있었기 때문입니다. 이 군주국들에 대한 기억이 지속되는 한, 로마인들은 이 영토들의 확보를 결코 확신할 수 없었습니다. 그러나 로마인들의 지배가 오래 지속되어 그 기억이 퇴색되었을 때, 이들 지역에 대한 로마인들의 지배는 확고해졌습니다. 그러나 로마인들이 나중에 자중지란에 빠졌을 때,[5] 파벌의 각 지도자들은 자신들이 장악한 지역들에서 획득한 권위에 따라서 그 지역들을 지배할 수 있었습니다. 그리고 이 지역들에서 과거 지배자들의 혈통이 단절되었기 때문에, 이 지역들은 로마인들의 권위만을 받아들였던 것입니다.

위의 모든 사실들을 감안한다면, 한편 알렉산드로스 대왕이 아시아 국가들에 대한 지배를 용이하게 유지했던 사실과, 다른 한편 피로스[6]나 기타 여러 지배자들이 정복지를 매우 어렵게 통치했다는 사실에 관해서 의아스럽게 생각할 필요가 없을 것입니다. 이처럼 상반된 결과는 정복자의 역량 여하에 따른 것이 아니라 정복된 지역들의 특성 차이에서 기인한 것이라고 말할 수 있기 때문입니다.

상이한 나라들과
상이한 문제들

---

5) 술라가 집정관이 된 기원전 88년부터 옥타비아누스가 승리를 거둔 기원전 30년까지의 내전 기간을 말한다.
6) 이피로스 왕국의 왕(318?–272 기원전)으로 이탈리아에서는 로마인들에게 그리고 시칠리아에서는 카르타고인들에게 승리를 거두었지만, 그 정복지를 유지할 수는 없었다.

## 제5장
# 점령되기 이전에 자신들의 법에 따라서 살아온 도시나 군주국을 다스리는 방법

세 가지 방법　　앞 장에서 언급한 것[1]처럼 주민들이 스스로 만든 법 (legge, law)[2]에 따라서 자유롭게 사는 데에 익숙한 국가를 병합했을 경우, 그 나라를 다스리는 데에는 세 가지 방법이 있습니다. 첫째, 그 나라를 파괴하는 것이고, 둘째, 그 나라에 가서 직접 사는 것이며, 셋째, 그들 자신의 법에 따라서 계속해서 예전처럼 살게 내버려두면서 공물을 바치게 하고 당신과 지속적으로 우호적인 관계를 유지하는 소수의 사람들로 구성된 과두정부(stato di pochi, oligarchical government)를 세우는 것입니다. 그 과두정부는 새로운 군주에 의해서 세워졌기 때문에, 그 존속이 군주의 선의와 권력에 의존한다는 점을 알 것이고 따라서 현상(現狀)을 유지하려고 매우 노력할 것입니다. 만약 정복자가 독립을 누리면서 자유로운 제도를 운용하는 데에 익숙한 도시를 파괴하지 않은 채 다스리려고 한다면, 그 시민들을 이용하여 다스리는 방법보다 더 쉽게 그 나라를 유지할 수 있는 방법은 없을 것입니다.

---

1) 15면을 보라.
2) 제12장의 각주 3)을 보라.

스파르타인들과 로마인들이 그 좋은 예를 보여줍니다. 스파르타인들은 아테네[3]와 테베[4]에 과두정부를 세워 통치했습니다. 그러나 결국에는 그 국가들에 대한 통치권을 잃고 말았습니다. 카푸아, 카르타고 및 누만티아를 지키기 위해서 로마인들은 그 국가들을 멸망시켰고,[5] 그 결과 그 국가들을 결코 잃지 않았습니다. 로마인들은 그리스 지역에 대해서 자치를 허용하고 자신들의 법에 따라서 살도록 함으로써 스파르타인들이 했던 것과 유사한 방법으로 그리스를 다스리려고 했습니다. 이 정책은 성공적이지 못했고, 그리하여 로마인들은 자신들의 지배를 관철시키기 위해서 그리스의 많은 도시들을 멸망시키지 않으면 안 되었습니다. 기실, 도시를 멸망시키는 것이야말로 지배를 확보하는 유일한 방법이었기 때문입니다.

자유로운 생활양식에 익숙해온 도시국가의 지배자가 된 자는 그 도시를 파멸시켜야 하며, 그렇지 않으면 그 도시에 의해서 도리어 자신이 파멸될 것을 각오해야 할 것입니다. 왜냐하면 그 도시는 반란을 일으킬 때, 시간의 흐름과 새로운 지배자가 부여한 이익에도 불구하고 결코 잊혀지지 않는 자유의 이름과 고래의 제도를 항상 명분으로 삼을 수 있기 때문입니다. 지배자가 무엇

자유의 정신

---

3) 펠로폰네소스 전쟁에서의 승리 이후에 스파르타인들은 기원전 404년에 아테네에 소위 '30인의 참주'의 통치를 시행했는데, 그 정부는 기원전 403년에 Thrasybulus에 의해서 정복되었고, 민주제가 복원되었다.
4) 테베에 세워진 과두정부는 단지 3년(382-379 기원전) 동안 지속되었으며, Pelopidas와 Epaminondas에 의해서 전복되었다.
5) 카르타고는 기원전 133년에, 누만티아는 기원전 133년에, 그리고 카푸아는 기원전 211년에 정부조직이 파괴되었다.

을 하든지, 어떠한 조치를 취하든지 간에, 지배자 스스로 내분을 조장하거나 주민들을 분산시켜놓지 않으면, 그들은 결코 자유라는 이름과 고래의 제도를 망각하지 않을 것이며, 피사가 100년 동안이나 피렌체 지배하에서 그랬던 것처럼,[6] 유리한 기회를 포착하면 즉시 이를 회복하기 위해서 반란을 꾀할 것입니다.

그러나 한 군주의 지배에 익숙해왔던 도시나 국가는 그 군주의 혈통이 끊기면, 예전의 지배자는 없어졌더라도, 주민들에게 복종의 습성은 여전히 남아 있게 마련입니다. 그런데 그들은 자신들 중에서 누구를 군주로 추대할 것인가에 관해서도 쉽사리 합의를 하지 못하는 법입니다. 게다가 그들은 어떻게 자유로운 생활을 영위할 수 있는지도 알지 못합니다.[7] 그 결과 그들은 무기를 들기에는 너무 시간이 걸리고, 지배자는 쉽게 그들의 지지를 확보할 수 있게 되어 그들이 자신을 해치지 않을 것이라고 안심할 수 있게 됩니다.

그러나 공화국에는 더 큰 활력,[8] 더 많은 증오, 복수에 대한 더 강렬한 집념이 있게 마련입니다. 그들은 잃어버린 자유를 잊지도 않았고 결코 잊을 수도 없습니다. 따라서 가장 확실한 방법은 그 국가들을 파멸시켜버리거나 아니면 직접 그곳에 거주하면서 다스리는 것입니다.[9]

---

6) 피렌체는 피사를 Gabriele Maria Visconti로부터 1405년에 구입했는데, 1406년에 피사가 반란을 일으키자 이를 진압했다. 그러나 1494년 샤를 8세의 침입으로 이탈리아 정세가 혼란에 빠지자 피사를 다시 잃게 되었다.
7) 「로마사 논고」, 제2권 제2장을 보라.
8) 특히 「로마사 논고」, 제2권 제2장을 보라.
9) 40면을 보라.

# 제6장

## 자신의 무력과 역량에 의해서 얻게 된 신생 군주국

군주와 정부 유형에 관한 경우, 전적으로 새로운[1] 군주국을 논의하면서 제가 위대한 인물들의 사례를 인용한다고 하더라도, 이는 그리 놀랄 만한 일이 아닙니다. 인간은 거의 항상 선인(先人)들의 행적을 따르며, 모방을 통해서 행동하기 때문입니다. 그러나 선인들의 행적을 그대로 답습하는 일이나 모방하고자 하는 인물들의 역량에 필적하는 일이 항상 가능한 것은 아닙니다. 그렇다고 하더라도 현명한 사람은 항상 탁월한 인물들의 방법을 따르거나 뛰어난 업적을 남긴 인물들을 모방하려고 애쓰는데, 그 이유는 비록 그들의 역량에 필적하지는 못하더라도, 적어도 어느 정도의 명성은 얻을 수 있기 때문입니다. 그는 노련한 궁수가 목표물이 아주 멀리 떨어져 있을 때 활을 쏘는 방법과 마찬가지로 행동해야 합니다. 그는 자신의 활의 위력(virtú)[2]을 잘 알고 있기 때문에 좀더 높은 지점을 겨냥하게 되는데, 이는 그 높은 지점을 화살로 맞히기 위한 것이 아니라 목표

위대한 인물의 모방

---

1) 왕조 및 정부 조직이 새로운 것을 말한다.
2) 196-200면을 보라.

물을 맞히기 위해서는 그 지점을 겨냥해야 하기 때문입
니다.

**역량 대 행운**　　그렇다면 새로운 군주가 전적으로 신생 군주국을 다
스릴 때 부딪치는 어려움의 정도는 그의 역량이 어떤지
에 따라서 좌우된다고 저는 주장하겠습니다. 그리고 일
개 시민에서 군주가 된다는 것은 그가 역량이 있거나 행
운을 누린다는 것을 전제로 하기 때문에, 이 둘 중의 어
느 한 요소가 어느 정도까지 어려움을 더는 데에 상당
한 도움이 되었을 법합니다. 그러나 그가 행운에 의존
하는 정도가 더 낮다면, 자신의 지위를 더욱 잘 유지할
수 있을 것입니다. 그리고 그가 다른 국가를 가지고 있
지 않기 때문에, 직접 그 국가에 거주하면서 다스릴 수
밖에 없다면 더욱 도움이 될 것입니다.

**역량의 사례들**　　행운 또는 타인의 호의[3]가 아니라 자신의 역량에 의해
서 군주가 된 인물들을 살펴볼 때,[4] 저는 모세, 키로스,
로물루스, 테세우스 등과 같은 인물들이 가장 뛰어나다
고 생각합니다. 그중 모세는 단지 신의 명령을 행한 집
행자에 불과하기 때문에 논의의 대상에서 제외되어야 한
다고 생각하는 사람도 있겠지만, 신과 대화할 만한 가
치가 있는 인물로 선택되었다는 신의 은총 자체만으로
도 칭송받을 만합니다. 그렇다면 왕국을 획득하거나 건
국한 키로스 등과 같은 인물들을 검토해보겠습니다. 그
들 역시 탁월한 인물들임을 알 수 있고, 그들의 특별한
행동들과 조치들 역시, 검토해보면, 위대한 신을 섬기고
있던 모세의 그것과 별로 다를 바 없는 것 같습니다.

---

3) 이것이 제7장의 주제이다.
4) 마키아벨리는 이제 이 장의 주제를 전개하고 있다.

그들의 행적과 생애를 검토해보면, 질료(materia, material)를 자신들이 생각한 최선의 형태로 빚어낼 기회를 가진 것 이외에는 그들이 행운에 의존한 바가 없었다는 점을 알 수 있습니다. 그러한 기회를 가지지 못했더라면, 그들의 위대한 정신력(virtú dello animo)은 탕진되어버렸을 것이고, 그들에게 역량이 없었더라면, 그러한 기회는 무산되어버렸을 것입니다.

이런 의미에서 모세의 출현을 위해서 유대인들은 이집트인들에 의해서 노예상태에서 탄압받아야 할 필요가 있었으며, 그 결과 유대인들은 예종에서 벗어나기 위해서 그를 따를 준비가 되어 있었습니다. 로물루스가 로마의 건국자이자 왕이 되기 위해서는 그가 알바(Alba)에서 태어나자마자 거기에서 머무르지 못하고 내버려지는 것이 필요했습니다. 마찬가지로 키로스 왕 역시 메디아인들의 지배에 불만을 품은 페르시아인들과 오랜 평화로 인해서 유약해진 메디아인들을 필요로 했습니다.[5] 그리고 테세우스도 아테네인들이 분열되어 있지 않았더라면 자신의 모든 역량을 발휘할 수 없었을 것입니다. 그러므로 이러한 기회들이 이 위대한 인물들에게 운좋게 다가온 것이라면, 그들이 지닌 비범한 역량이야말로 그들로 하여금 이러한 기회를 포착, 활용하게 한 것이었습니다. 그 결과 그들의 나라는 영광을 누리며 크게 번영할 수 있었습니다. 그들처럼 자신의 역량으로 군주가 된 인물들은 권력을 얻는 데에 시련을 겪지만, 일단 권력을 쥐면 쉽게 유지합니다.

---

5) 기원전 600년부터 560년까지 지속된 평화를 말한다.

**새로운 제도의 도입**

국가를 얻기 위해서 겪는 시련은 부분적으로 그들이 국가를 세우고, 권력을 확고히 하기 위해서 도입해야만 하는 새로운 제도와 통치양식에서 비롯됩니다. 새로운 형태의 제도를 만드는 것보다 더 어렵고 위험하며 성공하기 힘든 일은 없다는 점을 깨달을 필요가 있습니다. 그 이유는 구질서로부터 이익을 누리던 모든 사람들이 개혁자에게 적대적이 되는 반면, 새로운 질서로부터 이익을 누리게 될 사람들은 기껏해야 미온적인 지지자로 남아 있기 때문입니다. 이렇게 미온적인 지지만 받는 이유는 잠재적 수혜자들이 한편으로 과거에 법[6]을 일방적으로 전횡하던 적들을 두려워하고, 다른 한편으로 인간의 회의적인 속성상 자신들의 눈으로 확고한 결과를 직접 보기 전에는 새로운 제도를 신뢰하지 않기 때문입니다. 그 결과, 변화에 반대하는 세력들은 혁신자를 공격할 기회가 있으면 언제나 전력을 다하여 공격하는 데에 반해서, 그 지지자들은 오직 반신반의하며 행동할 뿐입니다. 따라서 개혁적인 군주와 미온적인 지지자들은 큰 위험에 처하게 마련입니다.

**비무장의 예언자, 사보나롤라**

그렇다면 이 문제를 철저하게 검토하기 위해서, 우리는 개혁자들이 자신들의 힘으로만 행동하는지 아니면 타인에게 의존하는지를 검토할 필요가 있습니다. 즉 성공하기 위해서는 타인에게 간청할 필요가 있는지 아니면 능히 자신의 힘으로 밀어붙일 수 있는지를 검토할 필요가 있다는 것입니다. 전자의 경우, 그들은 거의 항상 성공하지 못하며 아무것도 성취하지 못합니다. 그러

---

6) 제12장 각주 3)을 보라.

나 그들이 자신의 힘에만 의지하여 개혁을 주도할 만한 충분한 힘이 있으면, 그들은 거의 어려움을 겪지 않습니다. 바로 이러한 이유로 무장한 예언자는 모두 성공한 반면, 무장하지 않은 예언자는 실패했습니다.[7] 이러한 결과는 이미 언급한 이유 말고도 인민이 변덕스럽기 때문에 일어납니다. 즉 그들을 한 가지 일에 대해서 설득하기는 쉬우나, 그 설득된 상태를 유지하기란 어렵기 때문입니다. 따라서 그들이 당신과 당신의 계획을 더 이상 믿지 않을 경우, 힘으로라도 그들이 믿게끔 강제할 수 있어야 합니다.[8]

만약 모세, 키로스, 테세우스 그리고 로물루스가 무력이 없었더라면, 각자 자신이 만든 새로운 정치질서를 오랫동안 보존할 수 없었을 것입니다. 이러한 이유 때문에 이 시대의 지롤라모 사보나롤라 신부는 그에 대한 다중(moltitudine, mass)의 믿음을 상실하자마자 그가 세운 새로운 질서와 더불어 몰락하고 말았습니다. 그는 그를 믿지 않았던 자들에게 믿게끔 할 뿐만 아니라 그를 믿었던 자들의 지지를 유지할 수 있는 수단이 없었던 것입니다.[9]

따라서 제가 언급한 그처럼 유능한 개혁자들은 많은 시련을 겪습니다. 모든 위험들은 그들이 자신들의 계획을 시작한 후에 다가오며, 그 위험들은 자신들의 역량을 통해서만 극복됩니다. 그러나 그들이 위험을 극복하

**역량을 가진 인물들의 성공**

---

7) 여기서 예언자는 모세와 사보나롤라의 사례를 지적하지만, 그것은 단순히 신정일치의 지배자뿐만 아니라, 루소가 지적하듯이, 모든 새로운 지배자를 지칭한다.
8) 마치 그들이 믿는 것처럼 행동하도록, 요컨대 복종하도록 강제해야 한다는 것이다.
9) 그들로 하여금 그를 지지하도록 또는 적어도 그에게 반대하지 않도록 강제하는 데에 실패한 것을 말한다.

고, 자신들의 성공을 시기하는 자들을 섬멸함으로써 존경을 받게 되면, 그들은 강력하고 확고하며 존중받는 성공한 지도자로 남아 있게 됩니다.

**시라쿠사의 히에론**

이미 논의한 유명한 사례에 그보다 조금 덜 중요한 사례를 추가해보도록 합시다. 그러나 그 사례 역시 분명히 이와 같은 맥락에서 언급할 가치가 있으며, 다른 모든 사례의 전형적인 본보기가 됩니다. 그러한 사례로서 저는 시라쿠사의 히에론 왕을 들어보겠습니다. 그는 일개 시민에서 시라쿠사의 군주가 되었습니다. 그는 아주 좋은 기회를 활용했는데, 그 기회를 제외한다면 그의 성공은 전혀 행운에 근거하지 않았습니다. 시라쿠사인들은 절망적인 위기 상황에 몰렸을 때,[10] 그를 장군으로 뽑았습니다. 그는 자신의 직무를 성공적으로 수행하여 군주가 되었습니다. 그리고 자신의 사적인 생활에서도 그는 대단한 역량을 발휘했으며, 그에 관해서는 "군주가 되기 위해서 그가 가지지 못했던 것은 왕국이었다"라는 기록이 전해 내려올 정도입니다.[11] 그는 옛 군대를 해체하고[12] 새로운 군대를 조직했으며 예전의 동맹을 폐기하고 새로운 동맹을 체결했습니다. 자신의 군대와 믿을 만한 동맹을 가지자마자 그는 이를 토대로 그가 원하던 국가를 세울 수 있었습니다. 따라서 그에게 어려운 일이란 권력을 얻는 것이었지, 유지하는 것이 아니었습니다.

---

10) 기원전 270년에 지금의 메사나, 곧 마메르티니 출신의 캄파니아 용병부대가 시라쿠사를 공격했을 때를 말한다.
11) *Justinus*, XXIII, 4.
12) 100면을 보라.

# 제7장
# 타인의 무력과 호의로 얻게 된 신생 군주국

일개 평민에서 다만 운(fortuna)이 좋아서 군주가 된 이는 그 지위에 쉽게 오른 셈이지만, 그 지위를 유지하는 데에는 많은 어려움을 겪습니다. 날아오른 것처럼 쉽게 군주의 지위에 올라갔기 때문에 처음에는 아무런 문제가 없었습니다. 하지만 모든 시련은 그가 군주가 된 이후에 닥쳐옵니다. 이러한 상황은 국가나 영토를 돈으로 사거나 또는 타인의 호의(fortuna)로 얻게 되었을 때 발생합니다. 이와 같은 예는 그리스에서 많이 볼 수 있는데, 다리우스 왕은 자신의 안전을 확실히 하고 영광을 드높이기 위해서 이오니아와 헬레스폰토스의 여러 도시국가들에 지배자를 임명했습니다.[1] 다른 사례로는 일개 시민이 군대를 매수하여 황제의 지위에 오른 경우를 들 수 있습니다.[2] 이런 군주들의 지위는 그를 군주로 만든 자들의 의지와 호의에 전적으로 달려 있는데, 이 두 요소야말로 지극히 불확실하고 불안정한 것입니다. 이런 인물들은 자신의 권력을 유지하는 법을 알지

경험 없는
지배자가 겪는
어려움

---

1) 마키아벨리는 기원전 6세기에 페르시아 제국이 사트라피(고대 페르시아의 태수 지배 구역)로 분할된 것을 암시하고 있다. 여기에서 그리스는 그리스 본토를 의미하는 것이 아니라 마키아벨리가 특별히 지칭하듯이 소아시아와 헬레스폰토스의 그리스 도시들을 말한다.
2) 제19장을 참조하라.

도 못하며, 유지할 능력을 가지고 있지도 못합니다. 이들은 지식을 결여하고 있는데, 왜냐하면 대단한 지능과 역량을 가지고 있지 않는 한, 평민으로만 살아온 사람이 명령하고 통치하는 법을 알 것이라고 기대하기란 어렵기 때문입니다. 또한 이들은 권력을 유지할 능력도 결여하고 있는데, 왜냐하면 헌신적이고 충성스러운 세력을 가지고 있지 않기 때문입니다. 게다가, 태어나서 급속하게 성장한 모든 자연물들처럼, 빠르게 성장한 국가는 충분히 뿌리를 내리고 줄기와 가지를 뻗을 여유가 없었기 때문에, 최초로 맞이한 악천후와 같은 역경에 의해서 파괴되고 맙니다. 별안간 군주가 된 자들이 타인의 호의에 의해서 그들의 품에 안겨진 것을 지키기 위한 조치를 즉각적으로 취할 수 있는 역량을 가지고 있지 않으면, 그리고 다른 사람들이 군주가 되기 전에 쌓았던 토대를 나중에라도 구축하지 않으면, 그러한 사태는 일어나게 마련입니다.

앞에서 언급한 것처럼, 군주가 되는 두 가지 방법, 즉 자신의 역량에 의한 것과 타인의 호의에 의한 것을 예시하기 위해서 저는 최근의 두 가지 사례를 들고 싶습니다. 곧 프란체스코 스포르차와 체사레 보르자의 사례를 들겠습니다.

**프란체스코 스포르차**
프란체스코는 상황에 어울리는 적절한 방법[3]과 자신의 대단한 역량을 이용하여 일개 시민에서 밀라노 공작이 되었습니다. 그는 수많은 시련 끝에 얻은 지위를 별 곤란 없이 유지했습니다.

---

3) 기만 또는 배신을 말한다. 「전술론」, 제1권 및 「피렌체사」, IV, 24 이하를 보라.

반면에 흔히 발렌티노 공작이라고 부르는 체사레 보르자는 그 지위를 부친의 호의를 통해서 얻었으나, 그것이 다하자 그 지위를 잃고 말았습니다.[4] 비록 그가 타인의 힘과 호의로 얻은 영토에 자신의 뿌리를 내리기 위해서 신중하고 유능한 사람이 의당 해야 하는 일들을 다했고, 가능한 모든 수단을 동원했지만 말입니다. 왜냐하면 제가 말한 것처럼 처음에 자신의 토대를 구축하지 않은 자라도 위대한 역량을 가지고 있으면 아마 나중에라도 그 일을 할 수 있겠지만, 이 작업은 그에게 수많은 시련을 안겨주며, 그나마 구축된 구조물도 매우 불안하기 때문입니다.[5]

체사레 보르자

발렌티노 공작의 전체적인 행적을 보면, 그가 미래의 권력을 위해서 강력한 토대를 구축하는 데에 성공했음을 알 수 있습니다. 신생 군주에게 제공할 만한 모범적인 지침으로 그의 활동을 예시하는 것보다 더 좋은 것은 없기 때문에, 그의 행적을 논의하는 것이 무의미하다고 생각되지 않습니다. 그리고 비록 그의 노력이 종국에는 실패하고 말았지만, 그의 실패는 전적으로 예외적이고 악의적인 운명의 일격에 의한 것이었기 때문에 그를 나무라서는 안 될 것입니다.

알렉산데르 6세는 아들인 발렌티노 공작을 위대한 인물로 키우려고 시도하면서, 당시에는 물론 장래에도 많은 어려움을 겪어야 했습니다. 첫째, 그는 아들을 교황령(stato di Chiesa, state of the Church)의 일부가 아닌 지역의 군주로 만들 수 있는 방안을 강구할 수 없었습니

보르자를 군주로 만들려고 하는 알렉산데르 6세

---

4) 1503년에 알렉산데르 6세가 죽었을 때를 말한다.
5) 설립된 국가나 정부를 말한다.

다. 그렇다고 만약 그가 교황령의 일부를 취해서 아들에게 주려고 한다면, 밀라노 공작[6]과 베네치아인들이 이를 용납하려고 하지 않을 것임을 알고 있었습니다(이는 파엔차와 리미니가 이미 베네치아인들의 보호하에 있었기 때문입니다). 이 문제 이외에도 알렉산데르는 이탈리아의 군사력(특히 그가 가장 용이하게 사용할 수 있었던 군사력)을 교황의 권력이 커지는 것을 가장 두려워하는 세력들이 장악하고 있다는 점을 알았습니다. 모든 군사력을 오르시니 파[7]와 콜론나 파[8] 및 그 추종자들이 장악하고 있었기 때문에 이들의 군사력을 마음대로 사용할 수도 없었습니다.[9]

따라서 기존 국가들의 영토의 일부라도 안전하게 차지하기 위해서는 이탈리아에 혼란의 씨를 뿌려서, 이탈리아 국가들 사이의 질서를 불안정하게 할 필요가 있었습니다. 이 일은 간단했는데, 베네치아인들이 다른 이유로 프랑스 세력을 다시 불러들이려고 하는 것을 알았기 때문입니다. 따라서 교황은 이 정책에 반대하지 않았던 것은 물론 루이 왕의 첫 번째 결혼을 취소시켜 줌으로써[10] 이를 오히려 촉진했습니다. 그러자 프랑스 왕은 베네치아인들의 지원과 알렉산데르의 동의하에 이탈리아에 침입했습니다. 루이 왕이 밀라노를 점령하자마자[11] 교황은 로마냐를 정복하기 위해서 프랑스 군대

---

6) Ludovico Sforza.
7) Orsini 파 : 로마 시의 귀족가문으로 겔프(교황파)를 이끌었다.
8) Colonna 파 : 로마 시의 귀족가문으로 기벨린(황제파)을 이끌었다.
9) 84면을 보라.
10) 32면의 각주 33)을 보라.
11) 1499년 10월 6일.

를 인계받았으며, 루이 왕은 이를 자신의 명성을 위해서 허락했습니다.[12]

로마냐 지방을 점령하고 콜론나 파를 패배시킨 다음, 발렌티노 공작은 점령 지역을 확보하고 영토를 확장하려고 했으나, 두 가지 걸림돌에 의해서 방해를 받게 되었습니다. 그 하나는 그가 자기 군대의 충성심에 대해서 의문을 품게 된 것이고, 다른 하나는 프랑스 왕의 진의를 알 수 없었다는 것입니다. 다시 말해서 그가 사용했던 오르시니 파의 군대는 그에게는 의심스러웠고, 그가 영토를 확장하는 것을 방해할 뿐만 아니라, 그가 이미 획득한 영토마저 빼앗지나 않을까 염려되었습니다. 그는 또한 프랑스 왕 역시 비슷하게 행동할까 두려워했습니다.

> 자신의 힘에 의지하기로 결심한 보르자

공작은 오르시니 파 군대의 충성심에 대한 심증을, 파엔차를 점령한 후[13] 볼로냐로 진격했을 때 군대가 마지못해 공격하는 것을 보면서,[14] 굳혔습니다. 그리고 프랑스 왕의 진의는, 그가 우르비노 공국을 점령하고[15] 토스카나로 진격했을 때 왕이 그에게 그 공격을 단념하도록 하는 것을 보면서, 간파할 수 있었습니다.

그러자 공작은 더 이상 타인의 군대와 호의에 의존하지 않기로 결심했습니다. 우선적으로 그는 로마의 오르시니 파와 콜론나 파에 속하는 많은 귀족 신분의 추종자들을 자신의 추종자로 만들고 후한 봉급을 줌으로

> 불충스러운 장군의 제거

---

12) 사전 약속을 지키기 위해서였다.
13) 1501년 4월 25일.
14) 며칠 후에 보르자는 Giovanni Bentivoglio와 화친을 맺도록 강제되었다.
15) 1502년 6월 21일.

써 두 파벌의 세력을 위축시켰습니다. 그는 또한 그들을 각자의 자질에 따라서 대우하고, 군사적인 지위와 관직을 부여했습니다. 그 결과 불과 수개월 만에 그들은 대대로 내려오던 예전의 파벌에 대한 충성심을 버리고 전적으로 공작에게 충성하게 되었습니다.

그 다음, 발렌티노 공작은 콜론나 파의 지도자들을 진작 분열시킨 후에 오르시니 파의 지도자들을 섬멸할 기회를 노리고 있었습니다. 마침내 그러한 기회가 왔고 그는 이를 충분히 활용했습니다. 오르시니 파의 지도자들은 뒤늦게나마 공작과 교회의 강력한 세력이 자신들을 파멸시킬 것이라는 점을 깨닫게 되었고, 그리하여 페루자 지방의 마조네에서 회합을 가졌습니다.[16] 이 회합 이후 우르비노 지역에서의 반란, 로마냐 지방에서의 소요 등 무수히 많은 위험이 공작에게 들이닥치지만, 공작은 이 모든 위험을 프랑스의 도움으로 극복할 수 있었습니다.

이로 인해서 자신의 위신을 되찾았지만, 그는 프랑스 왕과 모든 다른 외부세력을 신뢰하지 않게 되었습니다. 외부세력에게 의존하는 위험을 피하기 위해서 그는 이제 속임수를 쓰기 시작했습니다. 그는 아주 교묘하게 자신의 진심을 숨기고 파올로 영주[17]를 통해서 오르시니 파의 지도자들과 화해했습니다. 공작은 파올로를 안심시키려고 매우 정중하고 관대하게 대접하면서 돈, 화려한 옷, 말을 주는 등 갖은 애를 다 썼습니다. 순진하게 이

---

16) 1502년 10월 9일.
17) Paolo Orsini는 다른 지도자들을 대표하여 체사레 보르자를 이몰라에서 10월 25일 만났다.

를 믿고 그들은 시니갈리아에 와서 공작의 수중에 들어 왔습니다.[18] 그 지도자들을 죽이고 그 추종자들을 포섭함으로써 공작은 매우 확고한 권력기반을 마련하게 되었습니다. 왜냐하면 그는 우르비노 공국과 더불어 로마냐의 전 지역을 장악했고, 특히 로마냐 주민들이 그의 지배하에서 번영을 누리기 시작하자 민심이 그를 지지하게 되었다고 생각했기 때문입니다.

그가 이 지역에서 시행한 정책은 알릴 만하고, 다른 사람들이 모방할 가치가 있기 때문에, 저는 이에 대한 논의를 생략할 수 없습니다. 로마냐 지방을 점령한 후, 공작은 무능한 영주들이 그곳을 다스렸다는 것을 발견했습니다. 예전의 영주들은 신민들을 올바르게 다스리기는커녕 약탈의 대상으로 삼았으며,[19] 그 때문에 영주들 스스로가 질서보다는 무질서의 근원이었습니다. 그 결과 그 지역은 도둑질, 싸움 그리고 온갖 불법적인 행위가 횡행하고 있었습니다. 그는 그 지역을 평정하고 주민들을 그의 군주적 권위에 복종시키기 위해서 선정(善政)을 베풀 필요가 있다고 생각했습니다. 따라서 그는 레미로 데 오르코라는 잔인하지만 정력적인 인물을 그곳에 파견하고 그에게 전권을 위임했습니다.[20]

레미로는 단기간에 질서와 평화를 회복했으며, 가공할 만한 명성을 얻었습니다. 나중에 공작은 레미로의 너무 큰 권력이 반감을 살 염려가 있기 때문에 바람직

로마냐의 평화 :
레미로 데 오르코

---

18) 1502년 12월 31일에 보르자는 Vitellozzo Vitelli와 Oliverotto Euffreducci를 시니갈리아에서 교살했다. 그리고 1503년 1월 18일 Paolo Orsini와 Gravina Orsini 공작을 델라 피에브 성에서 교살했다.

19) 「로마사 논고」, 제3권 제29장에 보다 자세한 설명이 있다.

20) 1501년.

하지 않다고 생각하게 되었습니다. 따라서 공작은 그 지역의 중심부에 저명한 재판장[21]이 관장하는 시민재판소를 설치하고,[22] 각 도시로 하여금 법률가를 파견하게 했습니다. 그동안 취해온 엄격한 조치로 인해서 공작 자신이 인민들의 미움을 사고 있다고 판단했기 때문에, 이러한 반감을 무마시키고 인민들의 환심을 사기 위해서, 이제껏 행해진 잔인한 조치는 모두 그가 시킨 일이 아니라 그의 대리인의 잔인한 성격에서 비롯된 것이라는 점을 보여주고자 했던 것입니다. 그리하여 적절한 기회를 포착하여 어느 날 아침[23] 공작은 두 토막이 난[24] 레미로의 시체를, 형을 집행한 나무토막 및 피 묻은 칼과 함께 체세나 광장에 전시했습니다. 이 참혹한 광경을 본 인민들은 한편 만족을 느끼면서도 경악을 금치 못했습니다.

**체사레 보르자와 프랑스의 왕**

다시 본론으로 돌아가봅시다. 이리하여 공작은 자신의 군대를 거느리게 되었고,[25] 자신을 위협할 수 있는 주변세력을 대부분 격파했기 때문에 대단히 강력해졌으며, 기존의 위험에 대해서 상당한 안정을 확보하게 되었습니다. 그러나 그는 더 많은 영토를 병합하려고 했기 때문에 프랑스 왕에 대해서 매우 신중한 태도를 유지했습니다. 공작은 프랑스 왕이 자신의 실책을 뒤늦게 깨닫고,[26] 이 계획을 용납하지 않으려고 할 것이라는 점을 인

---

21) Antonio Ciocchi da Montesansavino 또는 Antonio de Monte로 알려진 인물을 말한다.
22) 1502년 10월.
23) 1502년 12월 26일 레미로는 같은 해 12월 22일에 체포되었다.
24) 아마도 머리를 자른 것을 의미하는 것 같다.
25) 99-100면을 참조하라.
26) 체사레 보르자를 과소평가한 것을 말한다.

식했기 때문입니다. 따라서 공작은 새로운 동맹을 찾기 시작했고, 가에타를 포위 중인 스페인 군대를 향해서 프랑스인들이 나폴리 왕국에서 군사행동을 벌이고 있을 때,[27] 프랑스 왕에 대해서 미봉책[28]을 쓰기 시작했습니다. 그의 의도는 프랑스인들을 안심시키는 것이었기 때문입니다. 만약 교황 알렉산데르가 죽지 않았더라면, 그는 조만간 성공했을 것입니다. 이러한 정책이 그가 당면 상황에 대해서 취한 조치였습니다.

그런데 미래에 대한 보르자의 주된 두려움은 새 교황이 즉위하면 그에게 적대적이어서 교황 알렉산데르가 그에게 주었던 것을 빼앗으려고 하지 않을까 하는 의구심이었습니다. 따라서 그는 네 가지 조치를 취함으로써 이러한 가능성으로부터 자신을 보호하려고 했습니다. 첫째, 그가 빼앗은 영토의 지배자들의 혈통을 단절시켜 새로운 교황이 그들에게 권력을 되돌려줄 수 있는 기회 자체를 미연에 방지했습니다. 둘째, 이전에 이미 말한 것처럼 로마의 귀족들을 모두 자기편으로 끌어들인 다음 그들을 활용하여 새로운 교황을 견제하는 것이었습니다.[29] 셋째, 가능한 한, 추기경 회의단이 자신에게 호감을 가지도록 유도하는 것이었습니다. 넷째, 교황이 죽기 전에 자신의 권력을 크게 확장하여 공격을 받더라도 외부의 도움 없이 자신의 힘으로 물리칠 수 있도록 대비하는 것이었습니다.

미래에 대한
보르자의 대비책

---

27) 1503년.
28) 여기서 미봉책의 구체적인 내용은 명확하지 않다. 프랑스와 동맹관계에 있었기 때문에 프랑스를 지원해야 하는데도, 일단 관망하면서 시간을 끈 것을 의미하는 것 같다.
29) 52, 84면을 보라.

이 네 가지 목표들 가운데에서 세 가지를 그는 알렉산데르가 죽을 무렵에 성취했으며, 넷째 목표도 거의 달성되어가고 있었습니다. 왜냐하면 그는 영토를 빼앗긴 지배자들의 많은 가족들을 가능한 한 살해했고, 단지 소수만이 화를 모면하는 데에 불과했으며,[30] 로마 귀족과 대부분의 추기경들을 자기편으로 끌어들였기 때문입니다. 새로운 영토를 점령하는 일에 관해서 그는 토스카나 지방의 패자(覇者)가 되려는 계획을 세웠고, 이미 페루자와 피옴비노를 장악했으며,[31] 피사는 그의 보호하에 있었던 것입니다. 게다가 그는 프랑스 세력에 대해서 더 이상 두려워할 필요가 없었기 때문에(실로 프랑스가 스페인에게 나폴리 왕국을 빼앗기게 되자, 적대 관계에 놓인 두 강대국은 서로 공작과 동맹을 맺으려고 추파를 던져야 할 지경에 이르렀습니다), 피사를 급습할 수도 있었습니다. 이후에는 한편으로 피렌체에 대한 시기심이 섞인 증오와, 다른 한편으로 공작에 대한 두려움 때문에 루카와 시에나가 곧 항복했을 것이고, 피렌체는 속수무책이었을 것입니다. 그가 이 모든 계획에서 성공했더라면(이 모든 계획은 알렉산데르가 죽은 바로 그 해에 실현될 수 있었습니다), 그는 막대한 군사력과 막강한 명성을 얻었을 것이고, 따라서 견고한 권력을 구축했을 것이며, 더 이상 타인의 호의나 군대에 의존하지 않고, 자신의 힘과 역량으로 자립할 수 있었을 것입니다.

---

30) 마키아벨리는 그들의 후손, 특히 남자들을 칭하고 있다.
31) 그는 페루자를 1503년 1월 6일에, 피옴비노를 1501년 9월 3일에 정복했다.

그러나 공작이 칼을 든 지 5년 만에 알렉산데르 교황은 세상을 떠나고 말았습니다.[32] 그는 단지 로마냐 지방만 확고하게 장악하고 있었을 뿐이고, 나머지 영토는 강력한 두 적대세력[33] 사이에서 허공에 뜨고 말았습니다. 그는 심지어 크게 앓아눕게 되었습니다. 그러나 공작은 불굴의 정신과 탁월한 역량이 있었고, 사람들을 자기편으로 끌어들이거나 그렇지 않으면 파멸시켜야 한다는 것을 확고하게 이해하고 있었습니다. 단기간이지만 권력의 견고한 토대를 성공적으로 구축했기 때문에, 강력한 군사력과 맞서지 않았더라면 또는 건강이 양호했더라면, 이 모든 난관을 극복할 수 있었을 것입니다.

그의 권력의 토대가 견고했다는 점은 다음 사실에서 알 수 있습니다. 로마냐의 인민들은 한 달 이상이나 그를 기다렸습니다.[34] 로마에서는 그가 거의 반죽음의 상태였는데도 안전했습니다. 게다가 발리오니(Baglioni) 파,[35] 비텔리(Vitelli) 파, 오르시니(Orsini) 파의 지도자들이 로마에 왔지만, 그에 대한 어떠한 반란도 선동할 수 없었습니다. 더욱이 그는 비록 자신이 원하는 추기경을 교황으로 선출되도록 할 수는 없었지만, 적어도 그가 반대하는 사람이 선출되는 일만은 막을 수 있었습니다. 교황 알렉산데르가 죽었을 때, 그가 건강하기만 했더라도, 만사는 잘 풀렸을 것입니다. 그리고 율리우스 2세가 선

많은 것을 예견했지만, 모든 것을 예견하지는 못했던 공작

---

32) 1503년 8월 18일.

33) 가에타에 있는 스페인 세력과 로마에 있는 프랑스 세력을 말한다.

34) 몇몇 도시들은 보르자가 Gonzalo Fernandez de Còrdoba에 의해서 체포되었다는 소식을 듣고서야 비로소 투항했다.

35) 발리오니 가문 출신들은 용병대장으로서 1488-1534년 페루자를 지배했으며, 다른 귀족과 교황으로부터 계속 도전을 받았다.

출되던 바로 그 날, 그는 저에게 다음과 같이 술회했습니다.[36] 즉 그는 자신의 부친이 죽을 때 일어날 법한 모든 일을 미리 생각해두었고 그에 대한 대비책도 마련해 놓았는데, 단지 그의 부친이 죽었을 때, 그 자신도 생사의 기로에 있을 줄은 결코 상상하지 못했다는 것입니다.

신생 군주의
모델로서의 공작

이제 공작의 모든 활동을 검토해볼 때, 나는 그를 비판하고 싶은 마음이 없습니다. 오히려 그는, 위에서 쓴 바와 같이, 타인의 호의와 무력에 의해서 권력을 차지한 모든 사람들이 귀감으로 삼을 만한 가치가 있는 듯합니다. 왜냐하면 그가 큰 뜻과 야망을 품고 있었다는 점을 고려할 때, 그밖에 달리 행동할 도리가 없었기 때문입니다. 단지 두 가지 사태가 그의 기도를 좌절시켰는데, 곧 부친의 단명[37]과 자신의 병환이었습니다.

따라서 신생 군주국에서 다음과 같은 조치가 필요하다고 생각하는 군주는 다른 누구보다도 공작의 행적에서 그 생생한 모범을 찾을 수 있을 것입니다. 즉 적에게 효과적으로 대처하는 것, 동맹을 맺는 것, (무력이나 기만으로) 정복하는 것, 인민들로부터 충성과 공포심을 확보하는 것, 군대로부터 복종과 존경을 확보하는 것, 당신에게 해를 가하거나 가할 수 있는 자들을 무력화시키거나 말살하는 것, 낡은 제도를 새로운 제도로 개혁하는 것, 엄격하면서도 친절하고 고결하면서도 관대하게 처세하는 것, 불충한 군대를 해체하고 새로운 군

---

36) 1503년 10월 28일. 중환의 상태에서 즉위한 피우스 3세는 알렉산데르가 죽은 후 잠시 동안(9월 22일-10월 18일) 통치했으며, 마키아벨리는 10월 말에 교황 선출회의(conclave)를 관찰하기 위해서 로마에 파견되었다.

37) 알렉산데르는 죽었을 때 이미 70세가 넘었다. 따라서 여기에서 '단명'은 알렉산데르의 교황 재위기간이 짧았다는 사실을 말한다.

대를 조직하는 것 그리고 왕이나 다른 지배자들과 동맹을 맺어 그들이 기꺼이 전하에게 호의를 베풀게 하거나 피해를 입히는 것을 주저하게 만드는 재주를 공작으로부터 배워야 할 것입니다.

만약 공작의 실수를 비판할 수 있다면, 오직 교황 율리우스의 선출에 관한 일인데, 그는 정말로 잘못된 선택을 했습니다. 이미 말한 바와 같이 그가 비록 자신이 선호하는 인물을 교황으로 옹립할 수는 없었다고 할지라도, 자신이 반대하는 인물이 선출되는 것을 막을 수는 있었기 때문입니다. 그리고 그는 결코 자신이 피해를 준 적이 있거나, 일단 교황이 되면 자신을 두려워할 만한 추기경이 선출되는 것을 허용해서는 안 되었습니다. 왜냐하면 인간이란 자신이 두려워하거나 미워하는 자에게 피해를 입히기 때문입니다. 추기경들 중에서 그가 과거에 피해를 입힌 적이 있는 인물은 산 피에로 아드 빈쿨라, 콜론나, 산 조르조 그리고 아스카니오였습니다.[38] 그밖의 다른 추기경들도 교황이 되면 그를 두려워했을 인물입니다. 다만 예외가 있다면 루앙의 추기경[39]과 스페인 출신의 추기경만이 그를 두려워하지 않았을 것입니다(루앙의 추기경이라면 프랑스 왕국의 지지를 등에 업어 힘이 강했기 때문이며, 스페인 출신이라면 그와 같은 나라 사람이며 은혜를 입은 적이 있었기 때문이었습니다). 따라서 공작은 무엇보다도 스페인 출신

체사레의 유일한 대실수 : 피해를 준 적이 있는 자들을 신뢰하지 말라

---

38) San Piero ad Vincula 곧 Giuliano della Rovere(Julius II), Giovanni Colonna, San Giorgio 곧 Raffaello Riario, Ascanio Sforza. 본문에서 첫 번째와 세 번째 인물은 그들이 속한 교회의 이름으로 부른 것이다.
39) 루앙의 대주교인 Georges d'Amboise를 가리킨다.

추기경을 교황으로 만들어야 했으며, 그것이 여의치 않으면 산 피에로 아드 빈쿨라가 아니라 루앙의 추기경이 선출되도록 했어야 했습니다. 고위직에 있는 사람들에게 새로운 은혜를 베풂으로써 과거에 입은 피해를 잊도록 만들 수 있다고 믿는 것은 자기 기만에 빠지는 것입니다.[40] 따라서 공작은 이 선거에서 치명적인 실수를 범한 셈이었으며, 이로 인해서 파멸을 자초했습니다.

---

40)「로마사 논고」, 제3권 제4장을 보라.

# 제8장
# 사악한 방법을 사용하여 군주가 된 인물들

(일개 시민에서/역자) 군주가 되는 방법에는 다른 두 가지가 더 있는데, 이 방법들은 전적으로 운명이나 역량으로 돌릴 수 없는 것이기 때문에[1] 논의에서 생략하고 싶지 않습니다. 그중 하나는 공화국을 다룰 때 상세하게 논의할 수 있겠지만 말입니다.[2] 이 두 방법은 일개 시민이 전적으로 사악한 수단들을 사용하여 권력을 장악하는 방법과 동료 시민들의 지지를 받아서 통치자가 되는 방법입니다. 이제 첫 번째 방법을 검토하면서,[3] 저는 고대와 현재로부터 두 가지 사례를 들겠는데, 이런 식으로 권력을 잡는 방법의 장점을 직접 논하지는 않겠습니다. 왜냐하면 이런 방법을 따를 필요가 있는 사람에게는 두 개의 사례만으로도 족하기 때문입니다.

시라쿠사의 왕이 되었던 시칠리아의 아가토클레스[4]는 평민 출신(di privata fortuna)[5]으로, 그것도 아주 미천하고 영락한 가문의 태생이었습니다. 그는 도공(陶工)

일개 시민에서 군주가 되는 두 가지 방법

아가토클레스의 성공

---

1) 마키아벨리는 제6장과 제7장이 논의를 가리키고 있다.
2) 「로마사 논고」, 제1권 제52장 ; 제3권 제8장, 제34장.
3) 다른 하나는 제9장의 주제이다.
4) Justinus의 역사책 제22권에 크게 의존하는 마키아벨리의 아가토클레스에 대한 설명이 항상 정확한 것은 아니다.
5) 곧 그가 공적으로 유명한 가문에 속하지 않았다는 말이다.

의 아들로서 항상 방탕한 삶을 살아왔습니다. 그렇지만 그는 악행에도 불구하고 심신의 기백(virtú)이 넘쳤기 때문에 군대에 들어가서 모든 단계를 거쳐서 결국은 시라쿠사 군대의 사령관의 지위에 올랐습니다. 그 지위를 확보한 후 그는 군주가 되기로, 그것도 다른 사람들에게 신세를 지지 않고 무력을 사용하여 권력을 장악하기로 결심했습니다. 이 목적을 달성하기 위해서 그는 군대를 이끌고 시칠리아에서 전투를 수행 중이던 카르타고인 하밀카르와 음모를 꾸몄습니다. 어느날 아침 그는 공화국의 중대한 일을 결정할 필요가 있는 것처럼 가장하여 시라쿠사의 인민들과 원로원을 소집했습니다. 사람들이 모인 다음에, 약속된 신호에 따라서 그의 군인들이 모든 의원들과 그 도시의 부유층 인물들을 살해했습니다. 이러한 참사를 저지른 후 그는 도시를 장악하고 아무런 저항 없이 통치했습니다.

비록 그는 두 번이나 카르타고인들에게 패했고, 급기야는 그들에게 포위공격을 당했지만, 포위된 도시를 방어할 수 있음을 보여주었을 뿐 아니라, 심지어 방어를 위한 군대의 일부를 남겨둔 채, 나머지 병력을 이끌고 (카르타고의/역자) 아프리카 본토를 공격했습니다. 그리하여 단숨에 시라쿠사를 카르타고인들의 포위에서 구하고, 그들을 궁지에 몰아넣었습니다. 그렇게 되자 그들은 그와 협정을 맺지 않을 수 없었으며, 그 결과 그들은 아프리카 본토에만 만족하고 그곳으로 철수하게 되었고 시칠리아[6]를 아가토클레스에게 넘겨주게 되었습니다.

---

6) 시칠리아 전부가 아니라 그리스인이 살던 지역을 말한다.

아가토클레스의 행적과 생애[7]를 검토해보면, 그의 성공에 운명이 아무런 역할을 하지 않았거나 아주 조그만 역할만을 했음을 알 수 있습니다. 왜냐하면 (앞에서 말한 것처럼) 그가 군대에서 승진하여 권력을 잡고 그 권력을 대담하고 위험이 따르는 많은 결정들을 통해서 유지하는 데에 어느 누구의 호의에 의해서가 아니라 스스로의 힘으로 갖은 난관과 위험을 극복했기 때문입니다.

사악함으로는 진정한 영광을 얻을 수 없다

그러나 동료 시민을 죽이고, 친구를 배신하고, 신의가 없이 처신하고, 무자비하고, 반종교적인 것을 덕(virtú)[8]이라고 부를 수는 없습니다. 그러한 행동을 통해서 권력을 얻을 수 있을지언정 영광을 얻을 수는 없습니다.[9] 하지만 아가토클레스가 대담하게 위기에 맞서고 그 위기를 타개하면서 보여준 역량과, 곤경을 참고 극복하면서 발휘한 불굴의 의지를 고려한다면, 그는 그 어떤 유능한 장군과 비교해도 손색이 없다고 판단됩니다. 그렇지만 끔찍하게 잔인하고 비인간적인 행동 그리고 수없이 저지른 악행으로 인해서 그는 훌륭한 인물로 평가될 수 없습니다. 그렇다면 그가 성취한 것을 운명이나 역량[10] 중 어느 하나에 의존했다고 할 수는 없습니다.

---

7) Gerber는 생애(vita)로 해석할 것을 제안한 바 있고, Casella도 이 해석을 수용한다. 그러나 Lisio는 비르투(virtú)로 해석할 것을 주장한다.

8) 아가토클레스를 설명할 때에 마키아벨리는 virtú를 여러 가지 의미로 사용한다. 통상 역자는 역량(ability)으로 번역했지만, '활력(energy)', '기질(drive)', '용기(courage)'를 의미하기도 한다. 그러나 여기에서는 적어도 '도덕적인 덕(moral virtue)'이라는 의미를 띠고 있다.

9) 「로마사 논고」, 제3권 제40장 참조.

10) 이는 아가토클레스가 역량(virtú)를 결여하고 있다는 것이 아니라, 그가 통치자가 된 것은 사악한 방법에 의해서였다는 것을 의미한다.

알렉산데르 6세가 교황으로 재위했던 우리 시대에 페르모의 올리베로토[11]는 부친이 일찍 죽었기 때문에 어렸을 적부터 외삼촌인 조반니 폴리아니에 의해서 양육되었습니다. 청년 시절에 그는 군무를 익혀 출세할 목적으로 파올로 비텔리에게 보내져 군사 훈련을 받았습니다. 파올로가 처형되자,[12] 그는 파올로의 동생인 비텔로초 밑에서 훈련을 받았습니다. 그는 영리하고 심신의 활력이 넘쳐 단시일 내에 비텔로초가 통솔하는 군대의 지도자가 되었습니다. 그러나 그는 다른 사람의 휘하에 있는 것이 굴욕적이라고 생각했기 때문에, 비텔로초의 지원과, 조국의 자유보다 노예상태를 원하는 페르모의 일부 시민들의 도움으로 페르모의 권력을 장악하기로 결심했습니다.[13]

따라서 그는 숙부인 조반니 폴리아니에게 편지를 써서 오랫동안 고향으로부터 멀리 떨어져 살았기 때문에 돌아가서 숙부와 조국을 보고 싶으며 자신의 유산도 확인하고 싶다고 말했습니다. 이어서 그가 그동안 노력한 이유는 오직 명예를 얻어서 그의 동료 시민들에게 그가 허송세월을 하지 않았다는 것을 보여주는 것이기 때문에, 명예로운 방법으로 곧 그의 친구들과 부하들 중

---

11) Oliverotto Euffreducci, 이 부분은 다소 느슨한 문장이다. 이 부분은 올리베로토의 Vitelli 형제와의 관계 및 페르모 장악을 기술하고 있다. 그러나 그의 페르모 장악은 숙부의 영향력 밑에 있었던 시기가 아니라 교황 알렉산데르 6세의 재위기간에 일어났다.

12) 1499년 10월 1일. 92면을 보라.

13) 페르모는 자유로운 코뮌 또는 공화국이었다. 여기에서 마키아벨리는 일부 시민들이 진정으로 페르모의 노예상태 자체(곧 페르모가 Oliverotto와 같은 군주 지배자에게 종속하는 것)를 선호했다는 것을 의미하는 것이 아니다. 오히려 (Gennaro Sasso가 제시하는 것처럼) 그들은 의심할 여지없이 영향력 있는 시민들로서 그들이 지원하여 옹립한 지배자 밑에서 보다 많은 권력을 누리고자 희망했다는 것으로 해석되어야 한다.

에서 선발한 100명의 기병을 인솔하여 귀환하고 싶다고 말했습니다. 나아가서 그는 조반니에게 페르모의 시민들이 그를 적절한 예우로 영접하도록 주선해줄 것을 간청했습니다. 그리고 그러한 절차는 단순히 그 자신뿐만 아니라 그를 양육한 조반니 자신에게도 명예로운 일이 될 것이라고 덧붙였습니다.

조반니는 자기 조카를 정성을 다하여 최대한의 예우로 맞이했습니다. 그리고 (조반니의 주선으로) 시민들 역시 올리베로토를 정중하게 맞이했습니다. 그후 그는 조반니의 저택에 머물게 되었는데, 거기에서 계획된 범죄를 저지르기 위해서 며칠 동안 필요한 만반의 준비를 비밀리에 마친 다음 공식 연회를 열었으며,[14] 연회에 조반니 폴리아니와 페르모의 저명한 시민들을 모두 초대했습니다. 연회와 그런 행사에 으레 따르는 여흥이 끝난 후, 올리베로토는 알렉산데르 교황 및 그의 아들 체사레의 막강한 권력과 다양한 업적들을 이야기하면서 짐짓 심각한 문제를 거론했습니다. 조반니와 다른 사람들이 그의 이야기에 관해서 대꾸하자, 그는 별안간 일어나서 그런 문제는 좀더 은밀한 장소에서 논의할 필요가 있다고 제안했습니다. 그리고 나서 그는 다른 별실로 들어갔고, 조반니와 다른 사람들이 그의 뒤를 따랐습니다. 그들이 자리에 앉자마자, 숨어 있던 올리베로토의 병사들이 튀어나와 조반니와 다른 모든 사람들을 살해했습니다.

이러한 참살을 자행한 후, 올리베로토는 말을 타고

---

14) 1501년 12월 26일. 크리스마스의 두 번째 축하연으로서 좋은 핑계가 되었다.

돌아다니며 도시를 장악했고, 주요 관리들의 집들을 포위했습니다. 그들은 너무나 겁에 질려서 그에게 복종하게 되었으며, 그는 새로운 정부를 구성하고, 그 스스로 군주가 되었습니다.

**올리베로토의 성공**

자신을 가해할 만한 모든 저항세력을 제거한 후, 올리베로토는 새로운 민정(民政)과 군제(軍制)를 통해서 권력을 확립했습니다. 그리고 권력을 잡은 지 1년 만에 페르모 시에서 확고한 기반을 구축했을 뿐만 아니라 모든 인접 국가들에게 두려운 존재가 되었습니다. (위에서 쓴 바와 같이)[15] 오르시니 파의 지도자들과 비텔로초 비텔리가 시니갈리아에서 사로잡혔을 때 올리베로토 역시 체사레 보르자의 속임수에 빠지지 않았더라면, 올리베로토를 축출하는 것은 아가토클레스를 축출하는 것만큼이나 어려웠을 것입니다. 하지만 외삼촌을 죽인 후 1년 만에 올리베로토 역시 그곳에서 체포되었으며, 역량에 있어서든 악행에 있어서든 매사에 그의 선생이었던 비텔로초와 함께 교살당하고 말았습니다.

**신중하게 저지른 잔인한 행위**

아가토클레스나 그와 같은 다른 인물들이 수없이 많은 배신과 잔인한 일을 저지르면서도 어떻게 해서 자신의 나라를 안전하게 오랫동안 통치하고 외적을 잘 방어함은 물론 시민들의 음모에도 걸려들지 않았는가에 대해서 의아스럽게 생각할 사람들이 의당 있을 법합니다. 왜냐하면 많은 다른 지배자들이 잔인한 짓을 저지른 경우에, 언제나 불확실한 상황인 전시에는 말할 것도 없고 평화시에도 자신의 권력을 유지할 수 없었기 때문입니다.

---

15) 53~54면을 보라.

저는 이러한 차이가 잔인한 조치들이 잘 이루어졌는가 또는 잘못 이루어졌는가에 따라서 좌우된다고 믿습니다. 그러한 조치들이 잘 이루어졌다는 것은 (나쁜 일에도 '잘[bene, well]'이라는 단어를 사용할 수 있다면) 자신의 안전을 위해서 어쩔 수 없이 일거에 모두 저질러진 것을 말하며, 연후에는 지속되지 않고 자신의 신민들에게 가능한 한 유익한 조치로 바뀐다는 것을 의미합니다. 잔인한 조치들이 잘못(male, badly) 이루어졌다는 것은 처음에는 빈도가 낮았으나, 시간이 흐를수록 감소하기보다는 증가하는 경우에 해당합니다. 첫 번째 방법을 따르는 군주들은, 아가토클레스가 그랬던 것처럼, 신과 인간 앞에서 자신의 상황을 호전시킬 수 있는 몇몇 수단들을 발견할 수 있습니다. 그러나 두 번째 방법을 따르는 군주들은 자신들의 권력을 유지할 수 없습니다.

따라서 정복자는 국가권력을 탈취한 후에 그가 저지를 필요가 있는 모든 가해행위에 관해서 결정해야 하며, 모든 가해행위를 일거에 저질러서 매일 되풀이할 필요가 없도록 조치해야 한다는 점을 명심해야 합니다. 그렇게 하면, 그는 절제를 통해서 민심을 수습하고, 시혜를 베풀어 민심을 자기편으로 끌어들일 수 있습니다. 소심하거나 판단력이 부족하기 때문에 이렇게 행동하지 않는 사람은 누구든지 손에 항상 칼을 쥐고 있어야 할 것입니다. 그는 결코 신민들을 믿고 의지할 수 없을 것입니다.[16] 왜냐하면 지속적으로 저지르는 가해행위로 인해서

---

16) 마키아벨리는 통치자에게 73면에서 충고하고 있다.

신민들이 결코 그에게 안심할 수 없기 때문입니다. 가해행위는 모두 일거에 저질러야 하며, 그래야 그 맛을 덜 느끼기 때문에 반감과 분노[17]를 작게 일으킵니다. 반면에 은혜는 조금씩 베풀어야 하며 그래야 그 맛을 더 많이 느끼게 됩니다.

**평온한 시절에
역경에 대비한다**

그리고 군주는 무엇보다도 그의 신민들과 함께 살아야 하며, 그러면 좋건 나쁘건 우발적인 사태로 인해서 자신의 행위를 수정하지 않아도 될 것입니다.[18] 왜냐하면 (함께 살지 않으면/역자) 비상시에는 단호한 조치를 취할 시간적 여유를 가지지 못할 것이며, 그런 상황에서는 군주가 베푼 어떠한 은혜도 군주 자신에게 도움이 되지 않을 것이기 때문입니다. 그러한 은혜는 마지못해 베푼 것으로 받아들여지기 때문에 아무런 믿음도 얻지 못합니다.

---

17) 피해를 입지는 않았지만, 이를 두려워하거나 그에게 적의를 품은 자들에게.
18) 앞에서 이야기한 가해행위나 시혜행위를 갑자기 취해야 하는 경우를 말한다.

# 제9장
# 시민형 군주국

이제 군주가 되는 두 번째 유형,[1] 곧 일개 시민이 사악한 방법이나 용납할 수 없는 폭력[2]이 아니라 동료 시민들의 호의(favore, fovor)에 의해서 군주가 되는 사례를 논의하겠습니다. 이러한 유형은 시민형 군주국(principato civile, civil principality)이라고 할 수 있습니다(시민형 군주의 지위에 오르기 위해서는 역량만이나 행운만이 필요한 것은 아니며 오히려 행운을 잘 이용하는 영리함이 필요합니다).[3] 이러한 지위에 오르는 데에는 인민(populo, people)의 호의에 의한 방법과 귀족(grandi, nobles)[4]의 호의에 의한 방법이 있을 것입니다. 모든 도시에는 인민과 귀족의 두 계급이 있기 때문입니다. 이러한 상황은 한편으로 인민은 귀족에게 지배당하거나 억압당하는 것을 원하지 않기 때문에, 다른 한편으로 귀족은 인민을 지배하고 억압하고자 하기 때문에 초래됩니다. 도시에 존재하는 상이한 이 두 가지 요인으

---

1) 제8장의 서두에서 언급된 유형을 말한다.
2) 이는 제8장의 주제였다.
3) 타인의 호의를 얻는 것도 일종의 행운(107-108면을 보라)이며, 그러한 호의는 영리함에 의해서 얻을 수 있다. 루소는 마키아벨리가 메디치 가문을 염두에 두고 있었을 것이라고 지적한다. 메디치 가문의 권력부상에 관해서는 「로마사 논고」, 제1권 제33장, 제52장 ; 「피렌체사」, 제4권 제26장 ; 제7권 제2장, 제10장을 보라.
4) 공적 생활 또는 정치에서 유명한 사람들을 말한다.

로부터 세 가지 가능한 결과가 초래되는데, 곧 군주정 (principato, principality), 공화정(libertà republic)[5] 그리고 무정부(licenza, anarchy)가 그것입니다.

인민이나 귀족이
군주를 옹립한다

여기에서 말하는 군주정이란 인민이나 귀족 중 어느 일파가 행동할 기회를 장악함으로써 탄생하게 됩니다. 귀족은 인민의 압력을 감당할 수 없을 때, 자신들 중의 어느 한 사람을 지원하고 추대하여 지배자로 만든 연후에 그의 보호하에서 자신들의 욕망을 충족시키려고 합니다. 다른 한편 인민은 귀족에게 대항할 수 없음을 깨달을 때, 자신들 중의 한 사람을 지원하고 추대하여 지배자로 옹립한 연후에 그의 권위를 통해서 자신들을 보호하려고 합니다.

귀족의 도움으로 군주가 된 사람은 인민의 도움으로 군주가 된 사람보다 권력을 유지하는 것이 훨씬 더 어렵다는 점을 깨닫게 될 것입니다. 왜냐하면 스스로를 그와 대등하다고 생각하는 많은 사람들이 그 주위에 있어서 그가 원하는 대로 명령을 내리거나 그들을 다룰 수 없기 때문입니다. 반면에 인민의 지지를 받아 군주가 된 사람은 홀로서기를 할 수 있는데, 주위에 그에게 반대할 인물들이 없거나, 있어도 소수에 불과하기 때문입니다.

더욱이 군주는 타인을 해치지 않고 명예롭게 행동함으로써 귀족들을 만족시킬 수는 없습니다. 그러나 그렇게 행동함으로써 인민들을 만족시킬 수 있는데, 왜냐하면 인민들의 목표는 귀족들의 목표보다 더 명예롭기 때

---

5) 마키아벨리에게 '공화정'이란 그 '자유'에 의해서 특징지어진다. 곧 그가 「로마사 논고」에서 종종 자유로운 제도나 자유로운 삶의 양식이라고 부른 것을 의미한다.

문입니다. 즉 귀족들은 단지 억압하고자 하는 데에 반해서 인민들은 단지 억압당하는 데에서 벗어나고자 하기 때문입니다. 게다가 군주는 적대적인 인민들로부터 자신을 결코 보호할 수 없는데, 인민들은 우선 숫자가 많기 때문입니다. 반면에 적대적인 귀족들로부터 자신을 보호하는 일은 그 숫자가 적기 때문에 어렵지 않습니다. 적대적인 인민들로부터 군주가 당할 수 있는 최악의 사태는 그들로부터 버림을 받는 것입니다. 그러나 적대적인 귀족들로부터는 버림을 받을 수 있다는 것을 염려해야 할 뿐만 아니라, 그들이 군주에게 반역행위를 할 수 있다는 점을 경계해야 합니다. 귀족들은 선견지명이 있고 교활하기 때문에 자신들을 보호하기 위해서 항상 앞서서 행동하며, 승산이 있는 자의 비위를 맞추려고 합니다. 그리고 군주는 늘 같은 인민들과 살아야 하지만, 늘 같은 귀족들이 없더라도 살 수 있습니다. 왜냐하면 원할 때면 언제든지 그는 귀족들에게 작위를 줄 수도 있고 빼앗을 수도 있으며, 자신이 원하는 바에 따라서 그들에게 권세를 줄 수도 있고 빼앗을 수도 있기 때문입니다.

이 문제를 좀더 분명히 하기 위해서는 귀족들에 관해 주로 두 가지 점을 고려하여 판단해야 합니다. 귀족들은 당신의 운명(성공/역자)에 자신들의 운명(성공/역자)을 결부시켜 처신하거나 아니면 그와 반대로 행동합니다. 전자의 부류로서 탐욕스럽지 않은 자는 우대하고 존중해주어야 합니다. 당신에게 확실한 충성을 표하지 않는 귀족들에 대해서는 그들의 처신에 깔린 두 가지의 상이한 이유를 구별해야 합니다. 만약 그들이 소심하거

**군주가 귀족을 다루는 법**

나 타고난 기백이 없어서 그렇게 행동한다면, 당신은 그들을, 특히 훌륭한 조언을 줄 수 있는 자들을 잘 활용해야 하는데, 왜냐하면 그들은 번영의 시대에는 당신을 명예롭게 하고, 역경의 시기에도 그리 두려워할 만한 존재가 못 되기 때문입니다. 그러나 귀족들이 교활하게 야심을 품고 당신에게 충성을 표하지 않는다면, 그것은 그들이 당신의 이익보다 자신들의 이익을 더 중시한다는 징표입니다. 따라서 군주는 이런 귀족들을 매우 조심스럽게 관찰해야 하며, 마치 공공연한 적인 것처럼 두려워해야 합니다. 그들은 군주가 역경에 처하면 언제라도 군주를 파멸시키기 위해서 갖은 노력을 다할 것이기 때문입니다.

**모든 군주는 인민의 지지가 필요하다**

한편 인민들의 호의로 군주가 된 사람은 그들의 환심을 계속해서 사도록 노력해야 합니다. 인민들이란 단지 억압당하지 않는 것만을 원하기 때문에 이 일은 어렵지 않습니다. 그러나 인민들의 의사에 반해서 그리고 귀족들의 호의에 의해서 군주가 되었을 때에는 다른 무엇보다도 먼저 인민들의 환심을 사려고 노력해야 할 것이며, 이는 당신이 그들을 보호함으로써 쉽게 성취할 수 있을 것입니다. 그리고 인간이란 박해를 예상했던 사람으로부터 은혜를 받게 되면 시혜자에게 더욱 애정을 느끼기 마련입니다. 인민들은 자신들의 호의로 권력을 잡은 군주보다 이러한 군주에게 곧장 더 끌릴 것입니다.

군주가 인민들을 자기편으로 끌어들이는 데에는 많은 방법들이 있는데, 그 방법들은 상황에 따라서 매우 다양하기 때문에 확실한 원칙들을 열거할 수는 없습니다. 따라서 이 문제는 제쳐놓기로 합시다. 다만 저는 군

주가 자신에게 호의적인 인민들을 확보하는 것이 필수
적이라는 결론을 내리겠습니다. 그렇지 않으면 역경에
처했을 때 속수무책의 상태에 빠질 것입니다.

스파르타의 군주 나비스는 그리스의 모든 세력들은
물론 승승장구하고 있던 로마 군의 포위공격을 잘 견
뎌내어 자신의 국가와 권력을 지킬 수 있었습니다.[6] 위
험이 닥쳐왔을 때, 그는 단지 소수와 대적하는 것만으
로 족했던 것입니다.[7] 그러나 인민들이 그에게 적대적이
었더라면, 그러한 조치만으로는 충분하지 못했을 것입
니다.

**스파르타의
나비스**

이러한 저의 견해에 대해서 "인민 위에 서 있는 자는
진흙 위에 서 있는 것과 같다"라는 케케묵은 격언을 인
용하면서 저의 주장에 의구심을 표해서는 안 됩니다. 이
격언은 인민들의 호의를 얻어 권력을 장악한 일개 시민
이 적이나 관리들에 의해서 궁박한 처지에 내몰린 상황
에서 인민들이 그를 구원하러 올 것이라고 믿을 때 적용
될 것입니다. 그와 같은 경우에 그는 로마의 그라쿠스
형제[8]나 피렌체의 조르조 스칼리가 당했던 것처럼 종종
자신이 속았음을 깨달을 것입니다. 그러나 인민들을 토
대로 하여 군주가 되고 인민들을 부리는 법을 알며, 용
맹이 뛰어나서 역경에 처해도 절망하지 않고 자신의 기
백과 정책을 통해서 인민들이 사기를 잃지 않도록 할
수 있는 군주라면, 인민들에게 배반당하는 일은 결코

**강력하고 현명한
군주는 인민에게
의지할 수 있다**

---

6) 마케도니아의 Philippos V세의 동맹으로서 아카이아(Archaea) 동맹에 저항하여 싸운 것을 지
    칭한다. *Livius*, XXXIV, 22-40 참조.
7) '그의 시민 중'의 일부라는 의미가 함축되어 있다. 나비스는 귀족들을 희생시키고 인민을 후대
    했으며, *Livius*(XXXIV, 27)는 그가 80명의 뛰어난 젊은이들을 투옥하여 죽였다고 기술한다.
8) Tiberius Sempronius Gracchus와 Gaius Sempronius Gracchus.

없을 것이며 자신의 권력이 확고한 토대 위에 서 있음을
알게 될 것입니다.

**현명한 지배자는
위험한 시기에도
충성을 확보한다**

통상적으로 시민형 군주국을 절대적인 체제로 변혁시
키려고 할 경우 큰 어려움에 부딪치게 됩니다.[9] 왜냐하면
시민형 군주는 직접 통치하거나 관리를 통해서 지배하
기 때문입니다. 후자의 경우 군주의 지위는 자신의 관리
로서 봉사하는 시민들의 선의에 전적으로 의존하게 됨
으로써 약화되고 매우 위태로워질 것입니다. 특히 역경에
처할 때 인민들은 반란을 일으키거나 군주에 대한 복종
을 거부함으로써 군주를 아주 쉽게 권좌에서 몰아낼 수
있을 것입니다. 더욱이 역경에 처할 때 군주는 절대적인
권위를 장악할 만한 충분한 시간이 없습니다. 왜냐하면
시민(cittadini, citizens)이건 신민(sudditi, subjects)이건 평
소에 관리들에게 복종하는 데에 익숙해 있어서, 역경의
시기에 군주에게 복종할 태세가 되어 있지 않기 때문입
니다. 그리고 불확실한 시기에 군주는 자신이 믿고 의지
할 수 있는 사람들이 항상 부족할 것입니다.

그러한 군주는 평화의 시기에, 곧 시민들이 그의 정부
를 필요로 했을 때에 보여주었던 것에 의지할 수 없습
니다. 왜냐하면 평화의 시기에는 모든 사람이 몰려들며,
누구나 충성을 약속하고, 실로 죽을 가능성이 없기 때
문에 군주를 위해서 목숨을 바치겠다고 맹세합니다.[10]
그러나 막상 역경에 처해서 정부가 시민들의 봉사를 필

---

9) 이러한 어려움이 '시민형 군주국'에 본질적으로 내재하는 것은 아니다. 그런 어려움들은 그
러한 국가를 '절대적인' 체제, 곧 참주제(tyranny)로 변형시키고자 할 때 일어난다(「로마사 논
고」, 제1권 제25장을 보라).
10) 119면을 보라.

요로 할 때, 그런 시민들은 찾기 어렵습니다. 그리고 그 제서야 그들의 충성도를 시험하는 일은, 처음이자 마지막이기 때문에, 지극히 위험합니다. 따라서 현명한 군주라면 어떠한 상황에 처하든지 시민들이 정부와 자기를 믿고 따르도록 조치를 취해야 하며, 그렇게 해야만 시민들은 그에게 항상 충성할 것입니다.

# 제10장
# 군주국의 국력은 어떻게 측정되어야 하는가

**지위 능력이 있는 군주**

이러한 군주국들의 성격을 규명할 때에 염두에 두어야 할 것이 또 하나 있습니다. 즉 군주가 필요시에 자신을 방어할 만큼 충분히 강력한 권력을 가지고 있는가 아니면 항상 타인으로부터 도움을 받아야 하는가의 문제입니다.[1] 이 문제를 좀더 명백히 하기 위해서, 어떤 군주가 자신의 국가를 공격하는 어떠한 세력에 맞서서 야전(野戰)을 수행하기에 충분한 군대를 가지고 있다면 (군주가 많은 병력을 거느리고 있거나 충분한 자금을 가지고 있기 때문에),[2] 그는 자신의 국가를 방어할 수 있을 것입니다. 마찬가지 원리에 따라서 저는 전장에서 적과 맞설 수 없어 자신의 성벽 안으로 피신해서 적을 방어해야 하는 군주라면, 항상 타인의 도움이 필요하다고 판단합니다.

첫째 유형에 관해서는 이미 논의했고,[3] 나중에 필요할 때 좀더 상세하게 논의하겠습니다.[4] 둘째 유형에 관

---

1) 이 구분은 '개혁자' 또는 권력을 추구하는 자와 관련하여 이미 내려진 적이 있다. 46–47면을 보라.
2) 용병을 고용하는 것을 말한다.
3) 제6장.
4) 제12–14장.

해서 말씀드리면, 그러한 통치자는 성 밖의 영토에는 신경 쓰지 말고 그의 도시에 요새를 튼튼히 쌓고 식량을 충분히 비축해야 한다고 권하는 것 말고는 별다른 조언을 할 수 없습니다. 그렇게 하면 외부세력은 자신의 도시를 잘 요새화하고 신민들을 이미 언급한 방법[5]대로 다루는 그리고 앞으로 논의할 방법[6]으로 다루는 통치자를 공격하는 데에 한참 망설일 것입니다. 왜냐하면 무릇 인간이란 매우 힘들 것으로 예상되는 전투를 시작하는 것을 언제나 꺼리기 때문입니다. 그리고 인민들에게 미움을 받지 않고 잘 방어된 도시를 지배하는 군주를 공략하는 것은 결코 만만치 않게 보일 것입니다.

독일의<br>자유도시들

독일의 도시들은 완전히 독립적이고, 농촌지역의 영토를 별로 가지고 있지 않으며, 그들이 원할 때만 (신성로마 제국의/역자) 황제에게 복종합니다. 그들은 황제나 다른 인접 세력들을 두려워하지 않습니다. 그 이유는 그 국가들은 방어가 잘 되어 있어서 그 국가들을 포위, 공격하는 일을 누구나 대단히 지겹고 어려운 일이라고 생각하기 때문입니다. 그 국가들은 모두 강력한 성벽과 해자로 둘러싸여 있고 충분한 대포를 보유하고 있으며, 창고에는 1년을 버티기에 충분한 식량, 식수 및 연료가 항상 비축되어 있습니다. 게다가 평민들이 공적인 비용 없이도 1년 동안 도시 생활의 유지에 필수적인 직종에 종사하며 생활할 수 있도록 하고 있으며, 이를 통해서 평민들이 생계를 유지하도록 합니다. 더욱이 그 국가들은 군사훈련을 매우 중히 여기며, 이를 유지하기

---

5) 제7장, 8장, 특히 통치자에게 인민의 호의를 유지하라고 조언하는 제9장 참고.
6) 제15-19장 및 기타.

위한 많은 규정을 두고 있습니다.

이러한 이유로 그렇게 질서가 잡힌 견고한 도시를 가지고 있으면서 인민들에게 미움을 받지 않는 군주는 어떤 공격에도 안전합니다. 그를 공격하는 자는 누구나 결국 수치스러운 퇴각을 감수해야 할 것입니다. 왜냐하면 너무나 변화무쌍한 이 세상에서 1년 내내 하는 일 없이 군대로 성을 포위하게 하는 일은 사실상 불가능하기 때문입니다. 도시 밖에 재산을 가지고 있는 인민들이 자기 재산이 파괴당하는 것을 보면 참을성을 잃는 데다가 포위가 지속되면 이기심[7]이 발동하여 군주에 대한 충성심이 약해진다고 반론할 수도 있습니다. 그러나 저는 강력하고 용기를 가진 군주는 그의 신민들에게 그러한 고난이 오래 지속되지 않으리라고 믿도록 설득하고 희망을 주며, 적의 잔혹함에 대해서 경각심을 일깨우고, 시끄럽게 떠들어대는 자들을 교묘하게 처리함으로써 그러한 위기를 극복할 수 있다고 대꾸하겠습니다.

게다가 적군은 아마 도착하자마자 당연히 성 밖의 외곽지역을 불태우고 약탈하겠지만, 그때는 아직 시민들의 사기가 드높고 버틸 각오가 되어 있을 때일 것입니다. 따라서 며칠이 지나면 시민들의 흥분은 가라앉게 되며, 피해는 이미 발생했고 희생을 감당한 연후이므로 거기에 대해서 더 이상 어떤 조치를 취할 수도 없기 때문에, 군주는 두려워할 이유가 줄어들게 됩니다. 더욱이 시민들은 군주를 방어하기 위해서 자기들의 집이 불타고 재산이 약탈되었고, 그 결과 군주가 자기들에게 빚

---

7) 자신의 재산에 대한 사랑을 유발하는 자애심(自愛心)을 말한다.

을 지고 있다고 생각하기 때문에, 한데 뭉쳐 더욱더 군주와 혼연일체(渾然一體)가 됩니다. 왜냐하면 인간은 본질적으로 자신이 받은 은혜는 물론 베푼 은혜에 의해서도 유대가 강화되는 존재이기 때문입니다. 따라서 이 모든 점을 조심스럽게 고려할 때, 필요한 식량과 방어 수단을 갖추고 있는 한, 포위공격 이전이나 이후에 상관없이 현명한 군주가 시민들의 사기를 유지하는 일이 어렵지 않으리라는 점은 명백합니다.

# 제11장
# 교회형 군주국

교회 군주의<br>확실한 안전

이제[1] 교회형 군주국(principato ecclesiastico, ecclesiastical principality)을 논의하는 일만 남아 있는데, 이 경우 모든 시련은 교회국가를 얻기 전에 생깁니다. 왜냐하면 교회형 군주국은 역량을 통해서 또는 운명을 통해서 얻게 되는데, 그 유지에는 이 둘 중 어느 것도 필요하지 않기 때문입니다. 그 이유는 이 국가들은 고래의 종교적 제도에 의해서 유지되는데, 그 제도들은 군주가 어떻게 살고 처신하든 그의 지위를 유지할 만큼 충분히 강력하기(효율적인 특성을 가지고 있기/역자) 때문입니다. 군주는 국가를 소유하고 있으나 방어할 필요가 없으며, 신민들을 다스리기 위해서 애쓸 필요도 없습니다. 비록 군주가 국가를 방어하지 않은 채 내버려둔다고 하더라도, 국가를 그들에게 빼앗기지는 않습니다. 게다가 신민들은 비록 적절하게 다스려지지 않더라도, 그 일에 별 신경을 쓰지 않습니다. 그들은 군주를 몰아낼 수도 없으며 그럴 생각조차 하지 않습니다. 그렇다면 이러한 군주국들이야말로 안전하고 축복받을 것입니다.

그러나 이러한 국가들은 인간의 마음이 감지할 수 없

---

1) 제1장에 나오는 국가의 유형과 국가 획득의 방법에 관한 분류를 완료하기 위한 논의가 전개된다.

는 초월적인 권능에 의해서 다스려지므로, 논의하는 것을 삼가겠습니다. 이 국가들은 신에 의해서 세워지고 유지되기 때문에 그것들을 검토하는 것은 오직 오만하고 경솔한 인간의 처사가 될 것입니다.

그렇다고 하더라도 교황 알렉산데르[2]의 즉위 이전에는 이탈리아의 주요 정치세력들[3]은 (단순히 '강대국'들뿐만 아니라 영주나 하급 귀족은 물론 심지어 가장 미약한 세력마저도) 교회의 세속권력을 대수롭지 않게 생각했는데, 도대체 어떻게 해서 교회의 세속권력이 이제는 프랑스 왕과 같은 인물마저도 두려워할 만큼 강성해졌는가 하고 궁금하게 여기는 사람들이 있을 것 같습니다. 왜냐하면 교회권력은 프랑스 왕을 이탈리아에서 몰아냈을 뿐만 아니라 베네치아 공화국마저도 몰락시켰기 때문입니다. 물론 이 사건은 널리 알려진 사실이지만, 다시 환기시킨다고 해서 잘못된 것은 아닙니다.

프랑스의 샤를 왕이 이탈리아를 침입하기[4] 이전에 이 나라는 교황, 베네치아 공화국, 나폴리 왕국, 밀라노 공국 그리고 피렌체 공화국의 지배하에 있었습니다. 각 세력들은 주로 두 가지 관심에 몰두했는데, 그 하나는 외세가 이탈리아를 무력으로 침입해서는 안 된다는 것이고, 다른 하나는 이탈리아의 어느 세력도 더 많은 영토와 힘을 가져서는 안 된다는 것이었습니다. 가장 많은 우려의 대상이 된 세력은 교황과 베네치아 공화국이었습니다. 베네치아 세력을 견제하기 위해서 다른 세

*속권(俗權)의 증대*

*교황 알렉산데르의 재위 이전에 교회는 미약했다*

---

2) 알렉산데르 6세.
3) 밀라노, 베네치아, 피렌체 및 나폴리를 말한다.
4) 1494년 샤를 8세의 침입을 말한다.

력들은 페라라를 방어할 때처럼 동맹을 결성했습니다.[5] 그리고 로마의 귀족들은 교황의 권력을 견제하는 데 이용되었습니다. 로마의 귀족들은 오르시니와 콜론나라는 두 개의 파벌로 분열되어 있었기 때문에 그들은 늘 서로 반목, 대립하고 있었지만, 동시에 교황의 면전에서 무기를 휴대할 정도로 교황의 권위를 취약하고 무력하게 만들었습니다. 간혹 식스투스[6]와 같이 기백이 있는 교황이 즉위하기도 했지만, 그의 행운이나 지혜도 이러한 난관을 극복하는 데에 충분하지는 못했습니다. 교황의 재위기간이 짧은 것도 그 이유라고 할 수 있는데, 대부분의 교황의 재위기간은 10년 정도였습니다.[7] 이 기간 동안에 어느 한 파벌을 제거하기란 매우 어려운 일이었기 때문입니다. 그리고 설사 어느 교황이 콜론나 파를 제거하는 데에 거의 성공했다고 하더라도, 그 다음에는 오르시니 파에 적대적인 교황이 즉위하여 콜론나파의 재기를 도우는 결과를 초래하곤 했습니다. 그렇다고 해서 그 교황이 오르시니 파를 제거할 만큼 충분한 시간이 있었던 것도 아닙니다. 그 결과 교황의 세속권력은 이탈리아에서 거의 무시되어왔습니다.

**알렉산데르 6세의 세속권력**  그런데 알렉산데르 6세가 교황에 즉위하게 되자 그는 역대 어느 교황보다도 탁월하게 돈과 군사적인 수단으로 얼마나 많은 것을 성취할 수 있는가를 보여주었습

---

5) 1482년에 베네치아와 페라라의 Ercole 1세 간에 전쟁이 발발했는데, 후자는 밀라노와 피렌체의 지원을 받았다. 바뇰로(Bagnolo) 평화회의에서 비록 폴로시네를 베네치아에 할양했지만, 페라라의 자주성을 인정되었다.

6) Sixtus 4세를 말한다.

7) 바로 직전의 교황들을 보면, Sixtus 4세는 13년, Innocentius 8세는 8년, Alexander 6세는 11년, Julius 2세는 10년을 재위했고, Pius 3세는 매우 짧은 기간 동안(1503년에 26일 동안) 재위했다.

니다. 발렌티노 공작[8]을 앞세웠으며, 프랑스의 침입에 의해서 제공된 기회를 충분히 활용하여, 공작의 경력을 논하면서 제가 앞에서 언급한 적이 있는 모든 것을 성취했습니다.[9] 비록 알렉산데르의 목적은 교회가 아니라 공작의 세력을 확장하는 것이었지만, 그가 죽고 공작이 몰락한 후 교회가 그의 노력의 결실을 물려받아 교회의 권력은 강화되었습니다.

그리고 나서 율리우스 교황이 등장했는데,[10] 그는 교회가 이미 강력한 힘을 가졌다는 점을 알았습니다. 교회는 로마냐 전 지역을 장악했고, 로마의 귀족들은 무력화되었으며, 그 파벌들 역시 알렉산데르의 강력한 조치에 의해서 몰락했기 때문이었습니다. 게다가 율리우스 교황은 이전의 알렉산데르 교황에게는 없었던 축재의 기회를 가지게 되었습니다.[11] 따라서 율리우스는 자신이 이미 물려받은 것을 유지했을 뿐만 아니라 확대했습니다. 그는 볼로냐를 점령하고,[12] 베네치아 세력을 파괴하고, 프랑스 군을 이탈리아에서 몰아낼 계획을 세웠습니다. 이 모든 계획은 성공을 거두었고, 게다가 특정 개인을 위한 것이 아니라[13] 교회의 권력을 확대하기 위해서 이 모든 일을 성취했기 때문에, 이 점에서 그의 공적은 칭송받을 만했습니다.

교회를 강화시킨
율리우스 2세

---

8) 아들 체사레 보르자.
9) 제7장을 보라.
10) 율리우스 2세, 마키아벨리는 교황들의 활동 중에서 주된 업적에 관심이 있었기 때문에 매우 단기간에 걸친 피우스 3세의 재위를 무시했다.
11) 대부분의 평자들은 율리우스의 성직매매 관행을 언급한다. 그러나 알렉산데르 역시 그 일에 관여하지 않은 것은 아니었다.
12) 「로마사 논고」, 제1권 제27장.
13) 이 점에서 그는 알렉산데르나 당시의 다른 교황과 구별된다.

그는 오르시니 파와 콜론나 파를 이전처럼 무력한 상태로 유지했습니다. 비록 그들 중 몇몇 지도자들이 반란을 꾀하려고 했지만, 두 가지 요인이 이를 가로막고 있었습니다. 첫째는 교회의 권력이 매우 강력해서 그들을 압도했던 것이고, 둘째는 어느 파벌이든 그들을 이끌 수 있는 추기경이 없었다는 사실입니다. 추기경은 이들 파벌들의 반목의 원인이었는데, 그들은 추기경을 지도자로 삼게 되면 언제나 분규를 일으키곤 했습니다. 로마 안에서나 밖에서나 파벌들을 형성하는 것은 으레 추기경들이었고 귀족들은 자신들이 속한 파벌을 지지하지 않을 수 없었기 때문입니다. 이처럼 고위 성직자들의 야심이야말로 귀족들 사이의 모든 알력과 분쟁의 근원이었던 것입니다.

**레오 10세에 대한 소망**

이 모든 결과, 교황 레오 10세 성하는 현재와 같은 매우 강력한 교황권(pontificato, papacy)을 가지게 되었습니다. 그리고 전임 교황들이 무력을 통해서 교황권을 위대하게 만들었듯이, 레오 10세 역시 자신의 타고난 선량함과 헤아릴 수 없이 많은 다른 덕을 통해서 교황권이 더욱 위대하고 존경의 대상이 되도록 만드실 것을 기원합니다.

# 제12장
# 군대의 다양한 종류와 용병

이제까지 저는 처음에[1] 언급했던 상이한 모든 종류의 군주국에 대해서 상세히 논했으며, 그 번영과 쇠퇴의 이유에 관해서도 상당히 고찰했습니다. 그리고 저는 많은 사람들이 군주국을 획득하고 유지하기 위해서 사용해온 방법들을 검토했습니다. 이제 저에게 남은 것은 앞에서 언급한 모든 군주국이 채택할 수 있는 공격과 방어의 일반적인 방법을 살펴보는 것입니다. 앞에서[2] 저는 군주가 권력의 확고한 토대를 가지는 것이 얼마나 필요한지를 역설한 바 있습니다. 그렇지 못한 군주는 항상 몰락하고 말 것입니다.

**좋은 법과 좋은 군대**

모든 국가의 주된 토대는 (세습 군주국이든 신생 군주국이든 복합 군주국이든) 좋은 법[3]과 좋은 군대입니다. 좋은 군대가 없으면 좋은 법을 가지기란 불가능하고[4] 좋은 군대가 있는 곳에는 항상 좋은 법이 있기 때문에,[5] 저는 법 문제는 제쳐놓고 군대 문제를 논

---

1) 제1장의 서두를 지칭한다.
2) 예컨대 50, 74-77면을 보라.
3) 여기에서 법(legge, law)은 아마 좁은 의미로 이해되어서는 안 될 것이다. 오히려 마키아벨리는 '법'과 '관행'(또는 불문법)을 염두에 두고 있다. 요컨대 정치적, 사회적 응집력과 안정을 부여하는 광의의 법과 제도, 곧 법제(法制)를 말한다.
4) 만약 군주국이 잘 방어되지 않으면, 그 내부 질서가 유지될 수 없기 때문이다.
5) 만약 '법'을 통상적인 의미로 이해한다면, 이는 잘못이다(왜냐하면 훌륭한 군대를 가지고 있

의하겠습니다.

그런데 군주가 자신의 국가를 방어하는 데에 사용하는 무력은 그 자신의 군대이거나, 아니면 용병(mercenario, mercenary)이거나 외국의 원군, 또는 이 세 가지가 혼합된 혼성군이라고 말할 수 있습니다. 용병과 원군은 무익하고 위험합니다. 자신의 영토를 보전하기 위해서 용병에 의존하는 사람은 그 누구도 자신의 영토를 결코 안정되고 안전하게 통치할 수 없을 것입니다. 왜냐하면 용병이란 분열되어 있고, 야심만만하며,[6] 기강이 문란하고, 신의가 없기 때문입니다. 그들은 동료들과 있을 때는 용감하게 보이지만, 강력한 적과 부딪치게 되면 약해지고 비겁해집니다. 그들은 신을 두려워하지 않으며 사람들과 한 약속도 잘 지키지 않습니다. 당신의 파멸은 적의 공격이 지연되고 있는 만큼 지연되고 있는 데 불과합니다. 따라서 당신은 평화시에는 그들에게, 전시에는 당신의 적에게 시달릴 것입니다. 이 모든 이유는 그들이 당신에게 아무런 애착도 느끼지 않으며, 너무나 하찮은 보수 이외에는 당신을 위해서 전쟁에 나가 생명을 걸고 싸울 어떤 이유도 없기 때문입니다. 당신이 전쟁을 하지 않는 한, 그들은 기꺼이 당신에게 봉사하지만, 막상 전쟁이 일어나면 도망가거나 탈영합니다. 기실 이탈리아가 최근에 겪은 시련은 다른 어떤 이유보다도 그토록 오랜 세월 동안 용병에 의존한

---

는 나라라고 하더라도, 비난받을 만한 또는 결함이 있는 법체계를 가질 수 있기 때문이다). 그러나 좋은 법을 '좋은 질서'라는 의미로 이해한다면, 마키아벨리의 입장은 강화된다. "좋은 시민법이 있을 때, 좋은 질서가 있기 마련이다"라고 마키아벨리가 말하는 「로마사 논고」, 제1권 제4장을 참조하라.
6) 그 지도자들이 그렇다는 뜻이다.

데서 비롯되었기 때문에, 이 점을 주장하기 위해서 많은 노력을 할 필요조차 없습니다. 물론 이 용병들의 일부는 무기력하지 않았으며 다른 용병들과 싸울 때 용맹을 떨치기도 했습니다. 그러나 외국군의 침입이 시작되었을 때,[7] 일거에 그들의 진면목이 드러났습니다. 그리하여 프랑스의 샤를 왕은 이탈리아를 백묵 하나로 점령할 수 있었습니다.[8] 우리가 우리의 죄악으로 이러한 사태에 처하게 되었다[9]고 말한 사람은 진리를 말한 셈입니다. 그러나 문제는 그가 믿은 죄악이 아니라 제가 적시한 죄악입니다. 그리고 이는 군주들의 죄악이었기 때문에 그들 역시 자신들의 죄악으로 인해서 처벌을 받았습니다.[10]

저는 이런 종류의 군대가 가지고 있는 결함을 좀더 명확히 보여주고 싶습니다. 용병대장들은 매우 유능한 인물이기도 하지만 그렇지 못한 인물이기도 합니다. 그들이 유능한 인물이라면, 당신은 그들을 신뢰해서는 안 되는데, 그 이유는 그들이 항상 자신들의 고용주인 당신을 공격하거나 당신의 의사에 반해서 다른 자들을 공격함으로써 오직 자신만의 권력을 열망하기 때문입니다. 그러나 만약 그들이 평범한 인물이라면, 당신은 당연히 몰락하게 될 것입니다.

군주는 스스로 군대를 통솔해야 하고, 공화국은 시민 출신의 장군을 가져야 한다

---

7) 1494년 이후를 말한다.

8) 코민(Commynes, *Mémoires*, VII, 14)은 이러한 위트를 교황 알렉산데르 6세에게로 돌린다. 그들은 거의 저항을 받지 않았기 때문에 병사들이 기숙할 집들을 백묵으로 표시하는 것만으로도 족했다는 것이다.

9) 사보나롤라는 1494년 11월 1일 샤를 8세 앞에서 행한 설교에서 간음, 고리대금업, 잔인함과 같은 그러한 죄악들이 현재의 '시련'을 초래했다고 말했다.

10) 예컨대 용병에 의존했던 루도비코 스포르차, 피에로 데 메디치, 아라곤의 프레데리코 1세를 지칭한다.

무력을 자기 마음대로 행사할 수 있는 사람은 (용병이건 아니건) 누구나 이런 식으로[11] 행동하기 마련이라는 이유로 반론을 제기한다면, 우선 저는 무력이란 군주나 공화국에 의해서 사용된다는 구분에 입각해서 대꾸하겠습니다. 전자의 경우, 군주는 최고 통수권자로서 친히 군대를 인솔해야 합니다. 후자의 경우, 공화국은 그 시민을 장군으로 파견해야 합니다. 만약 파견된 자가 유능하지 못한 것으로 판명되면 교체해야 합니다. 파견된 장군이 유능하면, 그가 월권하지 않도록 법적인 통제수단을 확보해야 할 것입니다. 경험에 따르면 자기 군대를 가진 군주와 공화국만이 성공할 수 있으며, 용병은 어떤 것도 성취하지 못하고 오히려 해만 끼칠 뿐입니다. 일개 시민이 권력을 탈취하는 일은 외국 군대에 의존하는 공화국보다 자신의 군대를 가진 공화국에서 더욱 어려운 법입니다.

용병의 배반에<br>관한 역사적 사례

수세기 동안 로마와 스파르타는 자력으로 무력을 갖추었고 독립을 유지했습니다. 오늘날에는 스위스가 적절한 군비를 갖추고 있으며 완전한 독립을 유지하고 있습니다. 고대의 용병제로서 언급할 가치가 있는 사례는 카르타고에서 발견됩니다. 카르타고인들은 로마와의 첫번째 전쟁이 끝난 후 용병대장들이 본국인이었음에도 불구하고 자신들이 고용한 용병의 공격을 받아 거의 정복당할 뻔했습니다.[12] 비슷하게 에파미논다스가 죽은 후 테베인들은 마케도니아의 필리포스를 자신들의 군

---

11) '매우 유능한 장군들이 행동하는 것처럼'이라는 의미이다.
12) 기원전 346년, 「로마사 논고」, 제3권 제32장 참조.

대의 장군으로 삼았는데, 그는 전쟁에서 승리한 후 그들의 자유를 박탈하고 말았습니다.[13] 필리포 공작이 죽은 후,[14] 밀라노인들은 프란체스코 스포르차를 장군으로 고용하여 베네치아에게 대항했습니다. 그러나 스포르차는 카라바조(Caravaggio)에서 베네치아인들을 격파한 후,[15] 그들과 연합하여 자신을 고용한 밀라노인들을 도리어 공격했습니다. 나폴리의 조반나 여왕에 의해서 장군으로 고용된 스포르차의 부친[16]은 돌연히 그녀의 무력을 박탈했고,[17] 그 결과 여왕은 자신의 왕국을 지키기 위해서 아라곤의 왕[18]에게 도움을 청하지 않으면 안 되었습니다.

비록 베네치아인들과 피렌체인들이 과거에 용병을 고용해서 영토를 확장했지만, 그 용병대장들은 권력을 탈취하지 않고 영토를 방어해주었습니다. 따라서 이 문제에 관한 한, 피렌체는 매우 운이 좋았다는 것이 저의 소견입니다. 왜냐하면 위협이 될 만했던 유능한 장군들 중의 일부는 승리를 거두지 못했고, 다른 일부는 저항에 부딪쳤으며, 또 다른 일부는 야심을 성취하기 위해서 다른 곳으로 갔기 때문입니다.

피렌체의 경험

승리를 거두지 못한 장군은 존 호크우드인데, 그의 충성심은 그가 승리를 거두지 못했기 때문에 확인할 수

---

13) 필리포스는 기원전 338년에 테베를 정복하고 과두정을 수립했다. 그러나 그는 용병대장이 아니었다. 그는 테베인들의 동맹이었으며, 일찍이 기원전 355년에 테살리아인과 테베인의 동맹군을 통솔한 적이 있었다.

14) 1447년 8월 13일에 Filippo Maria Visconti가 죽었다.

15) 1448년 9월 15일.

16) Muzio Attendolo Sforza(1369~1424).

17) 1421년경.

18) Alfonso 5세(1416~58 재위). 별칭은 관후왕(el Magnánino).

없었습니다.[19] 그러나 사람들은 그가 성공했더라면, 피렌체를 장악했을 것이라는 데에 의견을 같이합니다. 스포르차 집안 출신들은 항상 브라체시[20]의 군대와 경쟁관계에 있었기 때문에, 두 파벌은 서로 견제했습니다. 프란체스코는 자신의 야심을 충족시키려고 롬바르디아에 갔으며, 브라초는 교회와 나폴리 왕국에 적대적이었습니다.

좀더 근래의 사건으로 눈을 돌려보겠습니다. 피렌체인들은 파올로 비텔리를 장군으로 고용했는데,[21] 그는 매우 유능하여 일개 시민의 신분에서 시작하여 매우 높은 명성을 얻은 인물입니다. 만약 그가 피사를 점령했더라면, 피렌체인들이 그를 계속해서 그 자리에 고용할 수밖에 없었을 것이라는 점에 대해서는 어느 누구도 이의를 제기하지 않을 것입니다. 만약 그가 피렌체의 적군의 장군으로 임명되기라도 했더라면, 피렌체인들은 달리 방어할 수단이 없어 궁지에 몰렸을 것이기 때문입니다. 그러나 만약 그들이 그를 계속 고용했더라면, 그는 피렌체인들의 위에 군림하는 지위에 올랐을 것입니다.

베네치아인들이
용병으로부터
겪은 수난

베네치아인들의 발전사를 보더라도 그들이 자신들의 군대로, 곧 귀족과 무장한 인민들이 아주 능숙하고 용맹스럽게 전쟁에 임했을 때에(즉 그들이 이탈리아 본토에서 전쟁을 하기 전에), 그 나라는 안전했고 영광을 누렸습니다. 그런데 그들이 본토에서 전쟁을 하게 되자

---

19) 백년전쟁에서 공을 세운 영국 태생의 John Hawkwood 경(1320?-94)이 피렌체를 위해서 수행한 전투는 성격상 방어전이었다.
20) Bracceschi : Braccio da Montone(1368-1424)로 알려져 있는 Andrea Fortebracci에 속한 사람들을 말한다.
21) 1498년 6월.

마자[22) 그들은 그들의 용맹(virtú)을 포기하고 이탈리아의 전쟁 관습[23)을 따르기 시작했습니다. 그들이 처음으로 내륙의 영토를 확장하기 시작했을 때, 그들은 용병대장들을 두려워할 만한 이유가 없었습니다. 왜냐하면 그 당시에는 병합된 영토가 아직 많지 않았고 베네치아인들의 명성이 아주 높았기 때문입니다. 그러나 그들이 카르마뇰라의 통솔하에 영토를 확장함으로써[24) 그들의 과오는 명백해졌습니다. 그들은 (그의 통솔하에 밀라노 공작을 격파했기 때문에) 그가 매우 유능하다는 점을 알게 되었지만, 반면에 그가 전쟁[25)을 마지못해 수행하고 있다는 점도 깨달았습니다. (그 자신이 승리하는 것을 원하지 않았기 때문에) 그들은 그를 계속 고용해서는 전쟁에서 승리할 수 없다고 판단했지만, 병합된 영토를 잃을 각오를 하지 않는 한, 그를 해고할 수도 없었습니다. 따라서 그들은 자신들을 보호하기 위해서 그를 살해할 수밖에 없었습니다.[26)

그후에 베네치아인들은 용병대장으로 바르톨로메오 다 베르가모,[27) 로베르토 다 산 세베리노,[28) 피티글리아노 백작[29) 등을 기용했습니다. 이 장군들에 대해서 베네치아인들이 우려했던 것은 장군들이 승리한 후에 생길

---

22) Treviso가 1339년에 병합되었지만 이는 15세기 초를 지칭한다.
23) 용병을 사용하는 관례.
24) 1426년 이래.
25) 밀라노에 대한 전쟁.
26) 그는 재판을 받고 1432년 5월 5일에 처형되었다.
27) Carmagnola의 뒤를 이은 장군 Bartolomeo Colleoni로서, 그는 카라바조(Caravaggio) 전투 (1488)에서 프란체스코 스포르차가 지휘하는 밀라노인들에게 격파되었다.
28) 페라라에 대한 전쟁(1482~84) 당시 베네치아의 장군 18면을 보라.
29) 바일라 전투에서의 사령관인 Nicolò Orsini(1442~1510).

위험이 아니라, 그들이 패배하는 것이었습니다. 실로 이러한 우려는 나중에 바일라(Vailà) 전투[30]에서 현실화되었는데, 그들은 한 번의 전투[31]에서 그들이 800여 년 동안 그토록 심혈을 기울여 얻었던 것을 일거에 잃고 말았습니다. 이처럼 용병을 쓰는 것은 결과적으로 완만하고 느린 사소한 이익이 있는 반면에, 돌발적이고 놀라운 손해를 가져오기 마련입니다.

**이탈리아에서의 용병의 역사**

이런 사례들은 오랫동안 용병들에게 좌지우지당했던 이탈리아에서 끌어온 것들이기 때문에 저는 이 용병들에 관해서 좀더 상세히 검토하고 싶습니다. 용병의 발생과 발전을 검토하면, 그 해결책을 구하기가 쉽기 때문입니다.

그렇다면 어떻게 해서 근래에[32] (신성 로마 제국의/역자) 황제의 권력이 이탈리아에서 그 토대를 상실하게 되었고, 교황의 세속권력이 증대되었는가, 그리고 어떻게 해서 이탈리아가 많은 국가들로 분열되었는가를 알아야 합니다. 그 이유는 많은 대도시들이 (이전에 신성 로마 제국 황제의 지지를 등에 업고) 그들을 억압하던 귀족들에게 대항하여 무기를 들고 일어났고, 교회 역시 자신의 세속권력을 확대하기 위해서 이러한 반란들을 조장했기 때문입니다. 이와 더불어 많은 다른 도시에서 시민들이 군주의 지위에 오르게 되었습니다. 그런데 주로 교회와 몇몇 공화국들이 이탈리아를 지배하게 됨에

---

30) 1509년 5월 14일. 비록 마키아벨리가 그 결과를 다소 과장하고 있지만, 이 전투에서 프랑스는 베네치아인들에게 결정적인 패배를 안겨주었다.
31) 단지 하루 동안 계속된 전투에 불과했다.
32) 특히 15세기를 말한다.

따라서, 성직자들과 군무(軍務) 경험이 없는 시민 지배자들은 외부인들을 고용하여 전투를 치르기 시작했습니다.

로마냐 사람인 알베리코 디 코니오[33]가 용병부대의 중요성을 최초로 널리 알렸습니다. 그리고 그 뒤에 다른 용병들이 등장했는데, 그중에는 당대에 이탈리아를 지배했던 브라초와 스포르차[34]의 용병이 전면에 부상하게 되었습니다. 그들의 뒤를 이어 오늘에 이르기까지 용병을 지휘하는 많은 다른 장군들이 나오게 되었습니다. 그리고 그들이 세운 혁혁한 무훈(武勳, virtú)의 결과, 이탈리아는 샤를 왕에게 공략당하고, 루이 왕에게 약탈당했으며, 페르난도 왕에게 유린당하고,[35] 스위스인들에게 수모를 당하게 되었습니다.[36]

우선 용병대장들은 자신들의 명성을 드높이려고 보병을 등한시하는 일이 일어났습니다.[37] 그들은 자신들의 국가가 없는 데다가 고용되어야 먹고 살 수 있었으므로, 적은 수의 보병은 그들의 명성을 높이는 데에 도움이 되지 않았고, 그렇다고 해서 대규모의 보병을 유지할 수도 없었기 때문에 보병을 소홀히 한 것입니다. 그런 이유로 그들은 일정한 수입을 유지하고 명성을 성취

안이한 전쟁 수행

---

33) 1409년에 죽은 Alberico da Barbiano를 말한다.
34) 안드레아 포르테브라초와 무초 아텐돌로 스포르차.
35) 각각 프랑스의 샤를 8세, 루이 12세, 아라곤의 페르난도 2세를 말한다.
36) 마키아벨리는 특히 노바라(1500)와 라벤나(1512)에서 보여준 스위스 군인들의 우수성을 암시하고 있다. 1500년 루도비코 스포르차에게 고용된 스위스 용병은 그의 요구로 루이 12세가 점령한 밀라노 탈환 전투를 전개했다. 그러나 루이 12세가 더 큰 돈을 제안하자 스포르차를 배신했다. 라벤나 전투에 관해서는 이 책 98면을 보라.
37) 마키아벨리에게 보병은 모든 군대의 핵심을 구성한다. 「전술론」, 제1권을 보라. 이 주제들은 「로마사 논고」, 제2권 제18장에서 보다 자세히 논의되었다.

하는 데에 적당한 만큼의 기병을 거느렸습니다. 그 결과 2만 명 규모의 군대에서 보병이 고작 2천 명 정도에 불과한 사태에 이르게 되었습니다. 게다가 그들은 가능한 한 모든 수단을 동원하여 자신들이나 병사들의 고통과 위험을 덜려고 했으며 전투에서 서로 죽이는 일도 별로 없었습니다. 그 대신 그들은 상대방을 포로로 생포했는데, 몸값을 요구하지도 않고 풀어주었습니다. 그들은 요새화된 도시를 야간에는 공격하지 않았으며, 도시를 방어하는 용병들 또한 포위군에 대한 공격을 주저했습니다. 야영을 할 때에도 그들은 방책이나 외호로 주위를 방어하지 않았으며 겨울에는 전투를 하지 않았습니다. 이러한 모든 관행들은, 제가 말한 것처럼, 고통과 위험을 피하기 위해서 군대의 규율로서 허용되고 채택되었습니다. 이러한 그들의 활동 결과로 이탈리아는 노예화되고 수모를 겪게 되었습니다.

# 제13장
# 원군, 혼성군, 자국군

원군(援軍)이란 당신이 외부의 강력한 통치자에게 도움을 요청했을 때 당신을 돕고 지켜주기 위해서 파견된 군대인데, 이 또한 용병처럼 무익한 군대라고 말할 수 있습니다. 원군은 최근에 교황 율리우스에 의해서 이용된 적이 있습니다. 교황은 자신의 용병부대가 페라라 전투[1]에서 별 성과를 거두지 못하자, 스페인의 페르난도 왕[2]에게 자신을 도울 군대를 파견하게 함으로써 원군을 이용했던 것입니다. 이러한 원군은 그 자체로서는 유능하고 효과적이지만, 원군에 의지하는 자에게는 거의 항상 유해한 결과를 가져다줍니다. 왜냐하면 그들이 패배하면 당신은 몰락할 것이고, 그들이 승리하면 당신은 그들의 처분에 맡겨지기 때문입니다.

물론 고대 역사에서도 이런 사례들을 충분히 발견할 수 있지만, 저는 근래에 일어난 교황 율리우스 2세의 사례를 논의하고 싶습니다. 그의 결정은 너무나 성급했다고 평가할 수밖에 없습니다. 페라라를 얻기 위해서 외국 군주[3]의 수중에 자신을 완전히 내맡기다니! 그러나 그

원군으로부터
겪은 근래의
위험한 사례들

---

1) 1510년. 18면을 보라.
2) 아라곤의 페르난도 2세.
3) 아라곤의 페르난도 2세.

는 운이 좋아서 잘못된 정책에서 초래된 결과를 감수하지 않아도 되었습니다. 왜냐하면 그가 요청한 원군들이 라벤나에서 패주했을 때,[4] 스위스 군이 도착하여[5] (그와 다른 사람들의 예상을 뒤엎고) 승자[6]를 몰아냈고, 그 결과 그는 (도망가버린) 적들의 수중에 넘어가지도 않았고, 게다가 승리를 거둔 자는 원군이 아니라 다른 군대[7]였으므로, 원군의 처분에 내맡겨지는 상황에 처하지도 않았기 때문입니다. 한편 피렌체는 전혀 무력이 없었기 때문에, 피사를 정복하기 위해서 1만 명의 프랑스 병력을 끌어들였습니다.[8] 이 정책으로 인해서 피렌체는 자신의 시련의 역사에서 그 어느 때보다 심각한 위기를 맞이했습니다. 마찬가지로 콘스탄티노플의 황제[9]는 동족과 싸우기 위해서 1만 명의 투르크 병력을 그리스로 불러들였는데,[10] 전쟁이 끝난 후[11]에도 투르크 군은 돌아가려고 하지 않았으며, 이를 발단으로 해서 그리스는 이교도의 지배하에 들어가게 되었습니다.[12]

**원군으로는 진정한 승리를 거둘 수 없다**

따라서 승리를 원하지 않는 사람이라면 원군을 이용해도 좋을 것입니다. 원군은 용병보다 훨씬 더 위험하기 때문입니다. 원군을 이용하면 파멸하게 되는 것은 확실

---

4) 1512년 4월 11일.
5) 1512년 5월 말경.
6) 프랑스 군을 말한다.
7) 스위스 군을 말한다.
8) 1500년.
9) 비잔틴 황제인 요안네스 6세 칸타쿠제노스(1347-54 재위).
10) 1341년에 요안네스 6세 칸타쿠제노스의 추종자들과 요안네스 5세 팔라에올로구스의 추종자들 사이에 발발한 내전기간을 말한다.
11) 1347년.
12) 투르크의 지배는 콘스탄티노플이 함락된 1453년에 완성되었다.

합니다. 원군은 일사불란한 군대이며 다른 사람[13]에게 복종하는 데 익숙해 있습니다. 그러나 용병은 승리하더라도 당신을 해칠 수 있는 지위에 이르기까지는 더 많은 시간과 더 많은 기회가 필요합니다. 용병은 당신이 고용하고 보수를 주기 때문에 하나의 단일체를 형성하지 못합니다. 그리고 당신이 용병의 장군으로 임명한 제3의 외부인은 즉각적으로 당신을 해칠 수 있을 정도의 권위를 구축하지 못합니다. 요컨대 용병의 경우에는 그들의 비겁함이나 전투를 기피하는 태도가 위험하고, 원군의 경우에는 그들의 능숙함과 용맹(virtú)이 위험합니다.

따라서 현명한 군주는 항상 이런 군대를 이용하는 것을 피하고 자신의 군대를 양성합니다. 그들은 외국 군대를 이용하여 정복하는 것보다는 차라리 자신의 군대로 패배하는 것을 택합니다. 외국 군대를 이용하여 얻은 승리를 진정한 승리로 평가하지 않기 때문입니다.

이 점에 관해서 저는 주저하지 않고 체사레 보르자와 그의 행적을 인용하고 싶습니다. 공작은 (전원이 프랑스인인) 원군을 이용하여 로마냐 지방을 침공했고, 그들과 더불어 이몰라와 푸를리를 점령했습니다.[14] 그러나 그는 그들을 불신했기 때문에 그후에는 용병을 이용했습니다. 그는 용병이 덜 위험하다고 생각했기 때문에 오르시니 파와 비텔리 파의 용병에 의존했던 것입니다. 그러나 뒤늦게 그 가치나 충성심이 의심스러웠기 때문에 위험하다고 판단하여 용병을 해체한 뒤에[15] 자신

**용병과 원군에 대한 체사레 보르자의 경험**

---

13) 원군을 보낸 지배자를 말한다.
14) 1499년 11월과 1500년 1월 사이에 일어났다.
15) 그 지도자들을 살해하고 나머지 부하들을 손에 넣었다(53~56면을 보라).

의 사람들[16]로 군대를 편성했습니다. 이 세 종류의 군대의 차이는 공작이 단지 프랑스 군대를 이용했을 때와 오르시니 파 및 비텔리 파의 군대를 이용했을 때 그리고 자신의 군대를 키워서 군사적으로 자립했을 때, 그가 누렸던 명성을 각각 비교해보면 명백합니다. 그가 자신의 군대를 명실상부하게 장악한 것을 만인이 보았을 때, 그는 더 위대하게 되었으며, 그 어느 때보다도 존경을 받았습니다.

**시라쿠사의 히에론 역시 용병을 폐기했다**

이탈리아의 사례도 아니고 최근의 사례도 아니기 때문에 인용하는 것이 주저되지만, 시라쿠사의 히에론은 이미 언급한 적이 있기 때문에[17] 그의 이야기를 해야겠습니다. 앞에서 언급한 것처럼, 시라쿠사인들이 그를 그들 군대의 장군으로 임명했을 때, 그는 곧 그 용병부대가 쓸모없는 존재라는 것을 깨달았습니다. 그 대장들이 우리 이탈리아의 용병대장들과 같았기 때문입니다. 그리고 그는 그들을 계속해서 이용할 수도 없고 그렇다고 해체할 수도 없다고 생각했기 때문에, 그들을 모두 참살했습니다.[18] 그후에 그는 외국 군대가 아니라 자신의 군대로 전쟁을 수행했습니다.

**다윗 왕**

저는 또한 구약[19]에 나오는 한 인물을 적절한 사례로 상기시키고자 합니다. 다윗이 사울에게 가서 팔레스타인의 용사인 골리앗과 싸우겠다고 했을 때, 사울은 용

---

16) 로마냐 지방으로부터 충원된 군대. 그러나 특히 장군이 제거된 Orsini 파의 군대와 Vitelli 파의 군대를 말하는 것 같다(53–56면을 보라).

17) 48면을 보라.

18) 몇몇 주석서에서는 Hieron이 용병대장들만을 살해한 것을 말하는 것이라고 해석하지만, Inglese는 용병대 전체를 의미한다고 해석한다.

19) 「열왕기 상」, xvii, 38–40

기를 북돋우기 위해서 다윗에게 자신의 무기와 갑옷을 주었습니다. 그러나 다윗은 그 갑옷을 입어본 후, 그것을 입고는 자신의 능력을 잘 발휘하여 싸울 수 없기 때문에 자신의 투석기와 단검으로 적과 대결하겠다고 말하면서 이를 사양했습니다. 요컨대, 타인의 무기와 갑옷은 당신의 힘을 떨어뜨리거나, 몸을 압박하거나, 아니면 움직임을 제약할 뿐입니다.

(루이 11세의 부친인) 샤를 7세는 행운과 역량에 의해서 프랑스를 영국으로부터 해방시킨 후,[20] 프랑스를 자국군으로 방어해야 할 필요성을 절감하고 기병과 보병으로 구성된 군제(軍制)를 도입했습니다. 그의 아들 루이[21]는 나중에 보병을 폐지하고[22] 스위스 군을 고용하기 시작했습니다. 이 커다란 실수는 다른 실수들과 결부되어 (이제 와서 명확해진 것처럼) 프랑스 왕국을 현재와 같은 위기상황에 몰아넣었습니다.[23] 스위스 군의 지위를 강화시킴으로써 결과적으로 그는 나머지 군대의 사기를 저하시킨 것입니다. 왜냐하면 그는 보병을 해체하고 그의 기병을 외국 군대에게 의존하게끔 만들었기 때문이며, 이로 인해서 그의 기병은 스위스 보병과 연합하여 싸우는 데에 익숙해져서 스위스 군 없이는 전투에서의 승리를 확신하지 못하는 사태에 이르렀기 때문입니다. 그 결과 프랑스 군은 스위스 군보다 열등한 지위에 놓이게 되었고, 스위스 군이 없는 프랑스 군의 모습

용병을 쓰면서
프랑스가 저지른
어리석음

---

20) 백년전쟁의 끝인 1453년의 일이다.
21) 루이 11세.
22) 사실상 이는 일찍이 1445년과 1448년 사이에 행해졌다.
23) 마키아벨리는 프랑스 군이 1512년에 이탈리아로부터 쫓겨난 것을 말하고 있다.

은 적에게 허약한 군대로 보이게 되었습니다. 이처럼 프랑스 군은 일부는 용병으로, 일부는 자국군으로 구성된 혼성군의 성격을 가졌습니다. 그러한 혼성군은 순수한 원군이나 용병보다 훨씬 더 낫지만, 순수한 자국군에는 비할 바가 못 됩니다. 저는 위의 사례로써 충분하다고 생각합니다. 왜냐하면 샤를 왕이 만들어놓은 군제가 발전했거나 적어도 그대로 유지되었더라면, 프랑스 왕국은 무적이 되었을 것이기 때문입니다.

**예견해야 하는 용병의 위험**

그러나 인간이란 신중함이 부족하기 때문에, 제가 앞에서 소모성 열병을 두고 말한 것처럼,[24] 일견 매력있게 보이는 정책을, 그 속에 있는 독성[25]을 깨닫지 못한 채 시행합니다. 그러므로 일찍이 초기 단계에 독성을 간파하지 못하는 군주는 현명하다고 할 수 없습니다. 이러한 능력은 단지 소수에게만 주어질 뿐입니다. 로마 제국이 쇠퇴하게 된 단초를 찾고자 한다면, 그것은 고트 족을 용병으로 이용하기 시작하면서[26] 비롯되었다는 점을 알게 될 것입니다. 왜냐하면 그 정책은 로마 제국의 힘의 원천을 고갈시키기 시작했기 때문입니다. 그리고 로마 제국에서 나온 모든 활력(virtú)을 고트 족이 흡수했던 것입니다.

**자신의 군대가 없는 군주는 결코 안전하지 못하다**

따라서 저는 어떤 군주국이든 자신의 군대를 가지지 못하면 안전할 수 없다고 결론짓겠습니다. 오히려 그러한 군주국은 위기 시에 자신을 방어할 역량이 없기 때문에 전적으로 운명에 의존해야 할 뿐입니다. 현명한 사람

---

24) 27면을 보라.
25) 숨겨진 결함들을 말한다.
26) 376년 발렌스 황제에 의해서 그리고 382년에 테오도시우스 대제에 의해서.

들은 항상 "자신의 무력에 근거하지 않는 권력의 명성처
럼 취약하고 불안정한 것은 없다"[27]라는 격언을 마음에
깊이 새깁니다. 그리고 자신의 무력이란 자국의 신민 또
는 시민, 아니면 자신의 부하들로 구성된 군대를 말하
며, 그밖의 다른 모든 것들은 용병이나 원군입니다. 자
신의 무력을 조직하는 올바른 방법은, 제가 이미 인용
한 네 사람[28]이 사용한 방법을 검토하고 알렉산드로스
대왕의 부친인 필리포스를 비롯한 다른 많은 군주들과
공화국들이 자신들의 국가를 무장하고 조직한 방법을
이해하면, 쉽게 알 수 있습니다. 저는 그들이 사용한 방
법에 전폭적인 신뢰를 보냅니다.

---

27) Tacitus, *Annals*, XIII, 19. 위의 인용구는 타키투스의 기술과 약간 다르다.
28) 체사레 보르자, 히에론, 샤를 7세 및 다윗을 말한다.

## 제14장
# 군주는 군무에 관해서 어떻게 처신해야 하는가

**전쟁은 군주의 직업이다**

군주는 전쟁, 전술 및 훈련을 제외하고는 그밖의 다른 어떤 일이든 목표로 삼거나 관심을 가져서는 안 되며, 또 몰두해서도 안 됩니다. 왜냐하면 이러한 기예(arte)야말로 통치하는 자에게 적합한 것이기 때문입니다. 이러한 역량은 세습적인 군주로 하여금 그 지위를 보존하게 하는 것은 물론, 종종 일개 시민을 군주로 만들 만큼 효과적인 것입니다. 반면에 만약 군주가 군무(軍務)보다 안락한 삶에 더 몰두하면 권력을 잃으리라는 것은 명백합니다. 군주가 권력을 잃게 되는 주된 이유는 군무를 게을리 한 탓이며, 권력을 얻게 되는 이유는 군무에 능통한 덕분입니다. 프란체스코 스포르차는 무력을 가졌기 때문에 일개 시민에서 밀라노(공국/역자)의 군주가 되었습니다. 그의 자손들[1]은 군무를 소홀히 했기 때문에 군주의 지위에서 시민의 지위로 전락했습니다.

---

1) 아마도 1500년에 나라를 잃고 일개 평범한 시민이 된—사실은 프랑스 군의 포로가 된—루도비코를 지칭하고 또한 그의 아들이 Massimiliano를 지칭하는 것 같다. 마시밀리아노는 1512년에 밀라노 공작이 되었는데, 1515년 9월에 권력을 잃었다. 따라서 「군주론」이 늦어도 1514년 중반에는 거의 확실히 완성되었다는 점을 고려한다면, '자손들'이라는 복수형은 나중에 마키아벨리가 삽입한 것이라고 해석할 수 있다.

무력을 제대로 갖추지 않으면 (다른 나쁜 결과는 차치하고라도) 경멸을 받게 되는데, 나중에 설명하겠지만,[2] 이는 모름지기 현명한 군주라면 경계해야 할 수치스러운 일 중의 하나입니다. 무력이 있는 자와 없는 자 사이에는 엄청난 격차가 존재합니다. 무력이 있는 자가 없는 자에게 기꺼이 복종하기를 기대하는 것은 사리에 맞지 않습니다. 또 무력이 없는 군주가 무력이 있는 부하들 사이에서 안전하기를 기대할 수는 없습니다. 후자는 경멸을 할 것이고 전자는 의심을 품고 두려워하기 때문에, 양자가 서로 협력하여 일을 잘 하는 것은 불가능합니다. 따라서 이미 언급한 다른 불리한 점 이외에도, 군무에 정통하지 않은 군주는 자신의 병사들로부터 존경받지 못하며, 군주 역시 그들을 신뢰할 수 없습니다.

무력을 갖추지
못한 군주는
경멸을 받는다

이런 이유로 군주는 항상 군무에 관심을 가져야 하며 평화시에도 전시보다 더 많은 관심을 가져야 합니다. 이를 실천하는 데에는 두 가지 방법이 있는데, 하나는 훈련이고, 다른 하나는 연구입니다.[3] 훈련에 관해서 말하자면, 군대의 기강을 잡고 병사를 잘 훈련시키는 일 이외에도 군주는 평소에 자주 사냥에 몰두함으로써[4] 신체를 단련하여 고난에 익숙해지도록 하는 한편 동시에 자연지형을 익혀야 합니다. 즉 강과 늪의 특징은 물론이고 산은 어떻게 솟아 있고, 골짜기는 어떻게 전개되며, 평야는 어떻게 펼쳐져 있는가에 주의를 기울여야 합

전쟁을 위한
훈련으로서의
사냥

---

2) 특히 제19장을 보라.
3) 전쟁을 다룬 역사서를 숙독하는 것을 말한다.
4) 「로마사 논고」, 제3권 제39장.

니다. 군주는 이러한 사안들에 많은 관심을 가져야 합니다.

이러한 실제적 지식은 두 가지 점에서 가치가 있습니다. 첫째, 자국의 지형을 잘 알게 되어 국방에 도움이 되고, 둘째, 지리에 밝게 되어 처음 접하는 지방의 새로운 지형의 특징도 용이하게 파악할 수 있게 됩니다. 왜냐하면 예컨대 토스카나에 있는 언덕, 골짜기, 평야, 강, 늪은 많은 점에서 다른 지역에서 발견되는 것들과 비슷하기 때문입니다. 따라서 한 지역의 지형을 숙지함으로써 용이하게 다른 지역의 지형에도 익숙해질 수 있습니다. 그러한 전문지식을 결여한 군주는 장군의 자질을 구비하지 못한 것입니다. 왜냐하면 군주는 그러한 지식을 전쟁에 유리한 방법으로 활용함으로써 적을 추적하고, 적절한 야영장소를 물색하며, 군대를 인솔하여 적을 향해 진격하고, 전투를 준비하며, 요새나 요새화된 도시를 포위할 수 있기 때문입니다.

전쟁을 위한
필로포이멘의
끊임없는 훈련

역사가들[5]이 아카이아 동맹의 지도자였던 필로포이멘을 찬양했던 이유 중의 하나는 평화시에도 그가 항상 군무를 생각했다는 점입니다. 그는 부하들과 야외에 나갔을 때도, 종종 발을 멈추고 다음과 같은 질문을 던지곤 했습니다. "적이 언덕 위에 있고 우리 군대가 여기에 있다면, 누가 유리한 위치에 있는가? 우리가 적절한 진형을 유지하면서 그들을 공격할 수 있는 방도는 어떤 것이 있는가? 후퇴한다면 우리는 어떻게 후퇴할 수 있는가? 그들이 퇴각한다면 우리는 어떻게 그들을 추격해

---

5) 여기에서 마키아벨리는 *Livius*(XXXV, 28)를 따른다. 그러나 자료를 보다 극적으로 제시한다.

야 하는가?" 부하들과 같이 다니면서, 그는 군대가 처할 수 있는 모든 우발적인 상황을 그들에게 이야기하곤 했습니다. 그는 그들의 의견에 귀를 기울이고 나서, 자신의 의견을 밝혔으며, 이유를 제시하면서 자신의 의견을 뒷받침했습니다. 이처럼 지속적인 관찰과 토론 덕분에, 그가 군대를 통솔하여 출전했을 때, 그가 대책을 강구할 수 없었던 예상밖의 사태는 결코 일어나지 않았습니다.

지적인 훈련을 위해서 군주는 역사서를 읽어야 하는데, 특히 위인들의 행적을 조명하기 위해서 읽어야 합니다. 그들이 전쟁을 수행한 방법을 터득하며, 실패를 피하고 정복을 성취하기 위해서 그들의 승리와 패배의 원인을 고찰하고, 무엇보다도 우선 위대한 인물들을 모방해야 합니다. 과거의 위대한 인물들 역시 찬양과 영광의 대상이 될 가치가 있다고 생각되는 그들의 선배들을 모방하려고 했습니다. 알렉산드로스 대왕은 아킬레스를 모방했고, 카이사르는 알렉산드로스를 모방했으며, 스키피오는 키로스를 모방했다고 이야기되는 것처럼 항상 선배들의 행적을 자신들의 모범으로 삼았던 것입니다.

그리고 크세노폰이 저술한 키로스의 생애를 읽은 사람이라면 누구나 스키피오의 생애와 행적을 고려할 때, 크세노폰의 저작[6]에 기록된 대로 키로스를 모방함으로써 스키피오가 영광을 성취하는 데에 얼마나 커다란 도움을 받았는지, 그리고 스키피오의 성적인 절제,[7] 친절함, 예의바름, 관후함이 얼마나 많이 키로스의 성품을

과거 위인들의
모방

---

6) *Cyropaedia*(「키로스의 교육」).
7) 「로마사 논고」, 제3권 제20장을 보라.

모방함으로써 얻은 것인지를 깨닫게 될 것입니다.

**근면함은
운명의 신을
물리칠 수 있다**

현명한 군주라면 항상 이와 같이 행동하며, 평화시에
도 결코 나태하지 않고, 그러한 활동[8]을 통해서 부지런
히 자신의 입지를 강화함으로써 역경에 처할 때를 대비
합니다. 그 결과 운명이 변하더라도 그는 운명에 맞설
만반의 태세가 되어 있습니다.

---

8) 군대를 잘 훈련시켜 전쟁에 대비하고, 사냥을 하며 지형을 익히고, 역사서에 나오는 전쟁을
연구하는 것을 말한다.

# 제15장
# 사람들이, 특히 군주가 칭송받거나 비난 받는 일들

이제 군주가 자신의 신민들 및 동맹들에게 어떤 식으로 행동해야 마땅한가를 고찰하기로 하겠습니다.[1] 저는 많은 논자들이 이 주제를 논해왔다는 것을 잘 알고 있는데, 제가 말하려고 하는 바가 다른 사람들이 제안한 원칙들과 특히 이 문제에 관해서 크게 다르기 때문에, 제가 건방지다고 생각되지나 않을까 하는 두려운 마음이 앞서기도 합니다. 그러나 저는 이 문제를 이해할 수 있는 사람이라면, 누구에게나 유용한 것을 쓰려고 하기 때문에, 이론이나 사변보다는 사물의 실제적인 진실에 관심을 기울이는 것이 더 낫다고 생각합니다. 왜냐하면 많은 사람들이 현실 속에 결코 존재한 것으로 알려지거나 목격된 적이 없는 공화국이나 군주국을 상상해왔기 때문입니다.[2] 그러나 "인간이 어떻게 살고 있는가"는 "인간이 어떻게 살아야 하는가"와는 너무나 다르기 때문에, 일반적으로 행해지는 것을 행하지 않고, 마땅히 행해야 할 것을 행해야 한다고 고집하는 군주는

윤리적 공상과
엄연한 현실

---

1) 지배자의 신민에 대한 처신은 제15-17장에서, 동맹에 대한 처신은 제18장에서 다루어진다.
2) 마키아벨리는 분명히 고대의 저술가들(예컨대 플라톤의 「국가」) 그리고 지배자의 이상과 의무를 강조한 당대의 저술가들을 지칭하고 있다.

권력을 유지하기보다는 잃기가 십상입니다. 어떤 상황에서나 선하게 행동할 것을 고집하는 사람이 선하지 않은 많은 사람들에게 둘러싸여 있다면, 그의 몰락은 불가피합니다. 따라서 권력을 유지하고자 하는 군주는 상황의 필요에 따라서 선하지 않을 수 있는 법을 배워야만 합니다.

칭송과 비난을
받을 만한 덕과
악덕

그러므로 저는 군주에 관한 환상적인 이야기들은 밀쳐두고 실제로 일어나는 것들을 고려하겠습니다. 사람들을, 특히 (보다 높은 위치에 있는) 군주들을 논할 때, 그들은 다음과 같은 성품(qualità, quality)을 가졌다고 칭송받거나 비난받게 된다고 말할 수 있겠습니다. 즉 어떤 사람은 인심이 후하고, 다른 어떤 사람은 인색하다는 평을 받습니다(우리 말의 아바로[avaro]는 탐욕적인 사람이라는 뜻이 있는 데에 반해서 자신의 소유물을 사용하는 것을 무척이나 꺼리는 사람을 미세로[misero]라고 부르기 때문에, 저는 토스카나 말인 미세로라는 말을 사용합니다). 베푸는 사람과 탐욕적인 사람, 잔인한 사람과 자비로운 사람, 신의가 없는 사람과 충직한 사람, 여성적이고 유약한 사람과 단호하고 기백이 있는 사람, 붙임성이 있는 사람과 오만한 사람, 호색적인 사람과 절제하는 사람, 강직한 사람과 교활한 사람, 유연한 사람과 완고한 사람, 진지한 사람과 경솔한 사람, 경건한 사람과 신앙심이 없는 사람 등으로 평하는 것도 마찬가지입니다.

외양상의 덕이
항상 진정한 덕은
아니다

군주가 앞에서 말한 것들 중에서 좋다고 생각되는 성품들을 모두 갖추고 있다면, 그야말로 가장 칭송받을 만하며, 모든 사람들이 이를 기꺼이 인정할 것이라는 점

을 저는 알고 있습니다. 그러나 이 모든 것을 갖추는 것
이 가능하지 않고, 게다가 인간의 상황이란 그러한 성
품들을 전적으로 발휘하는 미덕의 삶을 영위하는 것을
용납하지 않기 때문에, 신중한 사람이라면 자신의 권력
기반을 파괴할 정도의 악덕으로 인해서 악명을 떨치는
것을 피하고, 또 정치적으로 위험을 초래하지 않는 악
덕일지라도 가급적 피하도록 노력해야 할 것입니다. 그
러나 만약 그렇게 할 수 없다면, 후자의 악덕은 별다른
불안을 느끼지 않고 즐겨도 좋을 것입니다. 그러나 악
덕 없이는 권력을 보존하기가 어려운 때에는 그 악덕으
로 인해서 악명을 떨치는 것도 개의치 말아야 할 것입니
다. 왜냐하면 모든 것을 신중하게 고려할 때, 일견 미덕
(virtú, virtue)으로 보이는 일을 하는 것이 자신의 파멸을
초래하는 반면, 일견 악덕(vizio, vice)으로 보이는 다른
일을 하는 것이 결과적으로 자신의 안전을 확보하고 번
영을 가져오는 경우가 있기 때문입니다.

# 제16장
## 관후함과 인색함

**관후하다는
평판을 추구하는
데에 따르는 위험**

앞에서 말한 성품(qualità, quality) 중에서 우선 첫 번째 것을 논한다면, 저는 관후하다고 여겨지는 것이 바람직하기는 하지만, 당신이 정말로 관후하다는 평판을 얻을 정도로 관후하게 행동한다면, 당신에게 해가 된다고 주장하겠습니다. 왜냐하면 당신이 만약 그 덕을 현명하게 그리고 제대로 행한다면, 그것은 인정받지 못할 것이며, 오히려 당신이 그 반대의 악덕[1]을 행한다는 비난을 면치 못할 것이기 때문입니다. 반면에 관후하다는 평판을 얻으려고 한다면, 사치스럽고 과시적으로 재물을 써야 할 것입니다. 그러나 군주는 그렇게 함으로써 불가피하게 자신의 모든 자원을 호화로운 자기 과시를 위해서 소모하게 됩니다. 그리고 그가 계속해서 그런 평판을 원하면, 그는 궁극적으로 탐욕적이게 되고, 인민들에게 아주 무거운 세금을 부과하게 되며, 가능한 모든 수단을 동원하여 인민들을 수탈하지 않을 수 없습니다.[2] 그리하여 그는 신민들에게 미움을 받기 시작할 것이며, 또한 궁핍해졌기 때문에 별로 존경을 받지 못하게 될 것입니다. 그의 관후함이 많은 사람들에게 피해를

---

1) 인색함을 말한다.
2) Cicero, *De Officiis*, II, 15.

주고 단지 소수의 사람들에게만 이익을 주었기 때문에 그는 (다수의/역자) 불만의 징조를 느끼게 되며, 그의 권좌에 대한 최초의 진정한 위협이 그에게는 중대한 시련으로 다가올 것입니다. 그가 이 점을 깨닫고 그의 처신을 바꾸고자 한다면, 그는 즉각적으로 인색하다는 악평을 듣게 될 것입니다.

군주는 자신에게 해를 자초하지 않으면서 관후함의 미덕(virtú del liberale, virtue of generosity)을 행하고 동시에 관후하다는 평판을 얻을 수 없기 때문에, 현명한 군주라면 애당초 인색하다는 평판에 신경을 쓰지 말아야 합니다. 왜냐하면 시간이 지나 그의 검약함으로 인해서 그를 공격하는 어떠한 적에 대해서도 방어할 만큼 그리고 전쟁을 수행하기 위해서 인민들에게 특별세를 부과하지 않아도 될 만큼 그의 재정이 충분하다는 점을 사람들이 깨닫게 되면, 궁극적으로 그가 더욱 관후하다[3]고 생각될 것이기 때문입니다. 그리하여 그는 대다수의 사람들에게 관후하게 행동한 셈이 되는데, 왜냐하면 그들의 재산을 건드리지 않았고, 그가 아무것도 주지 않은 단지 소수의 사람들에게만[4] 인색하게 행동했기 때문입니다. 우리 시대에 위대한 업적을 성취한 사람들은 모두 인색하다는 평판을 들었습니다. 그렇지 않은 모든 사람들은 실패했습니다. 율리우스 교황은 교황이 되기 위해서 관후하다는 평판을 키웠지만,[5] 교황이 된 후에 그는 전쟁을 하려고 했기 때문에, 그러한 평판을 유

검약이 진정한<br>관후함이다

---

3) 명백히 다른 의미에서 '진정한' 관후함이다.
4) '관후한' 지배자로부터 무엇인가 이익을 기대했던 정신(廷臣)과 기타 인물들을 말한다.
5) 뇌물을 통해서.

지하려고 애쓰지 않았습니다. 현재의 프랑스 왕[6]은 검약한 생활을 했기 때문에 신민들에게 특별세를 부과하지 않고도 수많은 전쟁을 수행할 수 있는 추가적인 전비를 항상 충당할 수 있었습니다. 현재의 스페인 왕[7]이 관후하다는 평판을 누리고 있었더라면, 그는 그토록 많은 전투를 성공적으로 수행할 수 없었을 것입니다.

**오직 다른 나라 인민의 재산만 넉넉하게 써라**

따라서 군주는 신민들의 재산을 빼앗지 않기 위해서, 자신을 방어할 수 있기 위해서, 가난하여 경멸받지 않기 위해서 그리고 탐욕적이 되지 않기 위해서 인색하다는 평판을 듣는 것을 대수롭지 않게 생각해야 합니다. 인색함이야말로 통치를 가능하도록 하는 악덕들 중의 하나이기 때문입니다.

카이사르는 넉넉한 씀씀이로써 권력을 얻었고 많은 다른 사람들 역시 씀씀이가 넉넉하고 또 그렇다고 생각되었기 때문에 높은 지위에 올라갔지 않았느냐는 반론이 제기될 수도 있습니다. 이에 대해서 저는 당신이 이미 지배자가 되었는가 아니면 지배자가 되려고 노력하는 중인가에 따라서 다르다고 대답하겠습니다. 전자의 경우, 넉넉한 씀씀이는 유해하고, 후자의 경우, 씀씀이가 넉넉하다고 여겨지는 것은 분명히 필요합니다. 카이사르는 로마에서 권력을 추구했던 인물들 중의 한 명이었습니다. 그러나 권력을 장악한 다음에 생존할 수 있었다고 하더라도,[8] 자신의 씀씀이를 줄이지 않았다면, 그는 자신의 권력을 잃었을 것입니다.

---

6) 루이 12세.
7) 아라곤의 페르난도 2세.
8) '그가 암살당하지 않았더라도'라는 의미이다.

무척 관후하다고 생각된 많은 군주들이 괄목할 만한 군사적 승리를 거두었다고 반론을 제기한다면, 저는 군주는 그 자신의 또는 신민의 소유물을 쓰거나[9] 아니면 타인의 것을 쓰게 되는데, 전자의 경우에는 인색해야 하고, 후자의 경우에는 가급적 씀씀이가 넉넉해야 한다고 대답하겠습니다. 전리품, 약탈물, 배상금 등으로 군대를 지탱하는 군주는 타인의 재물을 처분하여 씁니다. 이 경우 그는 씀씀이가 넉넉해야 합니다. 그렇지 않으면 병사들이 그를 따르지 않을 것이기 때문입니다. 당신은 키로스, 카이사르 그리고 알렉산드로스가 그랬던 것처럼 당신이나 신민들의 것이 아닌 재물로는 아주 후하게 선심을 써도 무방합니다. 왜냐하면 타인의 것을 후하게 주는 것은 결코 당신의 평판을 떨어뜨리는 것이 아니라 오히려 드높이기 때문입니다.[10] 당신에게 해가 되는 경우란 단지 당신의 것을 함부로 주는 경우입니다.

관후함처럼 자기 소모적인 것은 없습니다. 당신이 그 미덕을 행하면 할수록 그만큼 더 그 미덕을 계속 실천할 수 없게 됩니다.[11] 당신은 빈곤해져 경멸을 받거나, 아니면 빈곤을 피하려는 당신의 노력으로 인해서 탐욕적이게 되고 미움을 받게 됩니다. 군주란 모름지기 경멸당하고 미움받는 일을 경계해야 하는데, 관후함은 이 두 길로 귀결됩니다. 따라서 비난은 받되 미움은 받지 않는, 인색하다는 평판을 듣는 것이 보다 더 현명한 방책입니다. 이렇게 하는 것이, 관후하다는 평판을 듣기

**자기 소모적인 관후함**

---

9) 여기에서 마키아벨리는 지배자의 재산과 신민의 재산 간의 구분을 명확히 하지 않았다.
10) 마키아벨리가 명백히 의미하는 바는 '지배자의 신민이나 군인의 눈에' 그렇다는 것이다.
11) Cicero, *De Officiis*, II, 15, 52.

위해서 결국 악평은 물론 미움까지 받게 되는, 탐욕스
럽다는 평판을 얻게 되는 처지에 봉착하는 것보다 낫습
니다.

# 제17장
## 잔인함과 인자함, 그리고 사랑을 느끼게 하는 것과 두려움을 느끼게 하는 것 중 어느 편이 더 나은가

앞에서 언급한 다른 성품들로 돌아가서,[1] 저는 모든 군주들이 잔인하지 않고 인자하다고 생각되기를 더 원해야 한다고 주장합니다. 그렇지만 자비를 부적절한 방법으로 베풀지 않도록 조심해야 합니다. 체사레 보르자는 잔인하다고 생각되었지만, 그의 엄격한 조치들은 로마냐 지방에 질서를 회복시켰고, 그 지역을 통일시켰고 또한 평화롭고 충성스러운 지역으로 만들었습니다.[2] 만약 보르자의 행동을 잘 생각해보면, 잔인하다는 평판을 듣는 것을 피하려고 피스토이아(Pistoia)가 사분오열되도록 방치한 피렌체인들[3]과 비교할 때, 그가 훨씬 더 자비롭다고 판단될 만합니다. 따라서 현명한 군주는 자신의 신민들의 결속과 충성을 유지할 수 있다면, 잔인하다는 비난을 받는 것을 걱정해서는 안 됩니다. 왜냐하면 너무 자비롭기 때문에 무질서를 방치해서 그 결과

현명한 잔인함이 진정한 자비이다

---

1) 110면을 보라.
2) 55-56면을 보라.
3) 여기에서 마키아벨리는 1501년 말의 사건, 곧 Panciatici 파와 Cancellieri 파가 서로 싸우던 사건을 가리킨다. 「로마사 논고」, 제3권 제27장을 보라.

많은 사람이 죽거나 약탈당하게 하는 군주보다 소수의 몇몇을 시범적으로 처벌함으로써 기강을 바로잡는 군주가 실제로는 훨씬 더 자비로운 셈이 될 것이기 때문입니다. 전자는 공동체 전체에 해를 끼치는 데에 반해 군주가 명령한 처형은 단지 특정한 개인들만을 해치는 데에 불과할 뿐입니다. 그리고 신생국가는 위험으로 가득 차 있기 때문에, 군주들 중에서도 특히 신생 군주는 잔인하다는 평판을 피할 수가 없습니다. 베르길리우스는 디도의 입을 빌려서 다음과 같이 말하고 있습니다.

상황은 가혹하고 내 왕국은 신생 왕국이어서 나는 그런 조치를 취했고 국경의 구석구석을 방어했노라.[4]

**절제된 엄격함**

그렇지만 군주는 참소를 믿고 사람들에게 적대적인 행동을 취할 때에는 신중해야 합니다. 그렇다고 해서 너무 우유부단해서도 안 됩니다. 군주는 적절하게 신중하고 자애롭게 행동해야 하며, 지나친 자신감으로 인해서 경솔하게 처신하거나 의심이 너무 많아 주위 사람들이 견디기 어려워 하는 일이 없도록 해야 합니다.

**사랑을 느끼게 하는 것보다는 두려움을 느끼게 하는 것이 더 안전하다**

그런데 사랑을 느끼게 하는 것과 두려움을 느끼게 하는 것 중에서 어느 편이 더 나은가에 대해서는 논쟁이 있었습니다.[5] 제 견해는 사랑도 느끼게 하고 동시에 두려움도 느끼게 하는 것이 바람직하다는 것입니다. 그러나 동시에 둘 다 얻는 것은 어렵기 때문에, 굳이 둘 중에서 어느 하나를 포기해야 한다면 저는 사랑을 느끼게

---

4) Vergilius, *Aeneid*, I, 563-564.
5) A. Gilbert, *Machiavelli's 'Prince' and its Forerunners*, 103-115면을 보라.

하는 것보다는 두려움을 느끼게 하는 것이 훨씬 더 안전하다고 생각합니다.

이것은 인간 일반에 대해서 말해줍니다. 즉 인간이란 은혜를 모르고 변덕스러우며 위선적인 데다 기만에 능하며 위험을 피하려고 하고 이익에 눈이 어둡습니다. 당신이 은혜를 베푸는 동안 사람들은 모두 당신에게 온갖 충성을 바칩니다. 이미 말한 것처럼,[6] 막상 그럴 필요가 별로 없을 때, 사람들은 당신을 위해서 피를 흘리고, 자신의 소유물, 생명 그리고 자식마저도 바칠 것처럼 행동합니다. 그렇지만 당신이 정작 그러한 것들을 필요로 할 때면, 그들은 등을 돌립니다. 따라서 전적으로 그들의 약속을 믿고 다른 대책을 소홀히 한 군주는 몰락을 자초할 뿐입니다. 위대하고 고상한 정신을 통하지 않고, 물질적 대가를 주고 얻은 우정은 소유될 수 없으며, 정작 필요할 때 사용될 수 없습니다.

인간은 두려움을 불러일으키는 자보다 사랑을 베푸는 자를 해칠 때에 덜 주저합니다. 왜냐하면 사랑이란 일종의 감사의 관계에 의해서 유지되는데, 인간은 악하기 때문에 자신의 이익을 취할 기회가 생기면 언제나 그 감사의 상호관계를 팽개쳐버리기 때문입니다. 그러나 두려움은 항상 효과적인 처벌에 대한 공포로써 유지되며, 실패하는 경우가 결코 없습니다.

그럼에도 불구하고 현명한 군주는 자신을 두려운 존재로 만들되, 비록 사랑을 받지는 못하더라도, 미움을 받는 일은 피하도록 해야 합니다. 미움을 받지 않으면

**미움을 피하는 방법**

---

6) 76면을 보라.

서도 두려움을 느끼게 하는 것은 얼마든지 가능하기 때문입니다. 그리고 이는 군주가 시민과 신민들의 재산과 그들의 부녀자들에게 손을 대는 일을 삼가면 항상 성취할 수 있습니다.[7] 만약 누군가의 처형이 필요하더라도, 적절한 명분과 명백한 이유가 있을 때로 국한해야 합니다. 그러나 무엇보다도 그는 타인의 재산에 손을 대어서는 안 됩니다. 왜냐하면 인간이란 어버이의 죽음은 쉽게 잊어도 재산의 상실[8]은 좀처럼 잊지 못하기 때문입니다. 게다가 재산을 몰수할 명분은 항상 있게 마련입니다. 약탈을 일삼으며 살아가는 군주는 항상 타인의 재산을 빼앗을 핑계를 발견할 수 있습니다. 반면에 목숨을 앗을 이유나 핑계는 훨씬 더 드물고, 또 쉽게 사라져 버립니다.

**장군은 잔인해야 한다**  그러나 군주는 자신의 군대를 통솔하고 많은 병력을 지휘할 때, 잔인하다는 평판쯤은 개의치 말아야 합니다. 왜냐하면 군대란 그 지도자가 거칠다고 생각되지 않으면 군대의 단결을 유지하거나 군사작전에 적합하게 만반의 태세를 갖추지 못하기 때문입니다. 한니발의 활약에 관한 설명 중 특히 주목할 만한 사실은 그가 비록 수많은 종족들이 뒤섞인 대군[9]을 거느리고 이역[10]에서 싸웠지만, 상황이 유리하든 불리하든 상관없이, 군 내부에서 또 그들의 지도자에 대해서 어떠한 분란도 일어

---

7) 이것은 마키아벨리의 저술에 지속적으로 나타나는 주제이다. 예컨대, 125-126면 ; 「로마사 논고」, 제3권 제6장, 제26장을 보라.
8) 거의 동시대의 글에서 마키아벨리는 정권이 바뀌어도 죽은 친척은 되살아나지 않지만, 재산은 회복될 수 있다는 점을 모든 사람이 알고 있다고 말한다.
9) 용병을 말한다.
10) 고국으로부터 멀리 떨어진 곳, 따라서 많은 스트레스를 받았다는 점을 암시한다.

나지 않았다는 것입니다. 이 사실은 그의 많은 다른 훌
륭한 역량과 더불어, 그의 부하들로 하여금 그를 항상
존경하고 두려워하도록 만든 그의 비인간적인 잔인함에
의해서만 설명될 수 있습니다. 그리고 그가 그토록 잔인
하지 않았더라면, 그의 다른 역량 역시 그러한 성과를 거
두는 데에 충분하지 않았을 것입니다. 분별없는 저술가
들은 이러한 성공적인 행동을 찬양하면서도 그 성공의
주된 이유를 비난하는 어리석음을 범하고 있습니다.

한니발의 다른 역량들로는 충분하지 못했을 것이라 너무나<br>자비로웠던<br>스키피오
는 저의 논점은 스키피오가 겪은 사태에서 입증됩니다.
그는 당대는 물론 후대에도 매우 훌륭한 인물로 평가
받았지만, 그의 군대는 스페인에서 그에게 반란을 일
으켰습니다.[11] 그 유일한 이유는 그가 너무나 자비로워
서 적절한 군사적 기율을 유지하는 데에 필요한 것보다
도 더 많은 자유를 병사들에게 허용했기 때문이었습니
다. 이로 인해서 파비우스 막시무스는 원로원에서 그를
탄핵하면서 로마 군대를 부패시킨 장본인이라고 비난
했습니다. 그리고 로크리(Locri) 지방[12]이 스키피오가 임
명한 지방장관에 의해서 약탈을 당했을 때, 스키피오는
그 주민들의 원성을 구제해주지 않았으며, 또한 그 지
방장관은 자신의 오만함에도 불구하고 처벌받지 않았
습니다. 이 모든 것은 스키피오가 너무 자비로웠기 때문
입니다. 실로 원로원에서 그를 사면하자고 발언한 인물

---

11) B.C. 206년. *Livius*, XXVIII, 24-25를 보라. 한니발과 스키피오를 보다 충실하게 비교한
   것으로는 「로마사 논고」, 제3권 제21장을 보라.
12) Locri Epizephyrii는 Calabria에 있는 그리스 도시였다. 이 사건에 대해서는 *Livius*, XXIX,
   8-9, 16-22를 보라.

은, 사람들 가운데는 타인의 비행을 처벌하기보다는 스스로 그러한 비행을 저지르지 않는 데에 탁월한 사람들이 있는데, 스키피오가 바로 그런 유형의 인물이라고 변호했습니다. 이러한 그의 군대 지휘 방식이 견제받지 않고 방임되었더라면, 그 자신의 성격으로 인해서 스키피오의 명성과 영광은 빛이 바랬을 것입니다. 그러나 그는 원로원의 통제하에 있었기 때문에, 이처럼 유해한 성품이 적절히 억제되었을 뿐만 아니라 나아가 그의 명성에 기여했습니다.

**군주는 자신의 능력 범위 안에 있는 것에 의존해야 한다**

두려움을 느끼게 하는 것과 사랑을 느끼게 하는 것의 문제로 되돌아가서, 저는 인간이란 자신의 선택 여하에 따라서 사랑을 하지만, 군주의 행위 여하에 따라서 군주에게 두려움을 느끼기 때문에, 현명한 군주라면 타인의 선택보다는 자신의 선택에 더 의존해야 한다고 결론을 내리겠습니다. 다만 앞에서도 말한 것처럼 미움을 받는 일만은 피하도록 해야겠습니다.

# 제18장
# 군주는 어디까지 약속을 지켜야 하는가

군주가 신의를 지키며 기만책을 쓰지 않고 정직하게 사는 것이 얼마나 칭송받을 만한 일인지는 누구나 알고 있습니다. 그럼에도 불구하고, 경험에 따르면 우리 시대에 위대한 업적을 성취한 군주들은 신의를 별로 중시하지 않고 오히려 기만책을 써서 인간을 혼란시키는 데에 능숙한 인물들이라는 것을 알 수 있습니다. 그들은 신의를 지키는 자들에게 맞서서 결국에는 승리를 거두었습니다.

술책이 진실을 이긴다

그렇다면 싸움에는 두 가지 방법이 있다는 점을 알 필요가 있습니다. 그 하나는 법에 의지하는 것이고, 다른 하나는 힘에 의지하는 것입니다. 첫째 방법은 인간에게 합당한 것이고, 둘째 방법은 짐승에게 합당한 것입니다. 그러나 전자로는 많은 경우에 불충분하기 때문에, 후자에 의지해야 합니다.[1] 따라서 군주는 모름지기 짐승의 방법과 인간의 방법을 모두 이용할 줄을 잘 알아야 합니다. 이 정책을 고대의 저술가들은 군주들에게 비유적으로 가르쳤습니다. 그들은 아킬레스나 고대의 유명한 많은 군주들[2]이 반인반수(半人半獸)의 케이론

군주는 짐승으로서 그리고 인간으로서 싸워야 한다

---

1) 제19-20장을 보라.
2) Hercules, Thesus, Aesculapius 및 Jason.

에게 맡겨져 양육되었고, 그의 훈련하에서 교육받았다는 점을 지적하고 있습니다. 반인반수를 스승으로 섬겼다는 것은 군주가 이러한 양면적인 본성의 사용법을 알 필요가 있다는 점을, 그중 어느 한 쪽을 결여하면 그 지위를 오래 보존할 수 없다는 점을 의미합니다.

여우와 사자    그렇다면 군주는 짐승의 방법을 잘 이용할 줄 알아야 하는데, 그중에서도 여우와 사자를 모방해야 합니다. 왜냐하면 사자는 함정에 빠지기 쉽고 여우는 늑대를 물리칠 수 없기 때문입니다. 따라서 함정을 알아차리기 위해서는 여우가 되어야 하고 늑대를 혼내주려면 사자가 되어야 합니다.[3] 단순히 사자의 방식에만 의지하는 자는 이 사태를 제대로 이해하지 못합니다. 따라서 현명한 군주는 신의를 지키는 것이 그에게 불리할 때 그리고 약속을 맺은 이유가 소멸되었을 때, 약속을 지킬 수 없으며 또 지켜서도 안 됩니다. 이 조언은 모든 인간이 선하다면 온당하지 못할 것입니다. 그러나 인간이란 사악하고 당신과 맺은 약속을 지키려고 하지 않기 때문에, 당신 자신이 그들과 맺은 약속에 구속되어서는 안 됩니다.

게다가 군주는 약속을 지키지 못하는 그럴듯한 이유를 항상 둘러댈 수 있습니다. 이 점에 관해서는 근래의 무수한 사례를 들 수 있는데, 얼마나 많은 평화 조약과 약속이 신의 없는 군주들에 의해서 파기되고 무효화되었는지를 보여줄 수 있습니다. 여우의 방식을 모방하는 법을 가장 잘 아는 자들이 가장 큰 성공을 거두었습니다. 그러나 여우다운 기질을 잘 위장해서 숨기는 방법을

---

3) 단순히 교활함에만 의존하는 것은 통상적인 실수가 아니라는 점이 암시되어 있다. 「로마사 논고」, 제2권 제13장.

잘 아는 것이 필요합니다. 능숙한 기만자이며 위장자가 되어야 합니다. 또한 인간은 매우 단순하고 목전의 필요에 따라서 쉽게 움직이기 때문에, 기만자는 많은 사람들이 쉽게 속는 것을 항상 발견할 수 있을 것입니다.

저는 최근의 한 사례에 대해서 침묵하고 싶지 않습니다. 알렉산데르 6세는 사람을 어떻게 기만할까 하는 데에만 관심이 있었는데, 그는 매번 사람들이 쉽게 기만당한다는 것을 알았습니다. 알렉산데르만큼 모든 일을 강력하게 그리고 확고하게 약속하면서도 그 약속을 지키지 않은 사람은 없습니다. 그럼에도 불구하고 그는 세상사의 이런 측면을 잘 이해했기 때문에 그의 기만은 항상 효과를 거두었습니다.

거짓 맹세자였던 알렉산데르 6세

그렇기 때문에 군주는 위에서 언급한 모든 성품[4]을 실제로 갖출 필요는 없지만, 갖춘 것처럼 보이는 것은 반드시 필요합니다. 심지어 저는 군주가 그러한 성품을 갖추고 늘 실천에 옮기는 것은 해로운 반면에, 갖춘 것처럼 보이는 것은 유용하다고까지 감히 장담하겠습니다. 예컨대, 자비롭고 신의가 있고 인간적이고 정직하고 경건한(종교적인/역자) 것처럼 보이는 것이 좋을 뿐만 아니라 실제로 그런 것이 좋습니다. 그러나 달리 행동하는 것이 필요하다면, 당신은 정반대로 행동할 태세가 되어 있어야 하며 그렇게 행동할 수 있어야 합니다. 그리고 군주는, 특히 신생 군주는 좋다고 생각되는 방식으로 처신할 수 없다는 점을 분명히 명심해야 합니다. 왜냐하면 자신의 권력(stato)[5]을 유지하기 위해서, 그

필요하다면 군주는 전통적인 윤리를 포기할 태세가 되어 있어야 한다

---

4) 110면에서 선한 것으로 분류된 성품들을 말한다.
5) 권력, 정부 또는 정치공동체를 의미한다.

는 종종 신의 없이, 무자비하게, 비인도적으로 행동하고 종교의 계율을 무시하도록 강요당하기 때문입니다. 따라서 그는 운명의 풍향과 변모하는 상황이 그를 제약함에 따라서 자신의 행동을 그것에 맞추어 자유자재로 바꿀 태세가 되어 있어야 하며, 제가 앞에서 말한 것처럼,[6] 가급적이면 올바른 행동으로부터 벗어나지 말아야 하겠지만, 필요하다면 악행을 저지를 수 있어야 합니다.

**다수는 외양에 따라서 판단한다**

따라서 군주는 그의 입에서 나오는 모든 말들이 앞에서 이야기한 다섯 가지의 성품들로 가득 차 있도록 조심해야 합니다. 그를 대면하는 사람들에게 그는 지극히 자비롭고 신의가 있으며 정직하고 인간적이며 경건한 것처럼 보여야 합니다. 그리고 그중에서도 특히 경건한 것처럼 보여야 합니다.

이러한 문제에 관해서 사람들은 일반적으로 손으로 만져보고 판단하기보다는 눈으로 보고 판단하기 마련입니다. 왜냐하면 모든 사람들이 당신을 볼 수는 있지만, 직접 만져볼 수 있는 사람은 매우 드물기 때문입니다. 모든 사람들이 당신이 밖으로 드러낸 외양을 볼 수 있는 반면에 당신이 진실로 어떤 사람인가를 직접 경험으로 알 수 있는 사람은 소수에 불과합니다.[7] 그리고 그러한 소수는 군주의 위엄에 의해서 지지되는 대다수의 견해에 감히 도전하지 못합니다. 모든 인간의 행동에 관해서, 특히 직접 설명을 들을 기회가 없는 군주의 행동에 관해서 보통 인간들은 결과에만 주목합니다.

---

6) 이 단락의 앞에서 말한 것처럼, 그리고 112면을 보라.
7) 문자 그대로는 '당신이 누구인지 만져볼 수 있는 사람은 소수에 불과하다'는 뜻이다.

군주가 전쟁에서 이기고 국가를 보존하면, 그 수단은 모든 사람에 의해서 항상 명예롭고 찬양받을 만한 것으로 판단될 것입니다. 왜냐하면 보통 사람들은 외양과 결과[8]에 감명을 받기 때문입니다. 그리고 이 세상의 사람들은 대다수가 보통 사람들일 뿐입니다. 대다수와 정부가 하나가 될 때 소수[9]는 고립되기 마련입니다. 이름을 굳이 밝히지는 않겠지만,[10] 우리 시대의 한 군주는 실상 평화와 신의에 적대적이면서도, 입으로는 항상 이를 부르짖고 있습니다. 하지만 만약 그가 이를 말 그대로 실천에 옮겼더라면, 그는 자신의 명성이나 권력을 잃었을 것이며, 그것도 여러 번 잃었을 것입니다.

---

8) 엄격히 말하자면 이는 '외양상의' 결과를 말한다. 외양과 실재에 관해서는 「로마사 논고」, 제1권 제25장, 제47장, 제53장, 그리고 결과에 따른 판단에 관해서는 「로마사 논고」, 제3권 제35장을 보라.
9) 권력의 실상을 경험하고 단순히 '볼' 뿐만 아니라, 외양에 의해서 현혹되지 않는 분별력 있는 소수를 말한다.
10) 아라곤의 페르난도 2세를 말한다. 그의 통치방법에 대해서는 152-153면을 보라.

# 제19장
# 경멸과 미움은 어떻게 피해야 하는가

**미움을
초래하는 것**

앞에서 언급한 성품들[1] 중에서 가장 중요한 것은 이미 논의했기 때문에, 저는 다른 성품들을 다음과 같은 일반적인 주제로 간단히 논하겠습니다. 곧 군주는 이미 앞에서 부분적으로 설명한 것처럼,[2] 그 자신이 미움을 받거나 경멸을 받는 일은 무엇이든지 삼가야 한다는 것입니다. 이를 피하면 그는 자신이 해야 할 바를 한 것이고, 비난받을 다른 잘못을 저질렀을 때에도 그는 위험 속에 자신을 몰아넣지 않을 것입니다.

다른 무엇보다도 군주가 미움의 대상이 되는 것은, 제가 말한 대로,[3] 탐욕적이어서 신민들의 재산과 부녀자를 강탈하는 것입니다. 이런 짓만은 피해야 합니다. 대다수의 사람들은 재산과 명예[4]를 빼앗기지 않으면, 만족해서 살기 마련입니다. 따라서 군주는 야심 있는 소수를 잘 다루기만 하면 되는데, 그들은 다양한 방법으로 쉽게 제압할 수 있습니다.

---

1) 110면을 보라.
2) 제16-17장을 보라.
3) 119-120면을 보라.
4) 120-121면의 각주 7)을 보라. 마키아벨리에게 부녀자에 대한 범죄는 주로 범죄를 다한 부녀자의 남자들에게 불명예가 되는 것으로 생각된다. 부녀자 자신에 대한 범죄 자체는 강조되지 않는다.

군주가 경멸을 받는 것은 변덕이 심하고 경박하며, 여성적이고 소심하며, 우유부단한 인물로 생각되는 경우입니다. 군주는 마치 암초를 피하듯이 경멸받는 것을 피해야 합니다. 그는 자신의 행동에서 위엄, 용기, 진지함, 강건함을 과시해야 하며, 신민들과의 사사로운 관계에서 그가 내린 결정을 번복하는 일이 없도록 해야 합니다. 그는 이러한 평판을 유지함으로써 어느 누구도 그에게 거짓말을 하거나 그를 기만하려고 술책을 꾸밀 엄두를 못 내게 해야 합니다.

자신에 대해서 그러한 이미지를 제공하는 데에 성공한 군주는 드높은 명성을 누릴 것이며, (그가 매우 유능한 것으로 알려져 있고, 신민들이 그를 크게 존경하고 두려워하는 한) 그에 대해서 음모를 꾸미거나 그를 공격하는 일은 쉽지 않을 것입니다. 군주에게는 두 가지 큰 걱정이 있는데, 하나는 대내적인 것으로 신민에 관한 것이고, 다른 하나는 대외적인 것으로 외세에 관한 것입니다.

명성은 안전을 가져온다

외세의 위협에 대해서는 좋은 군대와 믿을 만한 동맹이 효과적인 방어책입니다. 그리고 좋은 군대는 항상 믿을 만한 동맹을 얻게 되는 결과를 가져옵니다. 대외적인 관계가 굳건하게 안정되어 있을 때, 대내적인 문제는 그 국가가 음모에 의해서 이미 교란되지 않았다면 별다른 곤란이 생기지 않을 것입니다. 설사 대외적인 정세가 불안정하더라도 제가 권고한 대로 일상 생활을 영위하고 정무를 처리하며 그리고 용기를 잃지 않는다면, 군주는 어떠한 공격이라도 항상 격퇴할 수 있을 것입니다. 이미 제가 논의한 것처럼 스파르타의 나비스가 그랬듯

이 말입니다.[5]

신민들에 대해서 말씀드리자면, 심지어 대외적인 소란이 없더라도 군주는 그들이 몰래 음모를 꾸미지 않도록 조심해야 합니다. 미움과 경멸을 피하고 인민이 그에게 만족하도록 한다면 군주는 이러한 위험으로부터 효과적으로 자신을 보호할 수 있습니다. 그리고 제가 앞에서 장황하게 이야기한 것처럼,[6] 이 점은 군주가 명심할 필요가 있습니다.

**인민의 호감은 음모에 대한 안전책이다**

군주가 음모[7]에 대비할 수 있는 최선의 안전책들 중 하나는 인민에게 미움을 받지 않는 것입니다. 왜냐하면 음모자들은 항상 군주의 암살이 인민을 만족시킬 것이라고 믿고 일을 저지르기 때문입니다. 그러나 자신들의 소행이 인민의 노여움을 불러일으킬 것이라고 생각하면, 음모자들은 일을 도모하는 것을 무척 주저할 것입니다. 음모에는 항상 무수한 어려움과 위험이 따르기 때문입니다. 많은 음모가 있어왔지만, 경험상 성공한 음모는 별로 많지 않았습니다. 음모자는 단독으로 행동할 수 없으며, 불평분자로부터 도움을 구하지 않을 수 없기 때문입니다. 그러나 불평분자에게 자신의 음모를 털어놓는 것은 그에게 불만을 해소할 수 있는 기회를 주는 셈입니다. 이제 그는 충분한 보상을 확실히 기대할 수 있기 때문입니다.[8] 한편으로는 음모를 폭로하는 데 따른 확실한 이익이 예상되고, 다른 한편으로

---

5) 75면을 보라.
6) 75-77면, 118-119면을 보라.
7) 이 주제는 「로마사 논고」, 제3권 제6장을 보라.
8) 음모를 폭로함으로써 지배자로부터 보상을 기대할 수 있다는 것이다.

는 음모에 가담하는 것이 수많은 위험과 불확실한 이익만 예상될 때, 실로 그가 음모자인 당신의 비밀을 지킨다면, 그는 당신의 둘도 없는 친구이거나 또는 군주와 불구대천의 원수임이 분명합니다. 요컨대 음모자에게는 오직 발각이나 배신의 공포와 끔찍한 처벌의 전망만 있는 데에 반해, 군주는 자신의 지위에 상응하는 위엄, 자신의 뜻대로 할 수 있는 법과 정부의 자원은 물론 동맹국의 지원에 의해서 뒷받침됩니다. 이 모든 이점(利點)에다 인민의 선의마저 가세한다면, 그렇게 경솔하게 음모를 꾸미는 것은 불가능합니다. 이처럼 음모자는 통상 범죄를 수행하기 전에 두려워해야 할 수많은 이유가 있게 마련입니다. 그런데 여기에서 음모자가 이에 못지않게 두려워해야 할 것은 도모했던 일을 끝낸 후에도 인민이 그에게 적대적이 될 수 있으며, 나아가 그런 인민에게서는 어떠한 도피처도 발견할 수 없다는 점입니다.

이 주제에 관해서는 무수히 많은 사례를 들 수 있습니다. 그러나 저는 우리의 선대에 일어난 사건 하나를 예시하는 데에 그치겠습니다. 현재의 안니발레 영주의 조부로서 볼로냐의 군주였던 안니발레 벤티볼리오는 칸네스키(Canneschi) 가문의 음모에 의해서 살해되었습니다.[9] 유일한 아들인 조반니는 당시에 갓난아이였습니다. 그가 암살당하자 즉각적으로 인민이 들고일어났으며 칸네스키 가문을 모두 참살했습니다. 그 이유는 당시 벤티볼리오 가문이 인민들에게 두터운 신망을 얻고 있었기 때문인데, 그 신망은 정말 대단한 것이었습니다.

벤티볼리오<br>가문의 사례

---

9) 1445년 6월 24일에 일어났다. 벤티볼리오 가문은 안니발레 1세(1443-45 집권), 산테(1445-63 집권), 조반니 2세(1463-1508 집권)의 시대에 볼로냐를 지배했다.

따라서 안니발레가 죽은 후 그 나라를 다스릴 만한 사람으로서 그 가문의 누구도 볼로냐에 남아 있지 않자[10] 피렌체에 벤티볼리오 가문의 누군가[11](그때까지만 해도 대장장이의 아들로 알려져 있었습니다)가 살아 있다는 풍문을 듣고, 볼로냐인들은 그를 피렌체에서 데려다가 도시의 통치를 맡겼습니다. 그리고 그는 조반니가 통치할 수 있는 나이가 될 때까지 그곳을 통치했습니다. 따라서 인민이 군주에게 호감을 품고 있다면 군주는 음모에 대해서 걱정해야 할 이유가 별로 없지만, 인민이 적대적이고 그를 미워한다면, 매사에 그리고 모든 사람을 두려워해야만 한다고 결론짓겠습니다.

**프랑스의 정치질서는 모든 계급을 보호한다**

질서가 잡힌 국가와 현명한 군주는 귀족들이 분노하지 않도록 또 인민이 만족하도록 항상 세심한 주의를 기울여왔습니다. 이것이야말로 모든 군주가 해야 할 가장 중요한 일 중의 하나입니다. 프랑스는 근래에 가장 질서가 잘 잡히고 잘 통치되는 왕국들 중의 하나입니다. 그리고 그 나라에는 왕의 자유 및 안전의 기초가 되는 수많은 좋은 제도가 있습니다. 그중 으뜸가는 제도가 엄청난 권위를 누리고 있는 고등법원(parlamento, parlement)입니다. 그 왕국을 개혁한 사람[12]은 귀족들의 야심과 거만함을 익히 알았기 때문에, 이를 통제하기 위해서 귀족들의 입에 재갈을 물릴 필요가 있다고 생각했습니다. 반면에 그는 인민(universale)이 귀족(grandi)을

---

10) Giovanni Bentivoglio는 당시 두 살에 불과했다.
11) Ercole Bentivoglio는 서자(庶子)이자 Annibale 1세의 사촌인 Sante Bentivoglio.
12) 1254년경에 파리의 고등법원을 창설한 것으로 알려진 루이 9세를 지칭한다. 그의 손자인 필리프 4세는 그 기능을 명확하게 규정했다.

두려워하고 미워한다는 점을 알았기 때문에 그들을 보호하려고 했습니다. 그러나 그는 이 견제 역할을 왕의 특별한 임무로 삼고 싶어하지 않았습니다. 그는 인민들에게 호의를 가졌다는 이유로 귀족들에게 미움을 사거나, 귀족들에게 호의를 가졌다는 이유로 인민들에게 미움을 받기를 원하지 않았기 때문입니다. 그 결과 그는 왕이 직접 적개심을 불러일으킬 필요가 없는 중립적인 제3의 심판기관[13]을 내세워 귀족들을 견제하고 인민들을 보호하도록 했습니다. 군주와 왕국 자체를 강화하는 데에 이보다 더 신중한 조치나 적절한 제도는 있을 수 없었습니다.

이로부터 또 다른 중요한 교훈을 배울 수 있는데, 군주는 미움을 받는 일은 타인에게 떠넘기고 인기를 얻는 일은 자신이 친히 해야 한다는 것입니다. 다시 한번, 군주는 귀족을 존중해야 하지만 인민의 미움을 사서는 안 된다는 점을 강조하고 싶습니다.

로마 황제들의 삶과 죽음을 검토해보면 제가 제시한 견해와 상반된 증거를 얻을 수 있다고 반론을 제기할 사람들이 아마 적지 않을 것 같습니다. 왜냐하면 몇몇 황제들은 항상 감탄할 만한 삶을 살고 정신의 위대한 역량을 보여주었지만, 자신의 수하들의 음모로 권력을 잃거나 살해되었기 때문입니다. 이러한 반론에 대해서 저는 그 황제들의 성품을 고려하고, 그들이 실패한 이유(제 주장과 모순되지 않습니다)를 생각해보라고 대답하겠습니다. 저는 또한 그 당시의 행적들을 연구하는

> 군주는, 호의는 자신이 베풀고 처벌은 신하가 내리도록 한다

> 로마 황제들의 사례

---

13) 파리의 고등법원.

사람이라면 누구나 주목할 만한 요소들을 강조하고 싶습니다.

저는 철학자 마르쿠스 아우렐리우스 황제[14]로부터 시작하여 막시미누스 황제에 이르기까지 간단하게 검토하겠습니다. 곧 마르쿠스, 그의 아들인 콤모두스, 페르티낙스, 율리아누스, 세베루스,[15] 그의 아들인 안토니누스 카라칼라, 마크리누스, 헬리오가발루스, 알렉산데르[16] 그리고 막시미누스를 검토하겠습니다.

**군인들의 환심을 사도록 강요당한 로마 황제들**

첫째로 지적할 사실은 다른 군주국에서는 귀족의 야심과 인민의 무례함만을 염두에 두면 되었지만, 로마 황제들은 또하나의 문제에 직면했다는 점입니다. 곧 그들은 군인들의 잔인함과 탐욕에 대처해야 했습니다. 이는 매우 힘든 문제로서 많은 황제들을 몰락시켰습니다. 군인과 인민을 동시에 만족시키기란 매우 어려웠기 때문입니다. 그 이유는 인민은 평화로운 삶을 좋아하고, 그 결과 온건한 군주를 원하는 데 반해, 군인은 호전적인, 곧 오만하고 잔인하며 탐욕스러운 군주를 좋아하기 때문이었습니다. 군인들은 군주가 인민을 거칠게 다루어서, 그 결과 그들의 보수가 올라가고[17] 그들의 탐욕성과 잔인성을 만족시킬 배출구를 원했습니다.

그 결과 (천부적인 재질이나 경험이 부족하여) 군인과 인민을 동시에 통제할 수 있는 평판을 확보하지 못한 황제들은 항상 몰락했습니다. 그리고 대부분의 황제들

---

14) 마키아벨리의 출처는 그가 크게 의존했던 Herodianus의 역사서이다. 180~238년까지의 다채로운 로마의 역사를 담고 있던 그 책은 1493년에 Poliziano에 의해서 라틴어로 번역되었다.
15) Septimius Severus.
16) Alexander Severus.
17) 통상적인 급료는 물론 전리품을 받는 것을 포함한다.

은 (특히 새로 제위에 오른 황제들은) 상반되는 욕구들을 동시에 만족시키는 일이 어렵다는 것을 깨달았을 때, 군인들을 만족시키려고 애썼을 뿐, 인민이 박해를 당하는 것에 대해서는 별로 신경을 쓰지 않았습니다.

이러한 선택은 필연적인 것이었습니다. 군주는 어느 한편으로부터 미움을 받는 것을 피할 수는 없기 때문에, 그가 해야 할 첫 번째 일은 다수 집단의 사람들에게서 미움을 받는 일만큼은 피하는 것입니다. 그리고 만약 그것이 불가능하다면, 무슨 수단을 써서라도 가장 강력한 집단으로부터 미움을 받는 일은 피해야 합니다.

그 결과 (신생 군주이기 때문에) 특히 강력한 지지가 절실히 필요하던 황제들은 인민들보다 군인들의 비위를 맞추려고 했습니다. 그러나 이러한 정책이 그들에게 유익한 것이었는지는 그들이 군인들의 존경을 유지할 수 있었느냐에 달려 있었습니다.

앞에서 말했던 이유들로 마르쿠스, 페르티낙스, 알렉산데르는 모두 절제하며 살았고, 정의를 사랑하고 잔혹함을 피했으며, 모두 인도적이고 인자했음에도 불구하고 (마르쿠스를 제외하고는) 비참하게 최후를 마쳤습니다. 단지 마르쿠스만이 명예롭게 살다가 세상을 떠났는데, 그는 세습에 의해서 황제의 지위를 물려받음으로써 자신의 권력에 관해서 군인들이나 인민들에게 신세를 지지 않았기 때문입니다. 게다가 그는 많은 훌륭한 성품들을 가지고 있었기 때문에 대단히 존경받았으며, 그의 재위 기간 내내 군인과 인민을 통제할 수 있었고, 미움받거나 경멸받는 일을 항상 피했습니다.

그러나 페르티낙스는 군인들의 뜻에 반해서 황제가

**마르쿠스와 페르티낙스**

되었는데, 군인들은 콤모두스 치하에서 기분내키는 대로 사는 데에 익숙해져서 페르티낙스가 그들에게 부과하려고 한 절제 있는 삶을 참을 수 없었습니다. 그리하여 그는 미움을 받았고, (더욱이 연로해서) 동시에 경멸을 받았기 때문에, 제위에 오른 지 얼마 안 되어 몰락하고 말았습니다.

**군주는 선행으로 인해서 미움을 받을 수도 있다**

여기에서 언급하고 지나갈 것은 악행은 물론 선행도 미움을 초래할 수 있다는 것입니다. 앞에서 이야기한 것처럼,[18] 국가를 유지하고자 하는 군주는 종종 선하지 않게 행동하도록 강요당합니다. 그러나 당신이 권력을 유지하기 위해서 그들의 도움을 받을 필요가 있다고 생각되는 일정한 집단(인민이건, 군인이건, 귀족이건)이 부패되어 있으면, 당신은 그들을 만족시키기 위해서 그들의 성향에 비위를 맞추어야 합니다. 그러한 상황에서 선행은 당신에게 해롭습니다.

**살해당한 훌륭한 황제 알렉산데르**

알렉산데르의 경우로 돌아가보면, 그는 너무나 선량해서 그가 한 많은 일들은 칭송을 받았습니다. 대표적인 사례의 하나로, 재위 14년 동안에 그가 재판 없이는 단 한 사람도 처형하지 않았다는 사실을 들 수 있습니다. 그럼에도 불구하고, 그는 유약해서 어머니[19]의 치마폭에 싸인 인물로 생각되었기 때문에 경멸을 받게 되었고, 군대는 모반을 일으켰으며, 결국 피살되었습니다.

**존경을 받았던 잔인한 세베루스**

이와 대조적인 콤모두스, 세베루스, 안토니누스 카라칼라, 그리고 막시미누스의 성격을 고찰해봅시다. 그들은 모두 지극히 잔인하고 탐욕스러웠습니다. 군인들을

---

18) 110, 130–131면을 보라.
19) Julia Avita Mamaea.

만족시키기 위해서 그들은 인민들에게 갖은 비행을 저지르는 것을 망설이지 않았으며, 그 결과 세베루스를 제외하고는 모두 비참하게 최후를 마쳤습니다.

세베루스는, 비록 인민들을 탄압했지만, 다양한 역량에 의해서 군대를 그에게 우호적으로 유지하면서 끝까지 성공적으로 통치할 수 있었습니다. 뛰어난 역량으로 인해서 세베루스는 군인들과 인민들의 눈에 탁월한 인물로 비쳤는데, 인민들은 어떻든 놀라움과 경외감을 가지고 그를 바라보았고, 군인들은 그를 존경했으며 만족스럽게 여겼습니다.

세베루스의 행적은 매우 탁월하고, 신생 군주에게는 주목할 만한 것이기 때문에, 제가 군주에게 모방할 필요가 있다고 말한 여우와 사자[20]의 기질을 그가 얼마나 잘 사용했는지를 간략히 검토해보기로 합시다. 세베루스는 율리아누스 황제의 무능함을 익히 알고 있었고, 그리하여 그는 자신이 슬라보니아[21]에서 지휘하고 있던 군대에게 로마로 행군하여 친위대에게 피살당한 페르티낙스의 죽음을 복수하자고 설득했습니다. 이를 핑계로 삼아 자신이 황제가 되고 싶어하는 진심을 숨긴 채 그는 군대를 거느리고 매우 빠른 속도로 진군하여 그가 슬라보니아를 떠났다는 소문이 나기도 전에 이미 이탈리아에 이르렀습니다. 그가 로마에 도착했을 때, 겁을 먹은 원로원은 그를 황제로 선출하고 율리아누스를 처형했습니다.

이렇게 시작한 연후에 세베루스는 전 제국을 장악하

여우와 사자로서의 세베루스

---

20) 124-125면을 보라.
21) 일리아(Illyria).

기 위해서 두 가지 난관을 극복해야 했습니다. 그 하나는 아시아에서 그곳 군대의 지도자인 페스케니우스 니게르가 스스로를 황제로 선포한 일이었고, 다른 하나는 서쪽에서 알비누스 역시 제위를 넘보고 있었다는 것입니다. 세베루스는 이들 두 사람에게 동시에 적의를 보이는 것이 위험하다고 생각했기 때문에 우선 니게르만을 공격하고 알비누스를 속이기로 결심했습니다. 따라서 그는 알비누스에게 서한을 보내 원로원이 자신을 황제로 추대했지만 자신은 그 지위를 공유하기를 원한다고 말했습니다. 그러고 나서 알비누스에게 카이사르(Caesar, 副皇帝)의 칭호를 보내면서 원로원의 결정에 의해서 알비누스 역시 공동 황제로서 즉위해야 한다고 했습니다. 알비누스는 이를 진실로 믿게 되었습니다. 그러나 세베루스는 니게르를 격파하여 죽이고 제국의 동부지역을 평정한 후 로마에 돌아와 원로원에서, 알비누스는 그가 받은 은혜에 대해서 전혀 감사하는 마음이 없이 부당하게 자신을 살해하고자 시도했기 때문에 그의 배은망덕을 처벌하기 위해서 출병하는 것이 필요하다고 탄핵했습니다. 그러고 나서 세베루스는 프랑스에 있는 알비누스를 공격했으며, 그의 지위와 생명을 동시에 박탈했습니다.

세베루스의 행위를 면밀히 검토해본 사람이라면, 누구나 그가 매우 사나운 사자이자 매우 교활한 여우였고, 모든 사람들에게 두려움의 대상이자 존경의 대상이었으며 군대의 미움을 받지 않았다고 결론지을 수 있습니다. 따라서 신생 군주로서 그가 그토록 거대한 제국을 지배할 수 있었다는 사실은 그리 놀라운 일이 못 됩니다. 그의 엄청난 위세가, 인민이 그의 탐욕스러운 행동으로 인해서 그에게 품게 되었을지도 모르는 미움으로부터 그를 보호했기 때문입니다.

그의 아들 안토니누스 역시 많은 탁월한 성품들을 지녔기 때문에 인민들로부터는 크나큰 칭송을 받았고, 군인들로부터는 대단한 호감을 샀습니다. 그는 어떤 역경이든 견딜 수 있는 강건한 전사로서 사치스러운 음식과 모든 부류의 유약함을 경멸했기 때문입니다. 이로 인해서 그는 모든 군인들로부터 사랑을 받았습니다. 그럼에도 불구하고 그는 유례가 없을 정도로 야만적이고 잔인한 행위를 저질렀는데, 수많은 개인들을 살해한 것은 물론 로마 주민 대다수와 알렉산드리아 주민 모두를 살해했습니다. 그 결과 그는 세상의 모든 사람들에게 커다란 미움을 사게 되었습니다. 그의 측근조차도 그를 두려워하기 시작했습니다. 급기야 그는 어느 날 자신의 군대 한가운데에서 한 백인대장(百人隊長)에게 살해되었습니다.

살해당한 잔인한
안토니누스
카라칼라

여기에서 원한에 사무친 적의 단호한 결심에 의해서 저질러진 그러한 암살은 군주라고 하더라도 방어할 수 없다는 점을 지적할 필요가 있습니다. 죽음을 두려워하지 않는 자라면 누구나 군주를 죽일 수 있기 때문입니다. 그러나 이는 매우 드물게 일어나는 일이기 때문에 군주는 그것을 크게 두려워할 필요는 없습니다. 단지 군주는, 안토니누스가 그랬던 것처럼, 그를 모시는 측근이나 궁정 신하들을 심각하게 해치거나 모욕하지 않도록 조심해야 합니다. 안토니누스는 매우 악독한 방법으로 그 백인대장의 형제를 죽였고, 지속적으로 그마저 위협했으나, 그에게 여전히 경호업무를 맡겼습니다. 이

암살에 대한 경계

는 매우 경솔한 결정이었고, 그가 파멸할 수 있는 원인이 될 수 있었는데, 실제로 현실화되고 말았습니다.

**경멸의 대상이 된 콤모두스**

그러면 이제 콤모두스 황제를 살펴봅시다. 그는 아버지인 마르쿠스로부터 제위를 물려받았기 때문에 아주 쉽게 권력을 유지할 수 있었을 것입니다. 그는 단지 아버지의 행적을 답습하는 것만으로도 충분했을 것이며 그랬더라면 군인과 인민을 만족시킬 수 있었을 것입니다. 그러나 그는 천성적으로 잔인하고 야수적인 인물이었기 때문에, 인민들을 제물로 삼아 자신의 탐욕성을 만족시키기 위해서 군인들의 비위를 맞추고 그들이 제멋대로 행동하도록 방치했습니다. 더욱이 그는 황제의 위엄을 유지하기 위해서 필요한 몸가짐을 삼가지 않았습니다. 그는 종종 몸소 투기장에 내려가서 검투사들과 싸우기도 했습니다. 또한 그는 야비하고 황제의 품위를 손상시키는 다른 많은 일들도 저질렀기 때문에 군인들에게 경멸을 받게 되었습니다. 그는 인민들에게는 미움을 받았고 군인들에게는 경멸을 받았기 때문에 음모에 의해서 살해되었습니다.

**조롱을 받은 막시미누스**

이제 막시미누스의 성격을 살펴봅시다. 그는 지극히 호전적인 인물이었습니다. 군인들은 (제가 이미 말한 것처럼)[22] 알렉산데르의 유약한 행동을 매우 싫어했기 때문에, 그를 살해한 후, 막시미누스를 황제로 추대했습니다. 그러나 그는 제위를 오래 유지하지 못했는데, 두 가지 일이 그를 미움과 경멸의 대상으로 만들었기 때문입니다. 그 하나는 그가 매우 미천한 신분 출신으로 원

---

22) 136–137면을 보라.

래 트라키아 지방의 목동이었다는 사실입니다(이 사실은 모든 사람들에게 알려졌고, 이로 인해서 그는 매우 경멸당했습니다). 다른 하나는 그가 통치 초기에 로마로 가서 제위에 오르는 것을 지연시켰다는 사실입니다. 이러한 지연으로 인해서 그는 잔혹하다는 평판을 얻었는데, 왜냐하면 그의 지방장관들이 로마와 제국의 여러 곳에서 수많은 잔인한 악행을 저질렀기 때문입니다.[23] 그 결과 모든 사람들이 그의 미천한 태생에 대해서 분노하고 그의 잔인성을 두려워하여 그를 매우 미워했기 때문에, 먼저 아프리카에서 반란이 일어났고, 뒤이어 로마의 원로원과 인민이 들고 일어났으며, 급기야 이탈리아 전역에서 반란이 일어났습니다. 마지막으로 그 자신의 군대도 반란을 일으켰습니다. 군인들은 당시 아퀼레이아를 포위, 공격하고 있었는데, 매우 어려운 작전이라서 지쳐 있었습니다. 그렇지 않아도 그들은 황제의 잔혹함에 화가 나 있던 참인데, 그토록 많은 사람들이 그에게 들고 일어난 것을 알고, 별 두려움 없이 황제를 살해해버리고 말았습니다. 헬리오가발루스, 마크리누스 및 율리아누스는 모두 경멸을 받았고, 따라서 제위에 오른 뒤 얼마 안 되어 살해되었기 때문에 이들에 관해서는 논의하지 않고, 이 개괄적 논의를 종결짓겠습니다.

저는 우리 시대의 군주들은 자신들의 통치를 위해서 폭력적이고 불법적인 수단으로 군인들을 만족시켜야 할 필요성 때문에 시달리지는 않는다고 생각합니다. 비록 그들은 군인들을 주의해야 하지만, 어떤 문제든

근래에 군인들을 만족시키는 일에 관해서

---

23) 부하들이 저지른 잔학행위로 인해서 막시미누스가 비난을 받게 되었다는 뜻이다. 제7장에서 마키아벨리가 논한 바 있는 체사레 보르자의 레미로에 대한 일화를 참조하라.

지 신속히 해결할 수 있을 것입니다. 왜냐하면 오늘날의 군주들은, 로마 제국의 군대처럼 오랫동안 일정 지역에 주둔하면서 그 지역을 지배하고 행정업무를 관장하는 그러한 군대를 두고 있지 않기 때문입니다. 따라서 그 당시에는 인민들보다 군인들을 만족시킬 필요가 더 많았는데, 이는 군인들이 보다 더 강력한 세력이었기 때문입니다.

투르크와 이집트의 술탄을 제외한 오늘날의 모든 군주는 이제 군인보다 인민이 더 강력하기 때문에 군인보다는 인민을 만족시킬 필요가 있습니다. 투르크의 술탄을 예외로 삼은 이유는 항상 1만2천의 보병과 1만5천의 기병이 술탄을 보호하고 있으며,[24] 왕국의 안전과 권력이 이들 군사력에 의존하기 때문입니다. 따라서 그는 군대를 우호적으로 유지하고 누구보다도 그들에게 더 많은 관심을 가져야 합니다. 마찬가지로 이집트의 술탄 왕국도 전적으로 군인의 수중에 있기 때문에, 술탄 역시 인민들이 원하는 바를 생각하기보다는 군인들에게 우호적이 되어야 합니다.

술탄과 교황은
신생 군주도,
세습 군주도
아니다

게다가 이러한 술탄 국가는 많은 점에서 그밖의 다른 군주국과 다릅니다. 그 국가는 교황 제도와 유사하며, 세습 군주국이라고도 신생 군주국이라고도 할 수 없습니다. 왜냐하면 상속자가 되어 군주가 되는 이들은 이전 군주의 아들들이 아니라 선거권을 가진 자들에 의해서 선출된 자가 군주의 지위를 승계하기 때문입니다. 이 제도는 예로부터 내려오는 것이고, 신생 군주국이 직면

---

24) 재니저리(janizary : 투르크 제국의 근위대)를 말한다.

하는 문제들이 없기 때문에 그 나라를 신생 군주국이라고 부를 수도 없습니다. 비록 그 군주가 분명히 새로운 인물일지라도, 국가의 제도가 오래되었기 때문에 선출된 군주를 마치 세습된 군주인 것처럼 맞아들일 태세가 되어 있습니다.

우리의 주제로 되돌아갑시다. 지금까지 제가 언급한 것들을 종합해보면 미움이나 경멸이 한결같이 앞에서 검토된 황제들을 몰락시켰다는 것을 깨달을 수 있습니다. 그들 중의 한 그룹은 이런 식으로, 다른 그룹은 저런 식으로 처신했는데, 각 그룹에서 한 황제는 성공적이었으나, 나머지는 전부 비참하게 되었습니다. 페르티낙스와 알렉산데르는 신생 군주였기 때문에 세습 군주인 마르쿠스처럼 행동하는 것이 그들에게 오히려 백해무익했던 것입니다. 마찬가지로, 카라칼라, 콤모두스, 막시미누스가 세베루스를 모방하는 것은 그들이 그의 행적을 따를 만한 역량이 없었기 때문에 위험한 일이었습니다. 따라서 신생 군주국의 새 군주는 마르쿠스의 행적을 모방할 수 없으며 그렇다고 세베루스의 행적을 모방할 필요도 없습니다. 오히려 자신의 국가를 세우기 위해서 필요한 조치를 취해야 할 때에는 세베루스를 모방해야 할 것이고, 이미 오랫동안 확립된 국가를 보존하기 위해서 적합하고 영광스러운 조치를 취해야 할 때에는 마르쿠스를 모방해야 할 것입니다.

로마 황제들을 모방하려고 하는 신생 군주는 신중하게 선택해야 한다

## 제20장
# 요새 구축 등 군주들이 일상적으로 하는 많은 일들은 과연 유용한가 아니면 유해한가

**군주가 채택하는 다양한 정책들**

권력을 보다 확고히 유지하기 위해서 어떤 군주들은 신민들의 무장을 해제시키고, 다른 군주들은 자신들이 정복한 도시에서 분열을 조장합니다. 또 어떤 군주들은 자신들에 대한 적의를 부추기기도 하고, 다른 군주들은 정권 초기에 미심쩍은 자들을 자기편으로 회유하기도 합니다. 어떤 군주들은 요새를 구축하고, 다른 군주들은 요새를 파괴했습니다. 이러한 조치들이 취해진 국가들의 구체적인 상황을 검토하지 않는 한, 비록 이들 조치에 관한 확실한 판단은 주저되지만, 가급적 일반적인 관점에서 이 주제를 논의하겠습니다.

**신생 군주는 신민들에게 무장을 허용한다**

우선 신생 군주들은 신민들의 무장을 결코 해제시키지 않았습니다. 반대로 신민들이 무장을 갖추지 않았으면, 그들은 항상 신민들에게 무기를 제공했습니다. 왜냐하면 당신이 그들을 무장시킬 때, 그들의 무기는 실상 당신 자신의 것이 되기 때문입니다. 당신을 불신하던 자들은 충성스럽게 되고, 원래 충성스러운 자들은 그대로 충성을 지키며, 신민들은 열성적인 지지자로 변모합니다. 모든 신민들에게 무기를 제공하는 것이 가능하지 않을 때에는, 무장시킨 자들을 후대하면 나머지 사람들로부터 당신 자신을 확고하게 지킬 수 있습니다. 왜냐하면 전자는 나머지 사람들과 달리 우대를 받음으로써 당신에게 더욱 충성할 것이기 때문입니다. 한편 나머지 사람들은 위험부담이 크고 엄격한 임무를 수행하는 자들을 우대하는 것이 당연하다고 인정하여 당신의 행동을 승인할 것입니다.

그러나 당신이 신민들의 무장을 해제시키면, 그들의 감정을 상하게 할 것입니다. 왜냐하면 그것은 당신이 유약하고 비겁하거나 아니면 의심이 많아서 그들을 믿지 않는다는 것을 보여주는 셈이 되기 때문입니다. 그리고 이러한 이유로 당신은 미움을 사게 됩니다. 군사력이 없이는 권력을 유지할 수 없기 때문에 당신은 불가불 제가 앞에서 논의한 바 있는,[1] 그런 종류의 용병을 고용해야 할 것입니다. 그러나 용병이 효과적이라고 하더라도, 강력한 적군이나 충성이 의심스러운 인민들로부터 당신을 지켜줄 수 있을 만큼 효과적이지는 못합니다. 제가 말한 것처럼, 신생 군주국의 군주는 항상 신민들을 무장시켰습니다. 역사는 그런 사례들로 가득 차 있습니다.

그러나 군주가 기존의 국가에 수족처럼 다른 국가를 병합했을 때, 그는 병합을 도운 열성적인 지지자들을 제외하고는 그 주민들을 무장 해제시켜야 합니다. 그러나 조만간 기회가 허용된다면, 병합을 도운 자들도 약화시켜야 하며, 앞에서 언급한 것처럼, 전체 국가의 무

병합된 지역의<br>주민들은 무장을<br>해제시켜야 한다

---

1) 제12–13장을 보라.

력은 원래 가까이서 당신에게 봉사해온 자국 출신의 군대에게 집중시키는 조치를 취해야 합니다.

**복속된 도시에 분열을 조장시켜 서는 안 된다**

우리의 선조들 그리고 현명하다는 사람들은, 피스토이아는 파벌을 조장해서 다스리고,[2] 피사는 성곽을 이용해서 통치해야 한다고 말하곤 했습니다. 이에 따라서 그들은 복속된 도시의 신민들 사이에 불화를 조장하여 그들을 쉽게 지배할 수 있었습니다. 이 정책은 이탈리아에서 어느 정도의 평화적 균형이 유지되었던 시대에는 효과적이었지만,[3] 오늘날에는 더 이상 통용되지 않는 것 같습니다. 제 자신의 견해는 분열은 어느 누구에게도 도움이 되지 않는다는 것입니다. 오히려 파벌로 얼룩진 도시는 적군에게 위협을 받으면 쉽게 무너집니다. 그 이유는 세력이 약한 파벌은 항상 침략자와 결탁하는 데에 반해 다른 파벌도 이를 저지할 만큼 강력하지 못하기 때문입니다.

베네치아인들은 자신들의 지배하에 있는 도시들에서 (생각컨대 앞에서 언급한 이유로) 겔프와 기벨린이라는 두 파벌을 조성했습니다.[4] 비록 두 파벌 사이의 유혈 참극은 용납하지 않았지만, 베네치아인들은 그들 사이에 교묘하게 불화를 조장함으로써 시민들이 파벌 싸움에 몰두하여 자신들에게 단합하여 저항하지 못하도록 했습니다. 곧 살펴보겠지만, 이 정책은 결과적으로 베네치아인들에게 도움이 되지 않았습니다. 그들이 바일라에

---

2) 117면의 각주 3)을 보라.

3) 로디(Lodi) 평화조약(1454)으로부터 1494년까지를 말한다.

4) 중세의 교황과 황제 사이의 갈등에서 Guelph 파는 교황당이었고 Ghibelline 파는 황제당이었다. 그러나 16세기 초기에는 전자는 프랑스의 루이 12세를 지지하는 자들을, 후자는 신성로마 제국의 막시밀리안 황제를 지지하는 자들을 지칭하기 위해서 사용되었다.

서 패배하자마자, 일부 도시들[5]은 대담하게도 반란을 일으켰고, 베네치아인들로부터 내륙에 있는 베네치아 제국의 모든 영토를 빼앗았습니다. 따라서 분열정책은 군주의 유약함을 보여주는 것이며, 강력한 군주국은 그러한 분열을 결코 용납하지 않습니다. 왜냐하면 분열 정책은 신민들을 쉽게 통제할 수 있는 평화시에만 유용 하기 때문입니다. 그러나 막상 전쟁이 일어나면, 그러한 정책의 오류는 명백히 드러나게 마련입니다.

자신에게 닥친 시련과 공격을 극복할 때, 군주가 위 대해진다는 것은 의문의 여지가 없습니다. 이러한 이유 로 운명의 여신(fortuna)은 특히 신생 군주의 권력을 증 대시키기를 원할 때(신생 군주는 세습 군주보다 명성을 얻어야 할 더 많은 필요가 있습니다), 적의 성장을 지원 하고 신생 군주로 하여금 그 적과 싸우도록 만드는데, 그 결과 그는 적을 격파하고, 마치 그의 적이 그에게 사 다리를 제공한 것처럼 더욱 높은 곳으로 올라가게 됩 니다. 따라서 현명한 군주는 적대적인 세력들을 부추길 수 있는 기회라면 무엇이든지 교묘하게 활용함으로써 정작 그가 그들을 격파했을 때, 그의 명성과 권력은 더 욱 증대한다고 많은 사람들이 생각합니다.

군주는(특히 신생 군주는) 종종 통치 초기에 미심쩍게 본 사람들이 그가 애초부터 신뢰했던 사람들보다 더 믿 을 만하고 유용하다는 점을 발견하게 됩니다. 시에나의 군주인 판돌포 페트루치는 다른 누구보다도 그가 한때 미심쩍게 본 사람들의 도움으로 나라를 잘 다스릴 수

*적을 극복하는 것은 힘을 강화시킨다*

*예전의 적으로부 터의 충성*

---

5) 브레시아, 베로나, 비첸차 및 파도바.

있었습니다. 그러나 인간과 상황은 변화무쌍하기 때문에, 이 점을 일반화하기는 어렵습니다. 다만 제가 말할 수 있는 것은, 군주는 정권 초기에 그에게 적대적이지만 자력으로는 자신의 지위를 유지하기 어려워 어딘가에 의지해야 하는 사람들을 자기편으로 끌어들이기가 매우 쉽다는 점을 깨닫게 된다는 것입니다. 나름대로 그들 역시 군주에게 충직하게 봉사할 의무감을 느끼게 됩니다. 왜냐하면 그들은 자신들에게 불리한 초기의 인상을 만회하기 위해서 그렇게 행동하는 것이 절실히 필요하다는 점을 익히 알고 있기 때문입니다. 따라서 군주는 자기 지위가 매우 확고하다고 느끼기 때문에 군주의 일을 등한시하는 경향이 있는 사람들보다 그런 사람들이 훨씬 더 유용하다는 점을 항상 발견할 것입니다.

**옛 통치에 불만을 품은 자들은 새로운 통치에 대해서도 불만을 품는다**

게다가 신생 군주라면 누구에게나 상기시킬 필요가 있는 중대한 문제가 있습니다. 즉 주민들의 호의로 권력을 잡은 지 얼마 되지 않은 군주[6]라면 누구나 자신이 권력을 장악할 수 있도록 지원한 사람들이 그를 지원한 이유를 잘 생각해보아야 한다는 것입니다. 그 이유가 군주에 대한 자연스러운 호의 때문이 아니라, 단지 그전 정부에 품었던 불만 때문이라면, 그들을 우호적으로 유지하기가 매우 어렵고 힘들 것입니다. 신생 군주 역시 그들을 만족시킬 수 없을 것이기 때문입니다. (고대와 근래의 역사로부터 이끌어낸 사례들에 비추어) 이에 대한 이유를 고려해보면, 이전의 정권에 만족했기 때문에 새 군주에게 적대적이었던 사람들을 자기편으로

---

6) 제3장과 제9장을 보라.

끌어들이는 일이 이전 정권에 불만을 품고서 그에게 호
의를 느끼고 그의 권력 장악에 기여한 사람들을 자기편
으로 계속 유지하는 일보다 훨씬 더 쉽다는 것은 명백
합니다.

국가를 더 안전하게 유지하기 위해서 군주들은 흔히
요새를 구축해왔습니다.[7] 요새는 군주에 대한 반란을
꾸미는 자들에게 대해서 재갈과 굴레로 작용하며 돌발
적인 공격을 받을 때 안전한 피난처를 제공하기 위해서
고안된 것입니다. 이러한 관행은 고래(古來)로부터 내려
온 것으로 저는 이 점을 인정합니다. 그렇지만 우리 시대
에 니콜로 비텔리는 자신의 지배를 지속하기 위해서 치
타 디 카스텔로(Città di Castello)의 두 요새를 허물어버렸
습니다.[8] 우르비노(Urbino)의 공작 귀도 우발도는 체사
레 보르자에게 빼앗겼던 영지를 되찾았을 때,[9] 그 지역
의 모든 요새를 완전히 파괴해버렸습니다. 그는 요새를
모두 파괴하는 것이 나라를 다시 빼앗길 가능성을 줄인
다고 판단했기 때문입니다. 벤티볼리오 가문도 볼로냐
에서 권력을 되찾았을 때,[10] 같은 정책을 따랐습니다. 요
새는 때에 따라서 이롭기도 하고 해롭기도 합니다. 이는
상황에 좌우됩니다. 게다가 요새는 어떤 점에서는 당신
에게 이롭기도 하지만, 다른 점에서는 해롭기도 합니다.

상황에 따라서
요새는 유용할
때도 있고 그렇지
않을 때도 있다

---

7) 「로마사 논고」, 제2권 제24장을 보라.

8) 1482년에 그가 그곳에 돌아왔을 때. 그는 1474년에 교황 Sixtus 4세를 대행하던 추기경
della Rovere(나중의 Julius 2세)에게 쫓겨났다.

9) Guido Ubaldo Montefeltro를 말한다. 그는 1502년에 6월에 우르비노에서 쫓겨났고, 같은 해
10월에 그곳을 탈환했다가, 시니갈리아의 참변 후 1503년 1월에는 베네치아로 도망갔는데,
1503년 8월에 알렉산데르 6세가 죽은 후 우르비노를 되찾았다.

10) 1506년 Julius 2세에 의해서 볼로냐로부터 축출당한 Giovanni Bentivoglio의 후예들은 1511
년에 볼로냐를 되찾았는데, Julius가 포르타 갈리에라에 구축한 요새를 파괴해버렸다.

**군주에게 최선의 요새는 인민들이 그를 미워하지 않는 것이다**

이 주제는 다음과 같이 정리할 수 있습니다. 만약 군주가 외세보다도 인민을 더 두려워한다면, 그는 요새를 구축해야 합니다. 그러나 인민보다 외세를 더 두려워한다면, 요새를 구축해서는 안 됩니다. 프란체스코 스포르차가 세운 밀라노의 성채[11]는 그 나라의 어떤 혼란보다도 스포르차 가문에게 더 분쟁의 근원이었고, 앞으로도 그럴 것입니다. 따라서 군주가 가질 수 있는 최선의 요새는 인민에게 미움을 받지 않는 것입니다. 만약 당신이 요새를 가지고 있더라도 인민이 당신을 미워한다면, 요새가 당신을 구하지 못할 것입니다. 왜냐하면 인민이 봉기하면 그들을 지원할 태세가 되어 있는 외세가 반드시 출현하기 때문입니다. 최근의 역사를 살펴보면, 요새는 어떤 군주에게도 이익이 되지 않았습니다. 예외가 있다면 남편인 지롤라모 백작이 암살된[12] 푸를리 백작부인[13]의 경우입니다. 왜냐하면 인민이 봉기하자 요새가 백작부인에게 피난처를 제공했기 때문입니다. 백작부인은 거기에서 밀라노의 원군[14]을 기다릴 수 있었고, 결국 권력을 되찾았습니다. 그 당시 상황은 어떠한 외세도 인민을 도울 수 없는 상황이었습니다. 그러나 나중에 체사레 보르자가 진격하고, 노한 인민들이 침략군에 합세했을 때, 그 요새는 그 여자에게 하등 도움이 되지 않았습니다.[15] 따라서 두 경우 모두에서 볼 수 있듯이 요

---

11) 1450년에 그가 지배자가 되자마자 세웠다.
12) 1488년 4월 14일.
13) Caterina Sforza Riario.「로마사 논고」, 제3권 제6장을 보라.
14) 실제적인 통치자이자 그녀의 숙부인 Ludovico Sforza의 원군.
15) Caterina의 신민들은 1499년 12월 15일에 반란을 일으켰다. 그녀는 요새로 피신했다. 체사레 보르자는 푸를리에 12월 19일에 도착했다. 그가 공격한 요새는 1500년 1월 12일에 함락되었다.

새에 의존하는 것보다도 인민에게 미움을 받지 않는 것
이 그 여자를 더욱 안전하게 보호했을 것입니다.

　이 모든 것을 염두에 둘 때, 저는 요새를 구축하는 군
주이건 그렇지 않은 군주이건 모두에게 찬사를 보내고
싶습니다. 그러나 요새를 너무 믿고 인민의 미움을 사
는 것을 개의치 않는 군주는 비난받아 마땅합니다.

# 제21장
# 군주는 명성을 얻기 위해서 어떻게 처신해야 하는가

**위대한 업적에 의해서 명성을 얻은 스페인의 페르난도 왕**

그 어떤 것도 대규모의 군사 작전을 수행하고 유례없는 비범한 행동을 보여주는 것만큼 군주에게 높은 명성을 가져다주지 않습니다. 우리 시대에는 스페인의 지금 국왕인 아라곤 가문의 페르난도가 그 탁월한 예를 보여줍니다. 그는 거의 신생 군주라고 불러도 무방합니다. 왜냐하면 그는 약소국의 군주[1]로 출발하여 기독교 세계에서 가장 유명하고 영광스러운 왕이 되었기 때문입니다. 그의 업적을 검토해보면, 모든 업적이 매우 주목할 만하고, 그중 어떤 것은 가히 타의 추종을 불허합니다. 이 인물은 그의 통치 초기[2]에 그라나다[3]를 공격했고, 이 전쟁을 통해서 국가의 탄탄한 토대를 쌓았습니다. 우선 무엇보다도 그는 이 전쟁을, 사태가 평온하고 반대를 무릅쓰지 않아도 될 때, 시작했습니다. 그는 카스티야의 제후들로 하여금 전쟁에 전념하게 했고, 그 결과 그들은 어떠한 반란도 모의할 수 없었습니다. 그동안 그는 명성을 쌓으면서, 부지불식간에 그들에 대한

---

1) 아라곤 왕국의 왕자에 불과했던 페르난도는 1469년에 카스티야의 왕녀 이사벨과 결혼함으로써 1479년 카스티야의 공동 군주(페르난도 5세)가 되었다.
2) 1480년, 정복은 1492년 1월에 완료되었다.
3) 스페인 남부에 있던 무어인 지배의 이슬람 왕국.

지배를 공고히 해가고 있었습니다. 그는 교회[4]와 인민들에게서 갹출한 돈으로 군대를 유지할 수 있었고, 그 긴 전쟁을 통해서 강력한 군대를 양성했습니다. 군대의 업적은 나중에 그에게 드높은 영광을 안겨주게 되었습니다. 게다가 더 큰 전쟁을 수행하기 위해서 그는 계속해서 종교를 이용하여 잔인하지만 일견 경건한 정책을 통해서 마라노(marano)[5]를 색출하여 죽이고, 왕국에서 몰아내는 등 유례없이 참혹한 짓을 저질렀습니다. 똑같은 명분을 내세워[6] 그는 아프리카를 공략했고,[7] 이탈리아에 진군했으며,[8] 최근에는 프랑스를 공격했습니다.[9] 그리하여 그는 항상 거창한 일들을 계획하고 성취했는데, 이로 인해서 그의 신민들은 항상 사태의 귀추를 주목하면서 긴장과 경이감에 사로잡혀 있었습니다. 그리고 그의 이러한 행동은 쉴 새 없이 계속되었기 때문에 어느 누구도 그에게 반란을 시도할 만한 시간적 여유조차 가질 수 없었습니다.

또한 군주가 자신의 왕국 내에서도, 예컨대 밀라노의 군주인 베르나보 공작이 그런 것처럼, 매우 비범한 행동을 보이는 것은 매우 유익합니다. 누군가가 (좋건 나쁘건) 정치적으로 또는 사회적으로[10] 무엇인가 비상한 업적을 성취하면 그는 화제가 될 만한 방법으로 그런 사

**비범한 행동을 통한 명성**

---

4) 이슬람 왕국에 대한 그의 전쟁은 일종의 성전으로 간주되었다.
5) 중세말 스페인에서 박해를 못 이겨 기독교화한 유대인과 무어인들을 일컫는 말로 1501-02년 그들은 스페인에서 축출되었다.
6) 종교를 핑계로 하여.
7) 1509년에 오랑에서 트리폴리까지 아프리카 해안을 정복했다.
8) 1503년에 나폴리 왕국을 정복했다. 15, 30, 56-57면을 보라.
9) 1512년에 나바라를 점령하기 위해서 출전했다.
10) 군사적이지 않은 모든 활동을 말한다.

람을 보상하거나 처벌했습니다. 무엇보다도 먼저 군주는 그의 모든 행동을 통해서 비범한 재능을 가진 위대한 인물이라는 명성을 얻도록 노력해야 합니다.

중립은 적을
만든다

군주는 자신이 진정한 동맹인지 공공연한 적인지를 명확히 하면, 곧 그가 주저하지 않고 다른 군주에 반대하여 한 군주를 지지하면, 대단한 존경을 받습니다. 이 정책은 중립으로 남아 있는 것보다 항상 더 낫습니다. 만약 인접한 두 명의 강력한 군주가 전쟁을 하게 되면 궁극적인 승자는 당신에게 위협적인 존재가 될 수도 있고 그렇지 않을 수도 있습니다. 그러나 둘 중 어느 경우에나 자신의 입장을 선언하고 당당하게 전쟁에 개입하는 것이 항상 보다 더 현명한 정책이 됩니다. 왜냐하면 우선 서로 싸우는 군주들이 당신에게 위협적인 존재인 경우, 만약 당신이 자신의 입장을 밝히지 않으면, 당신은 승자에 의해서 파멸할 것이기 때문입니다(이는 패자를 만족시키고 기쁘게 할 것입니다). 이 경우 당신이 무방비 상태가 되고 우방이 없는 상황에 처하게 된 것은 자업자득이라고 할 수 있습니다. 왜냐하면 승자는 자기가 곤경에 처했을 때 자기를 돕지 않았던 신뢰하기 어려운 자를 동맹으로 원하지 않을 것이기 때문입니다. 그리고 패자는 당신이 그를 군사적으로 지원함으로써 공동 운명의 위험을 감수하지 않았기 때문에 어떠한 호의도 베풀지 않을 것입니다.

아카이아인들은
중립을 지키지 말라
는 충고를 받았다

고대에 안티오코스가 아이톨리아인들의 요청으로 로마인들을 몰아내기 위해서 그리스에 침입한 적이 있었습니다.[11] 안티오코스는 로마인 편이던 아카이아인들에

---

11) 26-27면을 보라.

게 사절을 보내 중립을 지킬 것을 제의했습니다. 반면에 로마인들은 아카이아인들에게 자기들을 위해서 무기를 들 것을 권유했습니다. 이 문제가 아카이아인들의 회의에서 논의되었는데, 안티오코스의 사절이 아카이아인들의 중립을 요구하는 연설을 한 후에 로마의 사절은 다음과 같이 대꾸했습니다. "그들이 당신들에게 말한 것, 즉 당신들이 전쟁에 개입하지 않는 것이 좋다는 제안에 대해서, 우리들은 그 어떤 것도 이보다 더 당신들의 이익에 반하는 일은 없다고 말하겠습니다. 단순히 개입하지 않는다면, 어떤 감사나 명예도 얻지 못한 채 당신들은 승자의 제물이 되고 말 것입니다."[12]

당신의 우방이 아닌 군주는 당신이 항상 중립으로 남아 있기를 원하는 반면에 당신의 우방인 군주는 당신이 항상 무기를 들고 지원하기를 원합니다. 우유부단한 군주는 현재의 위험을 피하기 위해서 대부분 중립으로 남아 있고 싶어하는데, 이는 빈번히 파멸의 원인이 됩니다. 그렇지만 당신이 강력하게 지원한 쪽이 승리했다고 가정합시다. 비록 그가 강력해졌고 당신은 그의 처분에 맡겨졌지만, 그는 당신에게 신세를 지게 되었고 둘 사이에는 우호관계가 이루어졌습니다. 결코 그러한 상황에서 그토록 배은망덕하게 당신을 공격할 만큼 파렴치한 인간은 없습니다. 게다가 승자가 제멋대로 행동해도 무방할 정도로, 특히 정의롭게 행동하지 않아도 무방할 정도로 그렇게 결정적인 승리는 없습니다. 반면에 당신이 도운 군주가 패배한 경우라도 그

**적극적인 동맹은 친선을 획득한다**

---

12) *Livius*, XXXV, 49. 인용문의 첫 구절은 *Livius*의 원문과 약간 다르다.

는 당신을 보호하려고 할 것이며, 당신에게 감사를 표할 것이고 가급적 당신을 도우려고 할 것입니다. 그리하여 당신은 다시 도래할 수 있는 행운의 동반자가 됩니다.

**약한 군주와의 동맹은 유익할 것이다**

두 번째 상황의 경우에도(서로 싸우는 군주들 중 누가 이겨도 당신에게 위협이 될 수 없는 경우에도) 여전히 개입하는 것이 훨씬 더 현명한 정책이 됩니다. 왜냐하면 당신은 한 군주의 도움을 받아 다른 한 군주를 몰락시키는 셈이 되기 때문입니다. 그런데 만약 그 한 군주가 현명했더라면, 다른 한 군주를 그대로 두었을 것입니다. 어떻든 당신이 힘을 합쳐 이김으로써, 당신의 도움을 받은 군주는 당신의 처분에 따를 것입니다(그리고 그는 당신의 도움을 받았기 때문에, 자신이 적을 격퇴할 것이라고 예상하는 것은 당연합니다).

**강력한 세력과는 자발적으로 동맹을 맺지 말라**

여기에서 군주는 이미 말한 대로 상황에 의해서 강요당하지 않는 한, 다른 국가를 공격하기 위해서 자기보다 더 강력한 군주와 동맹을 맺어서는 안 된다는 점을 명심해야 합니다. 만약 당신이 그 강력한 군주와 함께 승리를 거두면, 당신은 그의 수중에 들어가게 되므로, 군주란 모름지기 다른 세력의 처분에 맡겨지게 되는 사태를 피하기 위해서 가능한 한 최선을 다해야 할 것입니다. 베네치아인들은 밀라노 공작[13]을 공격하려고 프랑스와 동맹을 맺었습니다. 그들은 자신들을 몰락시킨 이 동맹을 피할 수도 있었습니다. 그러나 (교황과 스페인 왕이 롬바르디아를 공격했을 때[14] 피렌체가 처했던

---

13) Ludovico Sforza, 29–30면을 보라.
14) 율리우스 2세와 아라곤의 페르난도 2세가 1512년에 롬바르디아를 공격했을 때를 말한다.

상황처럼) 동맹을 피할 수 없을 때 통치자는 앞에서 말한 이유에 따라서 동맹에 참여해야 합니다.

어떤 국가도 안전한 정책을 따르는 것이 항상 가능하다고 믿어서는 안 됩니다. 오히려 그 안전한 정책을 모호하고 미심쩍은 것으로 바라보아야 합니다. 사물의 도리상 하나의 위험을 피하려고 하면 으레 다른 위험에 직면하기 때문입니다. 그러므로 지혜란, 다양한 위험을 평가하는 방법을 알고, 따라야 할 올바른 대안으로 가장 해악이 작은 대안을 선택하는 것입니다.[15]

차악(次惡)을
선으로
받아들여라

군주는 또한 자신이 재능(virtú)[16]이 있는 자를 아끼고 어떤 기예 분야에서 뛰어난 자를 우대한다는 점을 보여 재능의 예우자임을 과시해야 합니다. 더욱이[17] 그는 시민이 안심하고 상업, 농업 및 기타 분야에서 통상적인 생업에 종사하도록 권장해야 하며 이를 위해서 사람들이 빼앗길까봐 두려워 자신의 재산을 늘리거나 그 가치를 개선하는 것을 주저하지 않도록 하고, 부과될 세금이 두려워서 상업을 시작하는 것을 망설이지 않도록 해야 합니다. 오히려 군주는 그런 일을 하려는 사람들에게 그리고 도시와 국가를 어떤 방법으로든 부강하게 하는 자들에게 보상을 해야 합니다. 더욱이 일년 중에 적절한 시기에 축제나 구경거리를 주선하여 인민들이 즐길 수 있도록 해야 합니다. 그리고 모든 도시는 길드나 족벌로 나누어져 있기 때문에 그는 이러한 집단들에게 적절한 호의를 베풀어 때때로 그들을 친히 만나고 자신

산업과 상업의
장려, 축제

---

15) 「로마사 논고」, 제1권 제6장을 보라.

16) 여기에서는 주로 예술적, 문학적 재능(talent)을 말한다.

17) 이 단락의 나머지 부분은 Xenophon, *Hiero*의 제9장에 상당히 의존한 것으로 보인다.

의 친절함과 넉넉한 씀씀이를 보여주어야 할 것입니다.
그러나 군주다운 위엄은 결코 훼손되어서는 안 되기 때
문에 위엄을 지키기 위해서 항상 신경을 써야 합니다.[18]

---

18) 일부 로마 황제들은 위엄을 지키는 데 실패했다(139–140면 참조). 대인 로렌초도 그 지위
에 적절한 위엄을 지키는 데 항상 주의한 것은 아니었다.(「피렌체사」, VIII, 36)

# 제22장
# 군주의 측근 신하들

대신(ministro)[1]을 선임하는 일은 군주에게 중차대한 문제입니다. 그들이 훌륭한가 어떤가는 군주의 지혜에 달려 있습니다. 군주의 지적 능력을 알기 위해서는 우선 그 주변의 인물들을 살펴볼 필요가 있습니다. 만약 그들이 유능하고 충성스럽다면, 군주는 항상 현명하다고 사료됩니다. 왜냐하면 군주가 그들의 능력을 파악하고 충성심을 유지할 수 있는 능력이 있다고 판단되기 때문입니다. 만약 그들이 보통 인간들이며 불충하다면, 군주는 항상 낮게 평가될 것입니다. 군주가 저지른 첫 번째 실수가 바로 그들을 선임한 것이기 때문입니다.

시에나의 군주인 판돌포 페트루치의 대신인 베나프로의 안토니오를 아는 사람이라면 누구나 판돌포가 안토니오를 대신으로 거느리고 있다는 사실 자체만으로 그 군주를 매우 유능한 인물이라고 평가할 것입니다. 인간의 두뇌는 세 부류가 있습니다. 첫째 부류는 사물의 이치를 스스로 터득하며, 둘째는 남이 그 이치를 설명했을 때 깨우치고, 셋째는 전혀 그 이치를 이해하지 못합니다. 첫째 부류가 가장 탁월하며, 둘째는 뛰어나고, 셋

군주의 지혜는
관리의 선임에서
나타난다

---

1) 현대적 의미의 장관의 임무와 '비서'의 임무를 겸한 것 같다.

째는 무용지물입니다. 따라서 판돌포가 첫째 부류에는 속하지 못한다고 하더라도, 그는 분명히 둘째 부류에는 속합니다. 왜냐하면 만약 군주가 (비록 창의성을 결여하고 있다고 하더라도) 매번 다른 사람의 말과 행동의 선악을 식별할 만한 판단력을 보여준다면, 그는 대신의 선행과 악행을 분별할 수 있고, 전자를 보상하고 후자를 처벌할 수 있기 때문입니다. 그리고 대신은 자신이 군주를 속일 수 없다는 점을 알기 때문에 처신을 잘하려고 노력하게 됩니다.

**대신의 윤리와 군주의 시혜**

군주가 한 대신의 사람됨을 평가하는 데에는 아주 확실한 방법이 있습니다. 만약 그가 당신의 일보다 자신의 일에 마음을 더 쓰고 그의 모든 행동이 자신의 이익을 추구하기 위해서 의도된 것이라는 점이 밝혀지면, 그는 결코 좋은 대신이 될 수 없고, 당신은 결코 그를 신뢰할 수 없을 것입니다. 국가를 다스리는 사람은 절대로 자신과 자신의 일이 아니라 항상 군주에 관해서 생각해야 하고 군주의 일에만 관심을 집중해야 됩니다. 한편 군주는 대신의 충성심을 확보하기 위해서 그를 우대하고, 재부를 누리게 하며, 그를 가까이 두고 명예와 관직을 수여하는 등 그를 잘 보살펴야 할 것입니다. 요컨대 군주는 대신으로 하여금 그 자신이 오직 군주에게만 의존해야 한다는 점을 깨닫게 하고, 이미 얻은 많은 명예와 재부로 인해서 더 많은 명예와 재부를 원하지 않도록 해야 하며, 자신이 맡은 많은 관직들을 잃을까 염려하여 변화[2]를 두려워하도록 대우해야만 합니다. 만약

---

2) 정권의 변혁을 암시한다.

대신과 군주가 그러한 관계를 유지한다면, 그들은 서로를 계속 신뢰할 것입니다. 반대로 그들이 그렇지 못한 경우에는, 둘 중의 어느 한 쪽은 항상 불행한 결과를 맞이할 것입니다.

# 제23장
# 아첨꾼을 어떻게 피할 것인가

**신중한 군주에게 사람들은 진실을 말한다**

저는 군주에게 중요한 주제와 피하기 어려운 과오에 관한 논의를 빠뜨리고 싶지 않습니다.[1] 이러한 과오는, 군주가 매우 사려 깊지 않는 한 그리고 인물을 고르는 데에 매우 능숙하지 않는 한, 범하기 쉽습니다. 그 과오란 궁정을 꽉 채우고 있는 아첨꾼들로부터 생기는 위험과 관련되어 있습니다. 인간이란 너무 자기 자신과 자신의 활동에 만족하고 자기 기만에 쉽게 빠지기 때문에, 아첨이라는 질병으로부터 자신을 보호하기란 지극히 어렵습니다. 그리고 아첨으로부터 자신을 보호하기 위해서 노력할 때에 군주는 경멸당하는 위험에 빠지기도 합니다.

당신 자신을 아첨으로부터 보호하는 유일한 방법은 진실을 듣더라도 당신이 결코 화를 내지 않는다는 것을 널리 알리는 것입니다. 그러나 누구든지 당신에게 솔직하게 말할 수 있다면, 당신에 대한 존경은 순식간에 사라지고 말 것입니다.

---

1) 이 주제는 르네상스 시기의 유럽에서 널리 논의되었다. 예컨대 More, *A Dyalogue of Comforte Agaynste Tribulacyon*, III, 10 ; Erasmus, *Institutio principis christiani*, in *Opera omnia*(Amsterdam, 1974), vol IV, 1, pp. 175−182 ; Castiglione, *Il Cortegiano*, II, 18 ; Elyot, *The Gouernor*, II, 14 ; Montaigne, *Essais*, III, 7 ; Bacon, *Essays*, XX, XXIII, XXVII.

따라서 현명한 군주는 제3의 방도를 따라야 하는데, 자신의 나라에서 사려 깊은 사람들을 선임하여 그들에 게만 솔직하게 말할 수 있도록 허용하되, 그것도 군주 가 요구할 때만 허용해야지 아무 때나 허용해서는 안 됩니다. 그러나 군주는 그들에게 모든 일에 관해서 묻 고, 주의 깊게 그들의 견해에 귀를 기울이고, 그 뒤에 자 신의 방식에 따라서 스스로 결정을 내려야 합니다. 나 아가서 군주는 그의 조언자들의 말이 솔직하면 할수록 더욱더 그들의 말이 잘 받아들여진다고 믿게끔 처신해 야 합니다. 군주는 그가 선임한 사람을 제외하고는 다 른 누구의 말에도 귀를 기울여서는 안 되고, 그의 목표 를 확고하게 추구하며, 그가 내린 결정에 관해서 동요 해서는 안 됩니다. 이처럼 처신하지 않는 군주는 아첨꾼 들 사이에서 몰락하거나 아니면 그에게 주어지는 상반 된 조언 때문에 결정을 자주 바꾸게 됩니다. 그 결과 그 는 존경을 받지 못하게 됩니다.

저는 이에 관한 최근의 사례를 들겠습니다. 현재의 막 시밀리안 황제의 조언자인 루카 신부[2]는 황제가 어느 누구와도 상의하지 않지만 그렇다고 자신이 정말 원하 는 대로 행동한 적도 결코 없다고 말한 적이 있습니다. 이러한 사태는 제가 앞에서 권고한 것과 반대로 황제가 행동한 데에서 비롯된 결과입니다. 황제는 항상 비밀에 싸인 인물로서, 어느 누구에게도 그가 어떤 계획을 가지 고 있는지를 알려주지도 않으며, 조언을 구하지도 않습 니다. 그러나 그가 자신의 계획을 수행함에 따라서, 궁

막시밀리안
황제는 조언을
구하지 않는다

---

2) Luca Rinaldi를 말한다. 마키아벨리는 1507년에서 1508년 사이에 티롤 지방에 있는 막시밀 리안 황제의 궁정으로 파견되었는데, 그때(1508년) 그를 만나게 된다.

정 사람들은 그것에 관해서 알게 되고, 그제서야 달리 행동하라고 조언하기 시작합니다. 그렇게 되면 황제는 성격이 단호하지 않기 때문에, 설득을 당하게 되어 자신의 계획을 포기하기도 합니다. 바로 이러한 이유로 어느 날 그가 명령한 것이 다음 날 취소되고, 그가 원하거나 하고자 하는 바가 무엇인지 누구도 결코 알지 못하게 되어 어느 누구도 그의 결정을 신뢰할 수 없게 됩니다.

현명한 군주는<br>조언을 구한다

따라서 군주는 항상 조언을 들어야 하지만, 남이 원할 때가 아니라, 자신이 원할 때 들어야 합니다. 오히려 요구하지 않았는데도 누군가가 조언을 하려고 하면, 저지해야 합니다. 그렇지만 그는 정보와 의견을 구하고 자신이 제기한 사안에 관한 솔직한 견해에 참을성 있게 귀를 기울이는 자세가 되어 있어야 합니다. 반면에 누군가가 무슨 이유에서건 침묵을 지킨다는 사실을 알게 되면, 그는 노여움을 표시해야 합니다.

현명한 군주만이<br>현명한 방책을<br>취한다

많은 사람들이, 군주가 현명하다는 평판을 듣는 것은 군주가 현명하기 때문이 아니라 단지 그의 조언자들이 훌륭한 성품을 가지고 있기 때문이라는 견해를 피력하지만, 이는 분명히 잘못된 견해입니다. 왜냐하면 현명하지 못한 군주가 적절한 조언을 받지 못할 것이라는 점은 불을 보듯이 뻔하기 때문입니다. 굳이 예외가 있다면 매우 신중하게 매사를 처리하는 조언자에게 군주가 우연히 자신을 전적으로 내맡긴 경우인데, 그 경우 그는 확실히 적절한 조언을 받기는 하겠지만, 그러한 조언자는 쉽게 그의 국가를 탈취할 수 있기 때문에, 그의 권력은 오래 지속되지 못할 것입니다. 그러나 현명하지 못한 군주가 여러 사람들로부터 조언을 받게 되면, 그는 항상 상충하는 조언들을 듣게 될 뿐만 아니라, 그런 다양한 조언들을 스스로 조정할 줄도 모를 것입니다. 왜냐하면 그의 조언자들은 모두 자신들의 이해관계를 항상 우선시할 것이기 때문입니다. 그는 이러한 현상을 이해하지도 못할 것이고, 바로잡을 수도 없을 것입니다. 그리고 인간이란 어떤 필연에 의해서 선한 행동을 강요받지 않는 한, 군주에게 악행을 저지르기 때문에, 이러한 결과는 불가피합니다. 따라서 좋은 조언이란, 어느 누구가 하든 상관없이, 근본적으로 군주의 지혜에서 비롯되는 것이며, 군주의 지혜가 적절한 조언에서 비롯될 수는 없다고 결론을 내리겠습니다.

제24장
# 어떻게 해서 이탈리아의 군주들은 나라를 잃게 되었는가

**신생 군주의 이점**　　만약 위에서 언급한 조치들[1]을 능숙하게 시행한다면, 이러한 조치들에 의해서 신생 군주는 매우 확고하게 보일 것이며, 그가 세습 군주였을 때보다 단시일 내에 그의 권력은 더욱 견고하고 안정될 것입니다. 신생 군주의 활동은 세습 군주의 활동보다 훨씬 더 많은 주목을 받게 마련입니다. 만약 그의 활동이 역량 있는 사람의 활동이라고 생각되면, 사람들은 유구한 혈통의 군주보다 훨씬 더 깊은 감명을 받고 그에게 훨씬 더 큰 애착을 느낄 것입니다. 왜냐하면 인간이란 과거의 일보다는 현재의 일에 훨씬 더 많은 관심을 두게 마련인데, 만약 그들이 현재 자신들의 일이 잘 풀려가고 있다고 생각하면, 그들은 만족하게 되고 변화를 구하지 않을 것이기 때문입니다. 기실 그들은 신생 군주가 다른 면에서 과오를 범하지 않는 한, 그를 지켜주려고 가능한 모든 일을 하려고 할 것입니다. 그리하여 그는 이중의 영광을 누리게 될 것입니다. 왜냐하면 그는 첫째, 새로운 군주국을 창건했고, 둘째, 훌륭한 법, 강력한 군대

---

1) 이전의 모든 장들을 말하는데, 특히 제21-23장을 가리키는 것 같다.

그리고 모범적인 행동을 통해서 그 나라를 잘 정비하고 강화했기 때문입니다. 그러나 나라를 물려받았지만, 현명하지 못해서 나라를 잃게 된 군주는 이중의 수모를 겪게 됩니다.

나폴리 왕,[2] 밀라노 공작[3] 등과 같이 근래에 권력을 잃은 이탈리아의 군주들을 살펴보면, 이미 장황하게 논의한 것처럼,[4] 첫째, 그들이 모두 군사적으로 취약했다는 것을 발견하게 됩니다. 둘째, 이 나라들 중 일부에서는 인민들이 군주에게 적대적이었기 때문에, 그리고 다른 나라들에서는 비록 인민들은 호의적이었지만 귀족들이 적대적으로 되었기 때문에, 군주는 자신의 지위를 유지할 수 없었습니다. 왜냐하면 이러한 결함이 없다면, 군사력을 유지할 능력이 있는 군주는 나라를 잃지 않기 때문입니다. 마케도니아의 필리포스 왕(알렉산드로스 대왕의 아버지가 아니라 티투스 퀸크티우스에게 패배한 인물)[5]은 그를 공격한 로마와 그리스의 힘에 비해 그 권력과 영토가 보잘 것 없었습니다. 그럼에도 불구하고 그는 진정한 전사였으며 인민들의 환심을 사고 귀족들로부터 자신의 안전을 지키는 방법을 알고 있었기 때문에, 그 나라들에 대한 전쟁을 오랫동안 수행할 수 있었습니다. 왕은 결국 자신이 다스리던 몇몇 도시들을 잃기는 했지만, 여전히 자신의 왕국을 유지할 수 있었습니다.

현명한 지배자들은 인민의 지지를 확보하고 자신의 군대를 유지한다

---

2) 아라곤의 왕 프레데리코 1세. 나폴리 왕(1496-1504 재위)를 겸하기도 했다.
3) 무어인(il Moro)으로 불리던 Ludovico Sforza.
4) 제13장과 14장을 보라.
5) 마케도니아의 왕 Philippos 5세. 그는 기원전 197년에 키노세팔라이 전투에서 패배했다. 「로마사 논고」, 제2권 제4장 ; 제3권 제10장.

**군주는 자신의 역량에 의존해야 한다**

따라서 자신들이 오랫동안 다스리던 국가들을 잃게 된 우리 시대의 군주들은 운명을 탓할 것이 아니라 자신의 무능함을 탓해야 할 것입니다.[6] 왜냐하면 평화의 시대에 그들은 사태가 변할 것이라고는 결코 생각하지 않았기 때문입니다(날씨가 좋을 때 폭풍을 예상하지 않는 것은 인간의 공통된 약점입니다). 그러다가 상황이 바뀌어 역경에 처하면, 그들은 방어할 생각은 하지 않고 오직 도망갈 궁리만 했습니다. 그리고 그들은 정복자의 오만무례한 횡포에 분노한 인민이 그들에게 권력을 되찾아주리라고 희망했습니다.[7] 이 책략은 다른 모든 책략이 가능하지 않을 때에는 온당할 수 있지만, 다른 해결책들을 등한시하고 이 책략에만 기대는 것은 가당치 않습니다. 사람은 누군가가 자기를 일으켜 세워줄 것이라고 기대하고 넘어져서는 안 됩니다. 그러한 일이 일어나건 일어나지 않건 이러한 책략은 당신의 안전을 도모해주지 못합니다. 게다가 그러한 방어책은 당신의 능력 밖에 있는 것에 의존하기 때문에, 취약하고 비겁한 것입니다. 당신의 주도하에 있고 당신의 역량에 기초한 방어책만이 효과적이고 확실하며 영구적입니다.

---

6) 「전술론」, 제7권 말미에 나오는 이탈리아 지배자들의 습성에 대한 마키아벨리의 신랄한 비판을 보라.

7) 마키아벨리는 금방 언급된 나폴리와 밀라노 지배자들, 특히 Ludovico Sforza를 가리키고 있다.

# 제25장

## 운명은 인간사에 얼마나 많은 힘을 행사하는가, 그리고 인간은 어떻게 운명에 대처해야 하는가

저는 본래 세상일이란 운명과 신[1]에 의해서 다스려지기 때문에 많은 사람들이 인간의 신중함으로써는 이를 통제할 수 없다고 생각해왔고, 여전히 그렇게 생각한다는 점을 잘 알고 있습니다. 게다가 사람들은 그런 사태에 대해서 인간이 어떠한 해결책도 강구할 수 없다고 생각합니다. 그렇기 때문에 매사에 땀을 흘리며 애써 노력해보았자 소용이 없으며, 운명이 지배하도록 내버려두는 것이 더 낫다고 결론지을 수 있습니다. 이러한 견해는 지금까지[2] 일어났던 그리고 매일 일어나는 인간의 예측을 넘어선 대격변 때문에 우리 시대에 더욱더 설득력을 얻어가고 있습니다. 이 문제에 관해서 생각할 때, 저자신도 간혹 어느 정도까지는 이 의견에 공감합니다. 그럼에도 불구하고 인간의 자유의지를 박탈하지 않기 위해서 저는 운명이란 우리의 행동에 대해서 반만 주재

운명은 우리의
행동의 반 이상을
통제한다

---

1) 신(e da Dio)이라는 단어는 초기의 Charlecote 원고에는 나타나지 않는데, 아마도 마키아벨리가 죽은 후 책이 1532년에 출판되었을 때 삽입된 것으로 추정된다. J. H. Whitfield (*Discourses on Machiavelli*, p.222)가 지적했듯이, 이 장의 다른 곳에서도 '신'을 언급한 적은 없다.
2) 샤를 8세의 이탈리아의 침입이 시작된 1494년 이래를 말한다.

할 뿐이며 대략 나머지 반은 우리의 통제에 맡겨져 있다는 생각이 진실이라고 판단합니다.[3]

**운명의 범람은 통제될 수 있다**

저는 운명의 여신을 험난한 강[4]에 비유합니다. 이 강은 노하면 평야를 덮치고, 나무나 집을 파괴하며, 이쪽 땅을 들어 저쪽으로 옮겨놓기도 합니다. 모든 사람들이 그 격류 앞에서는 도망가며, 어떤 방법으로도 제지하지 못하고 굴복하고 맙니다. 그렇다고 해서 평온한 시기에 인간이 제방과 둑을 쌓아 예방조치를 취함으로써, 나중에 강물이 불더라도 수로로 물줄기를 돌려 제방을 넘어오지 못하게 하거나, 아니면 제방을 넘어왔을 때 그 힘을 통제할 수 없다거나 덜 피해가 가도록 할 수 없다는 것을 의미하는 것은 아닙니다.

운명도 이와 마찬가지입니다. 운명은 자신에게 대항하기 위해서 아무런 역량이 갖추어져 있지 않은 곳에서 그 위력을 떨치며, 자신을 제지하기 위한 아무런 제방이나 둑이 마련되어 있지 않은 곳을 덮칩니다. 그리고 만약 당신이 이러한 격변의 근원이자 무대인 이탈리아를 살펴보면,[5] 당신은 이 나라가 바로 제방이나 둑이 없는 들판인 것을 알 수 있습니다. 만약 이 나라가 독일, 스페인, 프랑스처럼 적절한 역량에 의해서 제방을 쌓았더라면, 홍수가 그렇게 커다란 격변을 초래하지 않았거나, 아니면 아예 홍수가 일어나지도 않았을 것입니다.

---

3) 운명(fortuna)의 힘은 어느 나라에 얼마나 많은 역량(virtú)이 잘 갖추어져 있느냐에 따라 다르다. 독일, 스페인, 프랑스는 이 점에서 대책이 잘 마련되어 있었던 반면, 이탈리아는 그렇지 못했다.
4) 산골짜기에 흐르는 격류를 말한다.
5) 마키아벨리는 샤를 8세의 개입을 조장했던 루도비코 스포르차의 야심에 찬 행동(「피렌체사」, VIII, 36을 보라)을 그리고 알렉산데르 6세와 율리우스 2세의 행동을 암시한다.

대체로 이 정도면 일반적인 차원에서 운명에 대처하는 일에 관해서 충분히 말한 셈입니다.

이 문제를 좀더 구체적으로 살펴보면, 어떤 군주가 성격이나 능력은 전혀 변하지 않았음에도 불구하고, 오늘은 흥했다가 내일은 망하는 모습을 목격하게 됩니다. 저는 이러한 변화가 우선 이미 상세하게 논한 원인,[6] 즉 전적으로 운명에 의존한 군주가 그 운명이 변할 때 몰락하게 되는 데에서 기인한다고 믿습니다. 게다가 저는 군주의 대처방식이 시대와 상황에 적합할 때 성공하고, 그렇지 못할 때 실패하게 된다고 믿습니다. 인간은 자신이 추구하는 목표, 곧 영광과 부에 대해서 상이한 방법으로 접근합니다. 한 사람은 신중하게 다른 한 사람은 과감하게, 한 사람은 난폭하게 다른 한 사람은 교활하게, 한 사람은 참을성 있게 다른 한 사람은 그 반대로 나아갑니다. 그리고 이처럼 각각의 상이한 행동방식은 효과적일 수 있습니다. 반면에 신중한 두 사람이지만, 한 사람은 자신의 목표를 달성하고 다른 한 사람은 실패합니다. 또한 상이한 두 사람 가운데 한 사람은 신중하게 다른 한 사람은 과감하게 행동하는데, 모두 성공하기도 합니다.

이러한 상이한 결과가 발생하는 이유는 그들의 행동양식이 그들이 행동하는 상황에 부합하는가에서 찾을 수 있습니다. 결과적으로 제가 말한 것처럼, 상이하게 행동하는 두 사람은 동일한 결과를 성취할 수 있습니다. 그리고 두 사람이 똑같은 방법으로 행동했지만,

자신의 행동을 시대에 잘 적응시키는 사람들은 행운을 누린다

---

6) 168-169면을 보라.

한 사람은 성공하고 다른 한 사람은 실패할 수 있습니다. 이로부터 흥망성쇠가 거듭됩니다. 어떤 사람이 신중하고 참을성 있게 행동하고 시대와 상황이 그의 처신에 적합한 방향으로 변화하면, 그는 성공할 것입니다. 그러나 시대와 상황이 다시 변화하면, 그는 자신의 방식을 변화시키지 않았기 때문에 실패할 것입니다. 그리고 충분히 이런 변화에 맞추어 유연하게 행동하는 방법을 알 만큼 지혜로운 사람을 발견하는 것은 어렵습니다. 우리의 타고난 기질이 그러한 변화를 용납하지 않거나, 아니면 일정한 방법으로 행동함으로써 항상 성공을 거두었기 때문에 우리의 방법을 변화시키는 것이 좋다고 생각하지 않기 때문입니다. 따라서 신중한 사람이 신속하게 행동해야 하는 상황에 처하게 되면, 그는 어떻게 행동해야 할지 알지를 못할 것이고, 이로 인해서 실패합니다. 그러나 만약 그가 시대와 상황에 알맞게 자신의 성격을 변화시킬 수 있다면 운명은 변화하지 않을 것입니다.

**운명은 교황 율리우스 2세를 선호했다**

교황 율리우스 2세는 항상 과감하게 모든 일을 처리했는데, 일처리 방식이 시대와 상황에 적절하게 알맞았기 때문에 항상 성공할 수 있었습니다. 조반니 벤티볼리오가 아직 살아 있을 때, 율리우스가 볼로냐에 대해서 감행했던 첫 원정[7]을 생각해봅시다. 베네치아인들은 그 계획에 반대했고, 스페인 왕[8] 역시 반대했습니다. 그 작전에 관해서 율리우스는 프랑스 왕[9]과 아직 협상을 하

7) 1506년. 「로마사 논고」, 제1권 제27장을 보라.
8) 아라곤 왕 페르난도 2세.
9) 루이 12세.

는 중이었습니다. 그렇다고 하더라도 그 특유의 기개와 과감성을 과시하면서 교황은 친히 그 원정을 지휘했습니다. 이러한 진격은 스페인 왕과 베네치아인들의 허를 찔렀고 이로써 그들은 아무런 대책을 마련하지 못한 채 수동적인 방관자가 될 수밖에 없었습니다. 후자는 두려워서, 전자는 나폴리 왕국[10] 전체를 재탈환하고 싶은 욕망으로 인해서 수수방관했던 것입니다.

한편 교황 율리우스는 프랑스 왕을 끌어들였습니다. 프랑스 왕은 베네치아의 영향력을 축소시키려고 교황과의 친선관계를 확립하고 싶어 하던 참인데, 교황이 이미 작전을 개시한 이상 공공연하게 교황의 감정을 거스르지 않고서는 군대 파견을 거부할 수 없다고 판단했습니다. 이와 같은 신속한 진격으로 율리우스는 사려 깊은 어떤 다른 교황도 불가능했던 업적을 성취했습니다. 그가 만약, 다른 교황이 그렇게 할 법했던 것처럼, 모든 조건을 합의하고 해결한 후에 비로소 로마를 떠나려고 했더라면, 결코 성공하지 못했을 것입니다. 왜냐하면 프랑스 왕은 군대 파견을 거절할 수 있는 수많은 핑계를 어떻게 해서든지 꾸며댈 수 있었을 것이고, 다른 나라들은 교황이 두려움을 느끼고 신중하게 처신할 수밖에 없는 수많은 이유를 내놓았을 것이기 때문입니다.

저는 교황의 이와 비슷한 다른 행동을 여기에서 자세히 논하지는 않겠지만, 그의 모든 행동들은 비슷했으며, 그에게 좋은 결과를 가져다주었습니다. 생애가 짧았기 때문에[11] 그는 실패를 맛보지 않았습니다. 그러나

---

10) 31면 참조.
11) 정확하게는 1503-13년의 재위기간을 말한다.

신중한 행동이 요구되는 상황에 처했더라면, 그는 몰락했을 것입니다. 그는 결코 자신의 타고난 성질과는 다른 행동을 못했을 것이기 때문입니다.

**운명은 대담한 자들과 벗한다**

따라서 저는 운명은 가변적인데 인간은 유연성을 결여하고 자신의 방식을 고집하기 때문에, 인간의 처신방법이 운명과 조화를 이루면 성공해서 행복하게 되고, 그렇지 못하면 실패해서 불행하게 된다고 결론짓겠습니다. 하지만 저는 신중한 것보다는 과감한 것[12]이 더 좋다고 분명히 생각합니다. 왜냐하면 운명은 여성이고 만약 당신이 그 여성을 손아귀에 넣고 싶어 한다면, 그녀를 거칠게 다루는 것이 필요하기 때문입니다. 그리고 그녀가 냉정하고 계산적인 사람보다는 과단성 있게 행동하는 사람들에게 더욱 매력을 느낀다는 것은 명백합니다. 운명은 여성이므로 그녀는 항상 청년들에게 이끌립니다.[13] 왜냐하면 청년들은 덜 신중하고, 보다 공격적이며, 그녀를 더욱 대담하게 다루고 제어하기 때문입니다.

---

12) 율리우스가 그랬던 것과 같은 방식을 말한다.
13) 운명이 젊은 청년의 친구라는 생각은 마키아벨리의 희곡 *Clizia*, IV, 1에도 표현되어 있다.

# 제26장
# 야만족의 지배로부터 이탈리아의 해방을 위한 호소

지금까지 논의한 모든 것들을 고려하면서 저는 현재 이탈리아의 상황이 새로운 군주에게 영광을 가져다줄 만큼 무르익었는가, 그리고 여기에서 발견되는 질료(materia, matter)가 신중하고 역량 있는 군주에게는 영광을, 그리고 모든 인민에게는 행복을 가져다줄 수 있는 형태로 빚어질 기회를 과연 확실히 보장하고 있는가라는 문제에 대해서 곰곰이 생각해봅니다. 제게는 너무나 많은 요소들이 서로 결합하여 새로운 군주에게 상서로운 기회를 제공하는 것처럼, 곧 제가 아는 한, 과거에 이보다 더 적절한 시기가 결코 없었던 것처럼 보입니다.

제가 이미 주장한 것처럼,[1] 모세의 출중한 역량을 보여주기 위해서 이스라엘 민족은 이집트에 예속되어야 했고, 키로스의 위대한 정신이 드러나기 위해서 페르시아인들은 메디아인들에게 억눌려 있어야 했으며, 테세우스의 탁월함을 과시하기 위해서 아테네인들은 지리멸렬한 상태에 있어야 했습니다. 마찬가지로 한 출중한 이탈리아인의 역량이 드러나기 위해서, 이탈리아는 현재처

> 이탈리아는
> 자신을 통일시키고
> 구출할 영웅을
> 맞이할 준비가
> 되어 있다

---

1) 45면을 보라.

럼 절망적인 상황에 봉착해야 했습니다. 이탈리아인들은 이스라엘인들보다 더 예속되어 있고, 페르시아인들보다 더 억압받고 있으며, 아테네인들보다 더 지리멸렬해 있는 데다가 인정받는 지도자도 없고, 질서나 안정도 없으며, 짓밟히고, 약탈당하고, 갈기갈기 찢기고, 유린당하여, 한마디로 완전히 황폐한 상황에 있습니다.

**누가 지도자가 될 것인가?**

그런데 최근에는 한 줄기 빛이 한 인물[2]을 통해서 나타나기도 했으며, 사람들은 그가 이탈리아의 속죄와 구원을 성취하기 위해서 신이 선택한 인물이 아닌가 하고 생각하게 되었습니다. 그러나 그는 생애의 절정에서 운명에 의해서 일격을 당하고 쓰러져버렸습니다. 그리고 나서 거의 활기를 잃은 이탈리아는 자신의 상처를 치유하고, 롬바르디아에서 자행되는 약탈 및 나폴리 왕국과 토스카나 왕국에서 일어나는 수탈에 종지부를 찍고, 그토록 오랫동안 당한 고통을 치유해줄 수 있는 누군가를 애타게 기다리고 있습니다. 지금 신에게 외세의 잔혹하고 오만한 지배로부터 자신을 구원해줄 수 있는 누군가를 보내달라고 이탈리아가 얼마나 간절히 기도하고 있는가를 살펴보십시오. 또한 깃발을 드는 자가 나타나기만 한다면, 이탈리아가 얼마나 기꺼이 그 뒤를 따라 나설 만반의 준비가 되어 있는가를 살펴보십시오.

**이탈리아를 통일하기 위해서 신에게 선택된 메디치 가문**

이탈리아가 이제 희망을 걸 만한 대상은 오직 영광스러운 전하의 가문뿐입니다. 전하의 가문이야말로 행운과 역량을 갖추고 있으며 신과 (전하의 가문이 우두머리로 있는) 교회[3]의 가호를 받고 있기 때문에 나라를 구

---

2) 체사레 보르자를 지칭하는 듯하다.
3) Giovanni de' Medici는 1513년에 교황 Leo 10세가 되었다.

원하는 데에 앞장 설 수 있습니다. 만약 전하께서 앞에서 언급한 위인들[4]의 행적과 생애를 명심한다면, 그 일이 그렇게 어렵지는 않다는 점을 알게 될 것입니다. 비록 그 사람들은 예외적이고 탄복할 만한 인물들이었지만, 그들 역시 인간이었으며, 그들 모두는 지금처럼 유리한 기회를 가지지 못했습니다. 왜냐하면 그들의 과업이 이보다 더 정의롭거나, 더 용이하거나, 신의 가호를 더 받은 것은 아니었기 때문입니다. 이것은 정말 위대한 정의입니다. "불가피하게 수행하는 전쟁은 정의로운 전쟁이며, 무력에 호소하는 것 이외에는 아무런 희망이 없을 때, 무력 또한 신성한 것입니다."[5] 실로 이제 전하께서는 놓칠 수 없는 좋은 기회를 맞이하고 있으며, 좋은 기회를 맞이했을 때, 전하의 가문이 제가 모범으로서 제시한 위인들의 방식을 따르기만 한다면, 커다란 위험이란 있을 수 없을 것입니다. 게다가 전례가 없는 사건들, 신이 전하에게 보내는 영험한 징조들이 나타나고 있습니다. 즉 바다는 갈라지고, 구름이 길을 지시하며, 물이 바위에서 솟아나오고, 하늘에서 만나(manna)[6]가 내리는 등[7] 모든 것이 전하께서 성취할 미래의 위대함을 예시(豫示)하고 있습니다. 그러나 신은 우리 몫의 자유의지와 영광을 박탈하지 않기 위해서 모든 것을 스스로 다 하기를 원하지 않기 때문에, 전하 역시 자기 몫의 역할을 해야 합니다.

---

4) 모세, 키로스, 테세우스.
5) *Livius*, IX, 1.
6) 옛날 이스라엘 사람들이 광야를 헤맬 당시에 신이 내려준 음식을 말한다(「출애굽기」, XVI : 14-36).
7) 이 모든 비유는 이스라엘인들이 이집트에서 약속의 땅으로 가던 여행을 상기시킨다.

앞에서 언급한 이탈리아인들[8] 중 어느 누구도 영광스러운 전하의 가문이 성취할 것으로 기대되는 바를 성취할 수 없었다든지, 이탈리아에서 일어났던 모든 격변이나 전투에서 이탈리아인들의 군사적 용맹(virtú)이 더 이상 존재하지 않는 것처럼 보인다든지 하는 것은 놀라운 일이 아닙니다.

그 이유는 우리의 옛 제도가 부실한 데다가 어느 누구도 새로운 제도를 고안하는 법을 알지 못했기 때문입니다. 새로운 군주에게 새로운 법과 제도를 창안하는 것처럼 커다란 명예를 가져다주는 일은 없습니다. 그러한 제도들이 견고하게 마련되어 위업을 성취하는 데에 기여하게 되면, 군주는 존경과 칭송을 받습니다. 그리고 이탈리아에는 어떤 형상으로든 빚어낼 수 있는 좋은 질료가 결코 부족하지 않습니다.

이곳에서 (몸의 사지인/역자) 개개인들에게는 탁월한 역량이 잠재해 있는데, (머리인/역자) 지도자들은 이러한 역량을 가지고 있지 못합니다. 결투나 적은 수의 사람들이 싸울 때,[9] 이탈리아인들의 힘, 능력 및 재주가 얼마나 탁월한가를 보십시오. 그러나 일단 군대라는 형태로 싸우는 일에서는 결코 두각을 나타내지 못합니다. 이 모든 것은 지도자의 유약함에서 비롯됩니다. 유능한 사람에게는 추종자가 없고, 모든 사람들은 자신이 제일 잘났다고 생각합니다. 이제까지 어느 누구도 다른 지도자들로 하여금 우월성을 인정하게 할 정도로 자신

---

8) 예를 들면, 프란체스코 스포르차나 체사레 보르자를 가리킨다.
9) 마키아벨리는 아마도 특히 1503년 아풀리아의 바를레타에서 벌어진 유명한 전투, 곧 13명의 이탈리아 기사들이 13명의 프랑스인들을 패퇴시킨 전투를 염두에 둔 듯하다.

을 부각시키는 데 성공할 만한 충분한 역량이나 행운을
가지지 못했습니다.

그 결과 오랫동안, 곧 지난 20년 동안 싸운 모든 전
쟁에서 오직 이탈리아인 병사들만으로 구성된 군대는
항상 부진을 면치 못했습니다. 처음에는 타로의 전투,
나중에는 알레산드리아, 카푸아, 제노바, 바일라, 볼로
냐 및 메스트리의 전투들[10]이 모두 이 판단의 타당성을
입증합니다.

만약 영광스러운 전하의 가문이 나라를 구출한 위대
한 인물들[11]을 본받고자 한다면, 다른 무엇보다도, 모
든 군사행동의 건전한 기반으로 전하 자신의 사람들로
구성된 군대를 조직하는 것이 급선무입니다.[12] 왜냐하
면 그보다도 더 충성스럽고, 더 믿을 만하며, 또 더 훌
륭한 군대는 없기 때문입니다. 그리고 각 병사들은 개별
적으로도 용감하지만, 자신들의 군주에 의해서 직접 지
휘되고 존중과 후대를 받으면, 한데 뭉쳐 훨씬 더 훌륭
한 전투력을 발휘하게 될 것입니다. 따라서 이탈리아인
들의 용맹(virtú)으로 우리를 외적으로부터 보호하기 위
해서는 전하 자신의 사람들로 구성된 군대를 양성하는
것이 필수적입니다.

비록 스위스와 스페인의 보병은 매우 위협적이라는
평판을 얻었지만, 둘 다 약점을 가지고 있기 때문에, 제

**이탈리아의
지배자들은
충직한 신민들로
구성된 군대가
필요하다**

**새롭고 우월한
전술**

---

10) 마키아벨리는 타로 강의 포르노보 전투(1495), 곧 샤를 8세의 군대가 도망하는 데에 성공
　　하여 무사히 프랑스로 귀환한 전투를 가리킨다. 또한 알렉산드리아는 1499년에 프랑스인들
　　에 의해서 정복되었고, 카푸아는 1501년 프랑스인들에 의해서 약탈당했으며, 제노바는 1507
　　년에 프랑스에 항복했고, 볼로냐는 1511년에 프랑스에 점령되었으며, 메스트리는 1513년에 스
　　페인에 의해서 파괴되었다.
11) 모세, 키로스, 테세우스.
12) 제13장을 보라.

3의 보병 형태로 그들을 능히 대적할 수 있을 뿐만 아니라 격파할 수 있다고 확신합니다. 왜냐하면 스페인 보병은 기병에 약하고, 스위스 보병은 자신들처럼 완강하게 싸우는 보병에는 지레 겁을 집어먹기 때문입니다. 따라서 우리는 스페인 군이 프랑스 기병에게 꼼짝 못하고, 스위스 군이 스페인 보병에게 굴복하고 만다는 것을 이미 경험을 통해 보아왔고 그리고 그것은 앞으로도 그럴 것입니다. 물론 스위스 군의 약점에 관해서는 결정적인 증거가 없지만, 라벤나 전투[13]에서 약간의 징후가 보였습니다. 그 전투에서 스페인 보병은 스위스 군과 같은 전투대형을 취하는 독일군과 싸웠는데, 스페인 보병은 그들의 기민성과 손에 쥔 작은 방패를 활용하여 독일군의 긴 창 밑으로 뚫고 들어가서, 별다른 위험도 겪지 않고 치명적인 타격을 입힐 수 있었습니다. 독일군은 스페인 보병을 격퇴할 수 없었고, 만약 그 기병이 스페인 보병을 향해서 달려들지 않았더라면, 독일군은 모두 몰살당했을 것입니다. 일단 스페인과 스위스 보병의 약점을 포착하게 되면, 기병대를 격퇴하고 보병부대에 위축되지 않는 새로운 보병편제를 조직할 수 있을 것입니다. 그리고 이는 무기를 적절히 혁신하고 전투대형을 바꿈으로써 성취할 수 있을 것입니다. 이와 같은 조치들은 새로운 제도로서 새로운 군주에게 명성과 위대함을 가져다줄 것입니다.

이탈리아 통일을 위한 마지막 권고

이탈리아가 그토록 오랜 시일 동안 고대해온 구세주를 만나기 위해서 이 기회는 무슨 일이 있더라도 결코

---

13) 1512년 4월 11일.

놓칠 수 없습니다. 저는 이 모든 감정을 이루 말로 형언할 수 없습니다. 이들 이방인들의 범람으로 고난을 겪던 이탈리아의 방방곡곡에서 사람들이 얼마나 많은 흠모의 정을 가지고, 얼마나 많은 복수의 열망을 가지고, 얼마나 강건한 믿음을 가지고, 그리고 얼마나 많은 충성심과 눈물을 가지고 구세주를 맞이하겠습니까! 그때 어떤 닫혀진 문이 그의 앞을 가로막겠습니까? 어떤 백성들이 그에게 복종하기를 거부하겠습니까? 어떤 시기심이 그를 막아서겠습니까? 어느 이탈리아인이 그를 따르는 것을 거절하겠습니까? 야만족의 폭정의 냄새가 모든 사람의 코를 찌릅니다. 이제 영광스러운 전하의 가문이 모든 정당한 임무를 수행하는 데에 따르는 기백과 희망을 가지고 이 사명을 떠맡아야 합니다. 그리하여 전하의 깃발 아래에서 우리의 조국은 숭고해질 것이며, 전하의 지도 아래에서 페트라르카의 시구가 현실로 실현될 수 있을 것입니다 :

> 용맹(virtú)은 광포한 공격에 대항하여
> 무기를 들 것이다.
> 전투는 짧을 것이니.
> 이탈리아인의 가슴에 조상들의 용맹이
> 아직 살아 있기 때문이다.[14]

---

14) Petrarca, *Italia mia(Al signori d'Italia)*, verses 93−96.

# 부록 1 「군주론」과 관련된 서한들

## 1. 니콜로 마키아벨리가 당시 교황청 대사로 주재하던 프란체스코 베토리에게 보낸 편지(1513년 12월 10일)

이 편지는 베토리가 자신의 로마 생활을 서술한 1513년 11월 23일자 편지에 대한 답신으로 쓰여졌다. 마키아벨리는 이 편지에서 자신의 소유지에서 아침에는 일을 감독하고, 단테, 페트라르카, 티불루스 및 오비디우스와 같은 시인들의 시를 읽으면서 시간을 보내고, 오후에는 가까운 주막에서 술을 마시고 카드 놀이를 하면서 소일하며, 저녁에는 저작에 몰두하는 자신의 생활을 서술하고 있다.

저녁에는 집에 돌아와서 서재에 들어갑니다. 들어가기 전에 저는 하루 종일 입었던 진흙과 먼지가 묻은 옷을 벗고 궁정에서 입는 옷으로 정장을 합니다. 그렇게 적절하게 단장한 후 옛 선조들의 궁정에 들어가면 그들은 저를 반깁니다. 그리고 거기에서 저만의, 그 때문에 제가 태어난 음식을 먹습니다. 저는 그들과 이야기하는 것을 주저하지 않으며, 그들의 행적에 대해서 궁금한 것이 있으면 그 이유를 캐묻습니다. 그들은 친절하게 답변을 합니다. 네 시간 동안 거의 지루함을 느끼지 않으며, 모든 근심과 가난의 두려움을 잊습니다. 죽음도 더 이상 저를 두렵게 하지 않습니다. 저 자신을 완전히 선조들에게 맡깁니다.

우리가 읽은 것을 기록해놓지 않으면 지식이란 있을 수 없다고 단테[1]가 말했기 때문에, 저는 그들과의 대화를 통해서 얻은 성과를 기록해서

---

1) Dante, *Paradiso*, V, 41-42.

「군주국에 관하여(*De Principatibus*)」라는 소책자를 썼습니다. 그 책에서 저는 가능한 한 깊이 이 주제를 탐구했는데, 군주국이란 무엇이고, 어떤 유형들이 있으며, 어떻게 군주국을 획득하고 유지할 수 있는가 그리고 왜 잃게 되는가의 문제를 논했습니다. 그리고 제가 쓴 글들 중에서 감히 당신을 기쁘게 할 수 있는 것이 있다면, 이 글은 당신의 구미에 맞을 것임이 분명합니다. 더욱이 이 책은 군주들이, 특히 신생 군주들이 환영할 것입니다. 따라서 저는 그 책을 위대한 줄리아노 전하[2]께 바치려고 합니다. 필리포 카사베키아도 그 책을 보았는데, 비록 제가 그 책을 아직도 수정하며 보태고 있지만, 그 책 자체와 그 책에 관해서 저와 논의한 바를 당신에게 말할 것입니다.

존경하는 대사님, 당신은 제가 이러한 생활을 청산하고 당신과 더불어 공직생활에 참여하기를 원합니다. 저도 분명히 장차 그런 생활을 하려고 하지만, 지금 당장은 할 일이 있습니다. 한 여섯 주일이 지나면 그 일이 해결될 것입니다. 저를 망설이게 하는 것은 소데리니 형제[3]도 거기 있다는 사실입니다. 제가 거기 가면 저는 의당 그들을 방문해야 하고 이야기를 나누어야 합니다. 돌아오는 길에 저는 집에 돌아오지 못하고 바르젤로[4]의 감옥에 투옥되지 않을까 두렵습니다. 왜냐하면 비록 이 정권이 매우 견고한 기반을 구축하고 안정되어 있지만, 아직도 새 정권이라 의심이 많기 때문입니다. 게다가, 거기에는 (파골로 베르티니처럼) 잘난 체하는 사람들이 많이 있는데, 그들은 영리한 체하느라고 저를 골탕먹일지도 모릅니다.[5] 당신이 이러한 두려움을 완화시켜줄 수 있기를 희망합니다. 그

---

2) 1516년 3월 17일에 죽은 Giuliano de' Medici를 말한다. 아마도 그가 죽은 후에 마키아벨리는 그 책을 Lorenzo di Piero de' Medici에게 헌정한 것 같다.
3) 마키아벨리가 봉직했던 피렌체 공화정의 우두머리였던 Piero Soderini는 1513년 초 이래 로마에 살고 있다. 1513년 이래 Volterra의 주교이자 그의 형제인 Francesco 역시 로마에 살았다.
4) Bargiello : 피렌체의 재판소가 있는 곳이다.
5) Pagolo Bertini는 분명히 로마에 살고 있었다. 그는 메디치 가문의 열렬한 추종자이거나

러면 저는 이미 말한 시기에 분명히 당신을 찾아볼 수 있을 것입니다.

저는 저의 이 작은 책에 관해서 필리포[6]와 상의했으며 이 책을 헌정[7]하는 것이 좋은 생각인지 그리고 몸소 직접 바치는 것이 좋은지 아니면 사람을 통해서 대신 보내는 것이 좋은지에 관해서 논의했습니다. 바치는 것을 꺼리는 이유 중의 하나는 줄리아노가 읽지 않을지도 모르며, 그러면 아르딩헬리[8]가 저의 이 최근의 노작에 대한 공을 가로채지 않을까 두렵기 때문입니다. 이 책을 바치고자 하는 이유는 제가 곤궁한 처지에 봉착해 있기 때문입니다. 저는 어려운 처지에 놓여 있으며, 현재의 상황이 오래 지속되면 빈궁함으로 인해서 경멸을 받게 될 처지에 놓이게 될 것입니다.[9] 또한 저는 메디치 군주들이, 비록 저에게 돌을 굴리는 일부터 시작하라고 해도,[10] 저를 채용했으면 하고 바랍니다. 그리고 나서도 제가 그들의 신임을 받지 못하면 저 자신을 탓할 수밖에 없습니다. 이 작품은, 만약 그들이 읽기만 한다면, 제가 국가 통치술(arte dello stato)에 관해서 연구한 지난 15년을 허송세월하지 않았다는 점을 보여줄 것입니다. 그리고 누구든지 타인의 경험을 통해서 얻은 매우 해박한 지식을 가진 사람에 의해서 봉사 받는 것을 원하는 것은 당연합니다. 더욱이, 저라는 사람은 항상 진솔했고 이제 와서 못 믿을 사람이 될 수 없기 때문에, 저의 진솔함에 추호도 의심을 품어서는 안 될 것입니다. 왜냐하면 저처럼 43년 동안이나[11] 진솔했고 무사공평했던 사람이라면 자신의 성격을 고칠 수 없기 때문입니다. 그리고 바로 저의 가난함이 저의 진솔함과 무사공평함

---

정탐꾼이었을 수도 있지만, 어쩌면 단순히 경박한 사람이었을 수도 있다. 이 문장은 매우 모호하다.

6) Filippo Casavecchia.

7) 줄리아노 데 메디치에게 헌정하는 것에 대해서 말하고 있다.

8) Pietro Ardinghelli.

9) 빈궁과 경멸에 대한 마키아벨리의 언급으로는 112, 115면을 보라.

10) 그에게 사소한 임무를 맡기는 것을 말한다. 이 구절은 Dante, *Inferno*, VII, 27에서 언급되는 쉴 새 없는 노고에 대한 암시인 듯하다.

11) 사실상 그는 당시 44세였다.

을 보증할 것입니다. 이 문제[12]에 관한 귀하의 견해를 피력하는 답신을 보내주시면 매우 고맙겠습니다. 잘 부탁합니다. 번영을 빌며.

1513년 12월 10일

피렌체에서

니콜로 마키아벨리

---

12) 그의 책을 줄리아노 데 메디치에게 헌정할 것인지 하는 문제를 말한다.

## 2. 프란체스코 베토리가 니콜로 마키아벨리에게 보낸 편지(1514년 1월 18일)

이 편지에서 베토리는 자신의 다양한 연애담을 장황하게 늘어놓다가 편지 말미에서 마키아벨리의 책을 언급한다.

저는 당신이 쓴 저작의 본문들을 읽어보았는데, 매우 마음에 듭니다. 그러나 나머지 부분[1]을 볼 때까지는 확정적인 판단[2]을 내리고 싶지 않습니다.

---

1) 이 구절은 책에 대한 마키아벨리의 수정이 완료되지 않았고 그가 베토리에게 보낸 것은 단지 수정이 완료된 부분들만을 보냈다는 것을 함축하는 듯하다. 하지만 Frederico Chabod는 *Scritti su Machiavelli*(Turin, 1964), 144면에서 마키아벨리가 완성된 원고를 옮겨 적는 작업을 완료하지는 않았을 것이라고 주장했다. 왜냐하면 줄리아노 데 메디치에게 헌정하기 위해서는 복사본이 필요했기 때문이라는 것이다.
2) 이것은 아마도 완성된 저작의 질에 대한 판단이거나 아니면 줄리아노에게 헌정하는 것이 적절한지에 대한 판단을 의미하는 것 같다(후자의 가능성이 높다).

## 3. 니콜로 마키아벨리가 조반 바티스타 소데리니에게 쓴 편지 (1506년 9월 15일경으로 추정)

이 중요한 서신은 피에로 소데리니가 권좌에서 물러난 지 얼마 안 된 1512년 11월 아니면 12월경쯤 그에게 보낸 것으로 오랫동안 생각되어왔다. 그러나 최근의 연구 결과 이 편지는 당시 18세이던 피에로의 조카인 조반 바티스타 소데리니가 마키아벨리에게 보낸 짧은 편지(1506년 9월 12일자)에 대해서 마키아벨리가 1506년 9월경에 보낸 답신임이 밝혀졌다. 어떤 구절들, 특히 서두의 구절들의 의미는 매우 모호하다. 하지만 「군주론」을 집필하기 7년 전에 이미 마키아벨리가 그 저작의 주요 주제들에 관해서 많은 생각을 하고 있었음은 이 편지를 보면 명백하다. 마키아벨리의 의도는 이 편지가 피에로의 주목을 받았으면 하는 것이었다. 왜냐하면 37세나 되는 어른이 그런 젊은이에게서 인간의 성공과 실패를 둘러싼 원인에 대한 그의 의견을 열렬히 종용할 가능성은 높지 않기 때문이다. 괄호 안의 구절들은 마키아벨리가 편지의 여백에 추가한 것들이다.

러셀 프라이스는 프랑코 가에타가 편집한 마키아벨리의 「서한집(*Lettere*)」 (Milan : Feltrinelli, 1961), 228-231면을 번역했는데, 최근에 나온 가에타의 편집본 「서한집(*Lettre*)」(Thrin : U. T. E. T., 1984), 239-245면을 참조했으며, 간혹 최근판을 따르기도 했다.

너의 편지가 위장된 형태로 내게 도착했다. 하지만 열 단어를 읽자마자 나는 그것이 너의 편지임을 알아보았다. 나는 너를 아는 많은 사람들이 피옴비노에 있다고 분명히 생각하며, 너와 필리포[1]가 부딪칠 장애물에 대해서도 잘 알고 있다. 너희들 중 한 사람은 빛이 너무 적어서, 다른 한 사

---

1) Giovan Battista Soderini의 친구인 Filippo di Banco. 그들은 피옴비노로 여행할 계획을 세우고 있었다.

람은 빛이 너무 많아서[2] 애로를 겪을 것이다. 1월까지 되돌아가지 않는 것이,[3] 내가 2월 중에 시작할 수 있는 한,[4] 나의 기분을 상하게 하는 것은 아니다. 나는 필리포가 겪고 있는 두려움[5]을 알고 나서 무척 안되었다고 생각하며 좋은 결과가 나오기를 간절히 바란다. 너의 편지는 짧지만, 여러 번 읽어서인지 길게 느껴진다.

[나는 전문지식이 결여되어서 그것을 해석하기가 어렵다.][6] 그 일은 매우 환영할 만한 일이었는데, 왜냐하면 네가 상기시켜준 대로, 그 일로 인해서 나는 오랫동안 미루고 있던 일[7]을 하도록 자극을 받았기 때문이다. 나는 네가 사심 없이 쓴 것으로 느낀다. 나는 운명이 그토록 상이한 일들을 보여주지 않았더라면, 이 일에 놀랐을 것이다. 결과적으로 어떤 것도 이제 나를 놀라게 하지 않으며, 인간의 행동과 그들의 상이한 처신을 읽는 것을 즐겨왔다고 고백하지 않을 수 없다.

나는 너에 대해서 그리고 어떤 나침반이 너의 인생행로를 안내하는지 잘 알고 있다. 비판받아서는 안 될 나침반이 비판받더라도, 나는 어쨌든 비판하지 않고, 단지 그것이 너를 어느 항구로 이끌고 가는지, 네가 어떤 희망을 품을 수 있는지를 지켜볼 것이다. 따라서 나는 너의 행동을 (오직

---

2) 소데리니는 그들 중의 한 사람은 별을 잡았고 다른 한 사람은 태양을 잡았다고 말했는데, 이는 그들의 여행에 관한 점성술의 내용을 지칭한 것이다. 마키아벨리는 이에 대해서 언급하되, 한 사람은 영리하지 못하고 다른 한 사람은 너무 영리하다는 식으로 의미를 바꾸었다.
3) 피렌체에 돌아오지 않는 것을 말한다. 마키아벨리는 페루지아에서 썼다.
4) 시민병을 조직하는 일과 관련하여 마키아벨리가 수행해야 하는 임무를 지칭하는 것으로 보인다.
5) 필리포는 소송사건에 관련되어 있었다.
6) 느슨하게 "검술에 능하지 못한 사람은 그 누구도 전투에 능하지 못하다"라는 뜻이다. 가에타의 1961년판에서 이 문장은 이전의 문장 뒤에 삽입되었다. 1984년판에서 가에타는 그 문장이 여기에 와야 한다고 지적했다.
7) 조반 바티스타에게 편지를 쓰는 일을 말한다.

신중함을 기준으로 해서 보는) 너의 입장에서가 아니라 다중들이 보는 방식, 곧 채택된 수단에 의해서가 아니라 결과에 의해서 판단하는 방식으로 보고 있다.[8] [모든 사람은 자신의 고유한 관념에 따라 행동한다.] 다양한 행동경로가 동일한 결과를 가져오며, 상이한 길들이 동일한 지점에 이르고, 상이하게 행동했던 많은 사람들이 동일한 결과를 성취한다. 사물에 대한 이러한 견해가 의심스럽게 보인다면 이 교황의 조치와 그 결과가 이를 확인해준다.[9] [아주 일반적인 의미에서라면 몰라도 어떤 사람에게든 조언을 하지 말고 어떤 사람으로부터든지 조언을 받지 마라. 모든 사람은 자신의 기질이 움직이는 바에 따라 대담하게 행동해야 한다.] 한니발과 스키피오는 두 사람 다 군율을 유지하는 데에 매우 능숙했다.[10] 하지만 전자는 매우 잔인하고, 신의 없이 그리고 종교적인 원리를 전적으로 무시하며 행동함으로써 이탈리아에서 그의 군대의 단결을 유지했고, 다양한 민족들이 경외의 눈으로 그를 보았으며, 로마에 대해서 반란을 일으키면서 그에게 몰려들었다. 반면에 스키피오는 스페인에서 인간적이고 신의 있게 그리고 종교적 원리를 존중하며 처신했는데, 그곳의 인민들에게서 똑같은 존경을 받았다. 그리고 양자 모두 수많은 승리를 거두었다. 그러나 로마인들을 권위의 원천으로 보지 않는 것이 현재의 관행이기 때문에, 로렌초 데 메디치[11]는 피렌체를 장악하기 위해서 인민의 무장을 해제시키는 것이 현명하다고 생각했으며, 반면에 조반니 벤티볼리오 공작은 볼로냐를 장악하기 위해서 인민들을 무장시켰다. 치타 디 카스텔로의 비텔리[12]와 현재의 우르비노 공작[13]은 권력을 유지하기 위해서 자신

---

8) 126-127면을 보라.

9) 마키아벨리는 율리우스 2세가 페루지아의 지배자인 지안파올로 발리오니를 제거하기 위해서 그곳에 원정한 것을 지칭한다. 그는 당시에 교황군을 수행하고 있었다.

10) 하지만 마키아벨리는 「군주론」의 제17장에서 스키피오가 군대의 기율은 유지하는 데에 잘못했다는 점을 강조한다.

11) 대인 로렌초 데 메디치.

12) Niccolò Vitelli. 149면을 보라.

13) 귀도 우발도 다 몬테펠트로. 149-150면을 보라.

들의 영지에서 요새를 파괴했으며, 반면에 밀라노의 프란체스코 백작[14]과 많은 다른 사람들은 자신들을 보호하기 위해서 영지에 요새를 구축했다. [운명은 젊은이들에게 호감을 가지니 모험을 해라.[15] 그리고 시대에 적응해라. 그러나 인간은 요새를 가지면서 가지지 않을 수 없고, 잔인하면서 동시에 자비로울 수는 없다.] 티투스 황제[16]는 하루라도 누군가에게 자선을 베풀지 않으면 권력을 잃을 것이라고 생각했고, 다른 사람들은 누구에게든 이득을 베푸는 것은 자신의 권력을 뒤엎는 일이라고 생각했다. 많은 사람들이 매우 조심스럽게 처신함으로써 자신들의 목적을 성취한다. [그들의 행운이 소진됨에 따라서, 사람들, 가족들 그리고 도시들은 몰락했다. 모든 사람들의 성공은 그들이 어떻게 행동하는가에 달려 있으며, 모든 사람들의 행운은 소진된다. 이러한 사태가 일어날 때, 인간은 무릇 다른 방법에 호소함으로써 성공을 구해야 한다. 말과 고삐를 요새와 비교해보라.[17]]

자신의 집에 저울도 자[尺]도 없고,[18] 자신의 무력도 없는 현재의 교황은 효과적인 군사력을 가지고 질서정연하게 행동하더라도 성취하기가 매우 어려운 업적을 순전히 행운에 의해서 성취했다.

상기한 모든 인물들 및 인용할 수 있는 수많은 사람들이 왕국이나 영토를 획득해왔으며(현재도 여전히 그렇다), 뜻하지 않은 사태가 일어날 때는 실패한다. 그들이 성공했을 때 그들의 방법은 칭송을 받았으나, 그들이 실패했을 때 똑같은 방법이 신랄하게 비판받았다. 그리고 장기간의 번영을 누리다가 그들이 패망했을 때, 어떠한 비판도 가해지지 않고 단지 하늘의 뜻이고 숙명의 결과라고 말해지기도 했다. 나는 상이한 처신방법이

---

14) 포피의 백작이었던 프란체스코 스포르차. 149-150면을 보라.
15) 이 문장에서 fortuna는 두 가지 의미로 사용된다. 제25장 그리고 192면의 각주 20)을 보라.
16) Titus Flavius Sabinus Vespasianus.
17) 149-150면을 보라.
18) 상황을 신중하게 저울질하지 않는 자, 격렬한 성격을 가진 자를 말한다.

왜 어떤 때는 성공적이고 어떤 때는 실패를 가져와야 하는지 잘 모르지만,[19] 알고 싶어하는 것은 확실하다. 나는 이 문제에 관해서 나 자신의 의견을 감히 피력하고자 하며 이 점에 대해서 네가 생각하는 바를 들어보고 싶다.

나는 자연이 인간을 상이한 얼굴들로 만드는 것과 마찬가지로, 상이한 종류의 심성과 기질로 만든다고 믿는다. 그 결과, 모든 인간은 자신의 심성과 기질의 경향에 따라서 행동한다. 그러므로 시대와 상황이 다양함에 따라서, 어떤 인간들은, 자신들의 처신방식이 시대에 부합하면, 자신들의 목적을 완전하게 성취한다. 반면에 자신의 처신방식이 시대와 상황에 잘 부합하지 않는 인간은 성공하지 못한다. 따라서 상이한 방식으로 행동한 두 사람이 동일한 결과를 얻는 사태가 발생한다. 왜냐하면 각각의 방식은 주어진 상황이 나라나 국가마다 광범위하게 다르다는 점을 전제할 때, 각자가 행동하는 상황에 적합하기 때문이다. 그러나 시대와 상황은 종종 변화하고(일반적으로도 그렇고 또한 특정한 장소에서도 그렇다), 인간은 자신의 관념이나 방법을 변화시키지 않기 때문에, 한 사람이 어떤 때는 성공하고 다른 때는 실패하는 사태가 발생한다. 기실 시대와 상황을 충분히 이해할 만큼 사려 깊고 거기에 적응할 수 있는 능력을 갖추고 있는 사람이라면 누구나 항상 성공할 수 있을 것이며(아니면 적어도 실패는 면할 수 있을 것이며), 그렇다면 현명한 사람은 별과 숙명을 통제할 수 있다는 말이 사실인 셈이 된다. 그러나 그토록 사려 깊은 사람들은 발견되지 않는다. 그 이유란, 첫째, 인간은 근시안적이고, 둘째, 자신들의 성격을 변화시킬 수 없기 때문이다. 따라서 운명[20]은 가변적이고 인간을 자

---

19) 이 주제는 제25장에서 상세히 논의된다.

20) 지금까지 마키아벨리는 운명(fortuna)을 주로 '성공' 또는 '실패'의 의미에서 사용해왔다. 여기에서 운명은 두 가지, 곧 (1) 인간사를 크게 지배하는 외부적인 힘과, (2) 변화하는 상황 그 자체를 의미한다. 이러한 혼란과 관련하여 우리는 두 가지 점에서 주목할 필요가 있다. 첫째, 그러한 혼란을 피하기 위해서는 당시 마키아벨리가 쌓았던 것보다 철학적으로 훨씬 더 세련된 소양을 필요로 했으며, 둘째 당시 사용되던 fortuna라는 용어의 다양한 의미가 그러한 혼란의 가능성을 가중시켰다는 점이다. 197-200면을 보라.

신의 굴레에 씌우며 인간 위에 군림한다. 나는 위에서 언급한 사례들이 이 견해를 확인하기에 충분하다고 생각한다. 나의 견해는 그러한 사례들에 근거한 것이며, 그 사례들은 나의 결론을 지지한다고 생각한다.

잔인하고, 신의가 없고, 반종교적인 행동은 이미 오랫동안 인간애, 신뢰, 종교가 효력을 잃은 나라에서는 새로운 패자(覇者)의 명성을 증대시킨다. 반면에 인간성, 신뢰, 종교와 부합한 행동은 잔인함, 불신, 반종교가 오랫동안 횡행하던 나라에서는 사람의 명성을 훼손시킨다. 왜냐하면 쓴 것이 입에 맞지 않고 단 것도 지나치면 신물이 나듯이, 인간은 좋은 시대에는 싫증을 내지만 어려운 시대에는 불평을 하기 때문이다. (다른 원인들은 물론) 이러한 원인들로 인해서 이탈리아는 한니발에게, 스페인은 스키피오에게 정복당했다. 그리고 양자의 수단은 시대와 그들이 처한 상황에 적합했다. 그 당시에 비추어볼 때 스키피오는 한니발이 이룩했던 것처럼 이탈리아에서 성공을 거두지 못했을 것이고, 마찬가지로 한니발과 같은 인물은 스키피오가 그랬던 것처럼 스페인에서 좋은 결과를 거두지 못했을 것이다.

# 부록 2 「군주론」에 나오는 용어들에 대한 해설

이탈리아어에 대한 배경지식은 없지만 번역된 한글본의 문의(文意)보다 심층적인 지식을 원하는 독자들이 있을 것이다. 이 부록의 목적은 그러한 독자들을 위해서 「군주론」에서 사용되는 핵심적인 용어들을 좀더 상세히 해설하는 것이다. 그러한 용어들은 크게 두 부류로 나눌 수 있다. 한 부류는 다양한 의미를 지닌 것들이고, 다른 부류는 이탈리아어 단어에 정확하게 상응하는 우리말 단어를 찾을 수 없거나 상응어가 있기는 해도 그 상응어를 사용하는 것이 종종 또는 통상 부적절한 경우이다. 많은 마키아벨리 학자들이 이러한 용어들과 그 용어들이 지닌 의미들을 연구한 바 있다. 역자들은 러셀 프라이스(Russel Price)가 해설한 용어들 중에서 가장 중요하다고 생각되는 여섯 개의 용어를 추려내어 정리했다.

### principe

principe는 통상 '지배자(ruler)'를 의미한다. 「군주론」에서 이 단어는 거의 항상 군주국의 지배자, 곧 군주국(principato, principality), 왕국(regno ; kingdom), 군주정(monarchia ; monarchy) 또는 제국(imperio ; empire)을 지배하는 자를 지칭한다. 프라이스는 자신의 영역본에서 거의 항상 그 단어를 '지배자(ruler)'로 번역했지만, 몇 군데에서는 군주(prince)로 번역하기도 했다(「로마사 논고」에서 그 단어는 간혹 공화국의 지배자를 지칭하기도 한다). 그러나 역자들은 프라이스의 용례를 따르지 않고 전통적인 용례에 따라서 주로 군주로 번역했음을 밝혀둔다.

그러나 principe는 또한 통치 형태를 불문하고 우두머리(head) 또는 지도자(leader)를 지칭하기 위해서도 사용된다. 따라서 장군들인 필로포이멘과 한니발은 각각 principe로 지칭된다. 이 단어의 광범위한 외연은 라틴어인 princeps

의 용례에서 유래한다.

## stato

「군주론」에서 스타토(stato)는 주로 두 가지 의미로 사용된다. 그것은 일정한 영토적 경계 내에 존재하는 정치공동체의 정부는 물론 그러한 정치공동체를 지칭한다(물론 이는 16세기 중반 이래 영어 단어인 '국가[state]'가 지닌 두 가지 정치적 의미이기도 하다).

이 번역본에서는 정치공동체라는 의미를 보통 '국가'로 번역했지만, 때로 '영토'나 '지역'으로 번역하기도 했다. 그러나 정부라는 의미 역시 상당히 자주 사용했다. 따라서 그 경우 '정부' 또는 '권력'으로 번역하기도 했지만, 간혹 '공직' 또는 '정권'으로 번역하기도 했다. stato는 정부의 유형을 지칭하기 위해 사용되기도 한다. 예를 들어 'uno stato di pochi'(직역으로는 '소수의 국가')가 그런 경우인데, 이 번역본에서는 '과두정부' 또는 '과두정'으로 옮겼다.

때로 stato는 두 가지 결합된 의미를 지닌다. 따라서 이 번역본에서는 'tanto stato'를 '충분한 영토와 권력'으로, 'piú stato'를 '더 많은 영토와 권력'으로, 'molto stato'를 '많은 권력과 영토'로 옮겼다.

stato는 또한 '정치'와 '국가통치술'을 지칭하기 위해서도 사용된다. 마키아벨리가 베토리에게 보내는 유명한 서한에서(1513년 12월)에서 마키아벨리는 자신이 15년 동안 'l'arte dello stato'를, 곧 '국가통치술'을 연구하는 데 보냈다고 말한다. 「군주론」 제3장에서 마키아벨리는 'nelle cose di stato'(국가의 사안들)라는 구절을 사용하고 이 장의 마지막에서 'la guerra'(전쟁)를 'lo stato', 곧 정치 또는 국가통치술을 이해하는 것과 대조하고 있다.

마지막으로 마키아벨리는 경우에 따라서 stato를 상당히 느슨하게 사용하는 것처럼 보인다. 그리하여 제4장에서 스페인, 갈리아 및 그리스에서 로마인들에게 대항하던 잦은 반란을 논의하면서, 마키아벨리는 그 국가들(stati)에는 많은 군주국들이 있었다고 말한다. 옮긴이들은 이것들을 '나라들'이라고 옮겼는데, 그 이유는 이들은 위에서 정의된 것과 같은 '정치공동체가 아니었기 때문이다. stato가 '정치공동체'라기보다는 지리적인 '영역'이나 '지역'을 지칭하는 세 가지 다른 구절들이 있다. 'lo stato di Asia', 'lo stato di Lombardia' 및 'lo stato di Romagna'가 그 경우들이다. 여기서 로마냐가 진정한 정치공동체였는지, 또는 그렇게 되었는지에 대해서는 논쟁의 여지가 있다.

### virtú, virtuoso

라틴어 virtus(이 단어는 '남성[man]'을 의미하는 vir에서 유래함)에서 유래한 virtú(초기 및 당대의 저술가들은 물론) 마키아벨리 역시 다양한 의미로 사용한다. 간혹 이 단어는 '악덕(vizio, vice)'에 대응하는 것으로서 '미덕(virtue)'을 의미한다. 이러한 의미로 사용된 사례는 제15장과 제16장에서 발견된다. 복수인 le virtú는 통상 '좋은 성품들' 또는 '미덕들'의 의미를 지니고 있다.

그러나 그보다 훨씬 더 자주 virtú는 다양한 의미들(또는 그 의미들의 결합)을 지니고 있다. 즉 '역량', 능력(ability)', '기술(skill)', '활력(energy)', '결단력(determination)', '힘(strength)', '기백(spiritedness)', '용기(courage)', '용감함(prowess)', '용맹', '무훈' 등을 의미한다. 옮긴이들은 그 단어를 맥락에 따라서 상이하게 번역했는데, 통상 '역량'이라고 번역했다. 그러나 virtú는 군사적인 맥락에서 사용될 때, 간혹 '용감함', '용기', '용맹' 또는 '무훈'으로 번역했다. 지배자는 virtú는 지칭하는 다양한 성품들을 결여할 때, 경멸을 받게 된다.

virtú가 지칭하는 대부분의 성품들이 남성(vir)이 갖추기에 적합한 것임은 명백하다. 비록 마키아벨리가 그 단어를 사용하는 데에 함축된 '결단력(determination)'에는 '좋은(good)' 남성의 특징이라고 할 수 없는 '무자비함(ruthlessness)'이라는 부대적 의미가 포함되어 있지만 말이다. 그렇기에 통상적인 (일련의) 의미에서의 virtú는 '악행(scelleratezza, villainy)'과 결합된 품성을 지칭하기도 한다.

virtú는 몇 개의 동의어를 가지고 있다. 따라서 식스투스 4세처럼 '기백이 있는(animoso, spirited 또는 courageous)' 사람은 일정 정도까지 또는 일정한 점에서 유덕한(virtuoso) 사람이다. 카르마뇰라처럼 유능한 사람(a valente uomo)

은 유덕한 사람(a uomo virtuoso)과 구별할 수 없을 정도이다. 안토니누스처럼 많은 탁월한 성품(parte eccellentissime, many very fine qualities)을 겸비하는 것은 뛰어난 역량(virtú)을 갖추는 것과 다름없다. 심신의 활력(virtú di animo e di corpo, energy or strength of mind and body)이라는 구절은 이른바 모든 방면의 역량(virtú)을 지칭하며 정신의 위대함(grandezza di animo)은 마음 또는 성격상 고도의 역량(virtú)을 지칭한다('불굴의 정신'['indomitable spirit'] 또는 '위대한 정신'['greatness of spirit']).

virtú는 통상 다양한 인간 성품을 지칭하지만, 간혹 물리적인 대상에 대해서도 사용된다. 제6장에서 마키아벨리는 활의 위력(virtú, power or strength)을 아는 노련한 궁사에 대해서 언급한다. 그리고 제14장에서 virtú는 비유적으로 효과를 가져오는 역량의 의미로 사용된다. 군사문제에 대한 지식이나 능숙함은 '탁월한 역량(virtú)'을 지니고 있기 때문에 세습 군주로 하여금 권력을 유지하게 하고 '신생 군주'로 하여금 지배자의 자리에 오르게 한다.

### fortuna

마키아벨리(및 이탈리아 르네상스 시대의 작가들 일반)에 의해서 사용된 fortuna는 영어 단어인 'fortune(운명)'보다 몇 가지의 의미를 더 가지고 있고, 번역하기에 어려운 용어인데, 통상 여섯 가지로 그 의미를 구별하는 것이 가능하다. 즉 비인간적인 '힘(force)', '운(luck)', '호의(favour)' 또는 '도움(help)', '조건(들)(condition[s])', '상황(cirumstances)', '성공(success)'과 '실패(failure)'라는 의미이다. 그러나 좋은 '운'과 '호의'는 종종 병행하고, '조건들'과 '상황'은 때로 단지 같은 사물의 상이한 '측면'에 불과하며, '성공'과 '실패' 역시 특정한 종류의 조건에 불과하기 때문에, 옮긴이들은 세 가지 의미로 분류하며, 이 가운데 둘째와 셋째의 범주(특히 후자)는 집합적 의미로 구성되어 있다.

첫째, 마키아벨리는 가끔 fortuna를 인간사에 개입하는 힘 또는 주재자(agent)로 이해한다. 이러한 의미는 제25장에서 특히 현저하여 이 경우 '운명(fortune)'으로 번역했다.

둘째, fortuna는 (좋은 또는 나쁜) 운(luck), 바꿔 말하면 유리하게 또는 불리하게 우리에게 영향을 미치지만, 종종 우리의 통제를 벗어난 (특히 예견할 수 없는) 사건이나 행위를 의미한다. 그리고 그러한 것들이 해로운 것일 때, 그것에 대해 방비하는 것은 대부분 어렵다.

통상적으로 그러한(유리하거나 불리한) 결과를 가져오지 않는 자연적인 힘에 의해서(따라서 예상을 벗어나서)[1] 우리는 유리하게 또는 불리하게 영향을 받게 되거나 혹은 인간의 행위에 의해서 유리하게 또는 불리하게 영향을 받게 된다. 다른 사람들은 (의도적으로 또는 무의식적으로) 우리의 계획을 촉진하거나 방해하기도 한다. 그들은 우리에게 반대하거나 우리를 공격하며, 우리에게 호의를 베풀기도 하고, 군사적으로 또는 기타 다른 방법으로 우리를 돕는다. 그러한 '개입'은 종종 예상 밖이거나 예견할 수 없으며, 지속적일 수도 있고 아닐 수도 있다. 적들을 우리 편으로 끌어들일 수도 있으며, 친구나 동맹들이 우리에게 호의를 베푸는 것을 중단하거나 우리를 도울 수 없게 되기도 한다.

제1장의 끝부분에서처럼 fortuna가 virtú와 대비될 때, 그것은 주로 행운 또는 타인의 호의를 받는 것을 의미한다. 이처럼 fortuna는 어떤 때는 '운과 호의'가 결합된 의미를 지니고 있으며, 어떤 때는 운을, 어떤 때는 호의를 지칭한다.[2] 제6장은 자신의 역량 또는 능력에 의해서 그리고 자신의 무력을 사용하여 지배자가 된 사람들을 논하고 있다. 그들은 자신들이 가졌던 좋은 기회(occasioni)를 제외하고는 어떤 것도 fortuna, 곧 '호의(favour)'[3] 또는 '운(luck)'에 힘입은 바가 없다. 제7장은 '타인의 무력과 fortuna를 통해서 정치권력을 획득한 인물들을 다루고 있다. 옮긴이들은 여기에서 fortuna를 주로 좋은 '운'이라는 부대적 의미를 수반하는 '호의'로 번역했다. 왜냐하면 타인의 호의는 자

---

1) 200면을 보라.
2) 제8장에는 fortuna가 '호의'를 지칭하거나 적어도 그 뜻을 포함하는 구절이 있다. 아가토클레스의 초기 생애는 그가 '어느 누구의 호의에 의해서가 아니라' 자신의 노력에 의해서 권좌에 올라갔기 때문에 fortuna에 힘입은 바가 별로 또는 아무것도 없다고 말한다. 62면을 보라.
3) (신의 호의를 입은) 모세는 제외된다.

주 누릴 수 없는 것이기 때문이다. 따라서 마키아벨리는 이 장을 호의(grazia, favour) 또는 돈(마키아벨리는 군인들에게 뇌물을 줌으로써 권력을 잡은 로마의 황제들을 지칭한다)에 의해서 사람들에게 '양도된' '국가'를 언급하면서 시작한다. 그러한 지배자들은 전적으로 권력을 그들에게 '양도한' 사람들의 신뢰할 수 없는 호의에 의존한다고 그는 말한다. 그러나 제7장의 대부분은 체사레 보르자의 생애를 서술하는 데에 할애되고 있다. 그는 부친인 교황 알렉산데르 6세의 fortuna(호의)에 의해서 권력을 잡았다가 그의 새로운 영토 전역에 걸쳐서 권력을 굳건하게 확립하기 전에 알렉산데르가 죽음으로써, 이를 마무리짓지 못하고 파멸당한 것으로 묘사되고 있다. 여기에서 fortuna는 두 가지의 의미, 곧 알렉산데르의 '강력한 지위'와 자신의 아들이 지배자로서의 지위를 확립하도록 도와주기로 결심한 그가 아들 체사레에게 베푼 '호의'를 포함하고 있다. 마키아벨리는 체사레의 몰락 원인을, 한편으로는 그의 부친이 죽어갈 때 그 자신 역시 심각한 질병에 의해서 무력화된(물론 그가 예상할 수 없었던) 중대한 불행과, 다른 한편 보르자의 과오에 기인하는 실패, 곧 보르자 가문에 원한을 품은 적(敵)인 율리우스 2세의 교황 선출을 막지 못한 것에서 구하고 있다.

'운'은 '좋을' 수도 '나쁠' 수도 있다. 권력을 잃은 나태한 지배자들은 나중에 자신들의 나태함(ignavia), 평화로운 시기에 자신들의 권력을 구축하고 방비를 강화하지 못한 게으른 실책을 시인하는 대신 자신의 악운을 탓하는 경향이 있다. 그러한 상황에서 마키아벨리는 그들의 실패를 '설명'하기 위해서 fortuna에 의존하는 것을 거부한다. 오히려 파멸의 원인은 바로 '전적으로 운명에 의존한' 탓이라는 것이다.

셋째, 상당히 밀접하게 연관된 fortuna의 의미들로서 같이 분류하는 것이 적절한 것처럼 보이는 것들이 있다. 곧 삶의 '조건'으로서 다른 사람들에 대해서 또는 권력을 획득하는 데에 유리하거나 불리한 입장, '조건들' 또는 '상황' 그리고 '성공' 또는 '실패'를 말한다. 따라서 우리가 고찰한 것처럼, 알렉산데르 6세의 fortuna는 부분적으로 그의 '번영'과 '흥기하는 입장'을 의미한다. 또한 권력 또는 국가를 타인에게 양도한 사람들의 '호의'는 그들의 '선의(voluntà, goodwill)'와 '번영(fortuna, prosperity)'으로 구성되어 있다. 그러나 fortuna는 때로 낮은 사회적 지위, 곧 지배자가 되는 데에 불리한 지위를 지칭한다. 사적인 운명(privata fortuna)을 사는 사람, 그의 가문이 공적인 생활에 연관되어 있지 않거나 또는 공적으로 유명하지 않은 사람은 그가 예외적으로 유능하지 않는 한 통상 권력을 장악할 기회가 거의 없으며, 설사 권력을 장악한다고 해도 권력을 유지할 가능성이 지극히 희박하다. 이것이 아가토클레스가 처한 상황이었으며, 그의 부친은 도공(陶工)이었기 때문에, 그의 fortuna 또는 '지위'는 또한 아주 미천하고 영락한 가문의 태생이었다. 또한 fortuna는 제17장에서처럼 '성공'과 '실패'를 의미한다. 곧 한니발의 군대에는 일이 잘되거나 잘못되거나 간에 어떠한 분열이나 반란도 없었다.

### necessità

명사인 necessità, 형용사인 necessario 그리고 과거분사인 necessitato를 번역하는 데에는 특별한 어려움이 따르지 않는다. '필연(necessity)'과 '필요한 또는 필연적인(necessary)'이 정확한 상응어이다. 'necessitated(하는 것이 불가피하게 되다)'라는 표현이 적합하지 않은 것은 사실이며, 따라서 옮긴이들은 '할 의무가 있다(obliged)'나 '하도록 강요되다(forced)'와 같은 단어들을 사용하였다. 또한 때로 necessità를 'necessity'로, necessario를 'necessary'로 번역하는 대신 전자에 대해서는 '필요(need)'와 '제약(constraint)' 그리고 다양한 동사형태를, 후자에 대해서는 '강요된(forced)', '해야 한다(must)', '필수적인(essential)'이라는 단어들을 사용했다.

그런데 'necessity(필연성)'는 마키아벨리가 인간의 행위를 고찰하기 위해서 사용한 관념들 중에서 가장 중요한 관념들 중의 하나이다. '필연성(necessity)'에는 두 가지 종류가 있다. 첫째, 그 성격상 '절대적'이거나 '무조건적'인 필연성이 있다. 즉 사람들의 선택의 여지가 없을 때, 그들의 조건이 자연의 힘(홍수, 지진 등)이나 강력한 인간의 힘(훨씬 강한 군대에 의해서 격파되는 것, 자신의 거처나 살던 지역에서 쫓겨나는 것)에 의해서 결정될 때를 말한다. 둘째, '가상적인' 또는 '조건부의' 필연성이 있다. 어떤 조치들, 정책들 등은 일정한 조건이나 목적을 설정할 때만 필수적이거나 필수적이 된다(가령 '젖지 않기를 바라거든 우산을 써야 한다'는 표현 따위). 「군주론」에서 언급되는 대부분의 '필연성'의 사례들은 그 성격상 (관련된 당사자나 마키아벨리 자신이 그렇게 생각했건 안 했건 상관없이) 가상적이다.

그러므로 루이 12세는 (1) 그가 이탈리아에 거점을 마련하기를 원했고, (2) 그의 전임자인 샤를 8세의 행적으로 인해서 그에 대한 적대감이 만연되어 있었기 때문에, 그가 맺을 수 있는 동맹이라면 어느 것이든 맺지 '않을 수 없었다(forced).' 마찬가지로 제15장 중 ("윤리적 공상과 엄연한 현실" 부분의 말미, 106면을 보라) (1) 지배자가 많은 무자비한 사람들로 둘러싸여 있고, (2) 그가 항상 명예롭게 행동하기를 원한다면, 그의 몰락은 '불가피하다(inevitable).' (그 다음 문장에 언급되는 것처럼) (1) 지배자가 악당들로 둘러싸여 있고, (2) 그가 '자신의 권력을 유지하기를' 원한다는 조건하에서만, 선하지 않을 수 있는 법을 배울 '필요(need)'가 있다. 만약 지배자가 선한 사람들로 둘러싸여 있거나 지속적으로 통치하기를 바라지 않는다면, 그가 이런 식으로 행동할 '필요(need)'는 없을 것이다.


### libertà, libero

이 단어들의 일차적 의미는 물론 '자유(freedom 또는 liberty)'와 '자유로운(free)'이며, 마키아벨리는 이 단어들을 통상 개인보다는 공동체와 관련하여 사용한다. 그러나 이 단어들은 두 개의 다소 구체적인 의미를 지니고 있다. 즉 첫째는 (군주국에 대응한) 공화국이고, 둘째는 ('공화국'이든 '군주국'이든) 다른 나라에 종속되지 않는, 즉 '독립적인' 국가를 의미한다. indipendenza와 indipendente는 거의 16세기 말에 이르기까지 조어(造語)되지 않았다.

# 부록 3 인명 해설

**나비스**(Nabis, 240?-192 기원전) 스파르타의 통치자. 그는 기원전 207년에 정권을 잡았으며 마케도니아 왕 필리포스 5세와 로마가 세력 다툼을 벌이고 있는 와중에 스파르타의 팽창 정책을 추진했다. 그러나 기원전 205년에 로마와 마케도니아가 포이니케 평화협정을 맺은 뒤에는 아카이아 동맹을 주도한 로마 군과 필로포이멘 장군에게 몇 차례 패배를 당했다. 스파르타에서 일어난 아이톨리아인들의 반란 때 암살당했다.

**다리우스 3세**(Darius III, 380?-330 기원전) 페르시아의 왕. 기원전 337년에 마케도니아 왕 필리포 스 2세가 아케메네스 왕조가 다스리고 있던 그리스 도시들을 해방하기 위해서 코린트 동맹을 결성하고 소아시아에 선발대를 보냈을 때, 다리우스 3세는 필리포스 2세를 암살하여 그 시도를 좌절시켰다. 기원전 333년 알렉산드로스 대왕이 페르시아 제국을 침략해왔을 때 패배했다. 기원전 330년 7월, 그는 페르시아의 동쪽 지역인 박트리아로 도망가던 중에 그의 사촌인 베수스에게 살해되었다.

**레미로 → 오르코**

**레오 10세**(Leo X, 1475-1521) 본명은 조반니 데 메디치(Giovanni de' Medici)이며, 대인 로렌초의 차남으로 태어났다. 1494년 피렌체 공화국을 배반했다는 이유로 메디치 가문이 몰락한 이후, 그는 해외에 나가서 살다가 1500년에 로마로 돌아왔다. 1512년 메디치 가문이 다시 피렌체를 장악하는 데 일조했다. 1513년 3월에 교황으로 선출되었다. 그는 피렌체 대주교직에 사촌이자 장차 클레멘스 7세가 될 줄리아노 데 메디치를 임명하는 등 족벌주의 정책을 폈다. 그는 이탈리아를 자신의 지배권 아래 두려고 했으나, 스페인과 프랑스가 반발했다. 그는 프랑스와의 전쟁, 예술에 대한 후원, 성 베드로 성당의 건축, 투르크에 대한 십자군 원정 계획 등으로 부족한 재정을 채우기 위해서 즉위 초부터 면죄부 판매를 승인하고 사제직을 매매했다. 이에 대해서 루터는 교회의 다양한 부패상을 비판했다. 그는 루터의 비판을 잠재우려고 노력했는데, 1520년 6월에는 루터를 정죄(定罪)하는 교서를 내렸다. 루터는 같은 해 12월에 그 교서를 공개적으로 불태웠으며, 레오 10세는 1521년 1월에 루터를 파문했다. 1521년 9월에 그는 헨리 8세가 루터를 공박하는 책을 발간했다는 점을 치하하여 그에게 '신앙의 수호자'라는 명예 칭호를 수여했다. 인문주의와 예술가들에게 매우 관대한 후원자였으며, 특히 라파엘로에게 많은 작품을 의뢰했다.

**루이 11세**(Louis XI, 1423-83) 1465년 그에게 불만을 품은 제후들에게 프랑스 북부 전역을 양보해야 했다. 그러나 그는 교묘한 공작과 과단성 있는 조치로 적대세력들을 제압했다. 1477년 부르고뉴의 용담공 샤를이 사망하자 루이 11세는 부르고뉴 공작령을 해체시켜 부르고뉴, 프랑슈 콩테, 피카르디 및 아르투아를 프랑스 왕국의 영토로 재통합했다. 마키아벨리는 그가 1474년부터 프랑스 기병대를 해산시키고 스위스 용병부대를 고용하기 시작했다는 점을 비판했다.

**루이 12세**(Louis XII, 1462-1515) 오를레앙 공작이었으며, 1498년 프랑스 왕이 되었다. 1494년에 샤를 8세가 이탈리아를 침략했을 때, 그는 제노바를 점령했다. 샤를 8세의 사망 후 왕위에 오른 그는 브르타뉴 공국과 자신의 왕국을 통합할 목적으로 1499년에 알렉산데르 6세의 승인을 얻어 잔(Jeanne)과의 결혼을 무효로 하고, 샤를 8세의 미망인인 브르타뉴의 안(Anne)과 결혼했다. 1500년에는 아라곤의 페르난도 2세와 나폴리 왕국의 분할을 내용으로 하는 비밀 조약을 맺었으나, 1502년 나폴리 분할 문제를 둘러싸고 아라곤과 전쟁을 벌인 끝에 패하고 말았다. 사법기구의 정비와 개혁, 농민 보호, 상비군 제도의 정비 등의 국내정책은 큰 인기를 얻어 1506년 삼부회에서 '국민의 아버지'라는 칭호를 받았다.

**막시밀리안 1세**(Maximilian I, 1459-1519) 네덜란드, 스페인 등과는 혼인 관계를 통해서 그리고 헝가리, 보헤미아 등과는 조약과 군사적 압력을 통해서 영토와 권위를 확보함으로써 합스부르크 왕가를 유럽의 중심적인 왕가로 만든 신성 로마 제국 황제. 1494년 프랑스의 샤를 8세가 이탈리아에 침입하자 막시밀리안 1세는 교황, 스페인, 베네치아 등과 신성동맹을 결성하고 유럽의 세력균형을 꾀했다. 1496년에 이탈리아에서 프랑스 군을 격파했으나 큰 소득은 없었다. 1508년에는 베네치아에 대항하여 프랑스, 스페인, 교황과 캉브레 동맹을 맺었다. 그는 한때 교황을 꿈꾸기도 했다. 그는 1511년 교황, 스페인, 영국 등과 제2차 신성동맹을 맺어 영국의 지원하에서 프랑스를 격파했다. 그러나 밀라노는 프랑스에, 베로나는 베네치아에 귀속되어 그의 이탈리아에 대한 야망은 좌절되었다.

**[대인] 로렌초 데) 메디치**(Medici, Lorenzo de', 1449-92) '대인(il Magnifico)'으로 불렸다. 피에로 데 메디치의 아들이자, 코시모 데 메디치의 손자이다. 1469년에 아버지인 피에로가 사망한 이후, 로렌초와 그의 동생인 줄리아노가 피렌체를 주도했다. 1478년 파치 가문의 음모자들은 교황 식스투스 4세 등의 지원하에서 로렌초와 동생 줄리아노를 살해하려고 했다. 줄리아노만이 살해되었는데, 피렌체 군중들은 메디치 가문의 편을 들어 음모자들을 죽였다. 식스투스 4세는 고위 사제 2인이 연루된 사건임에도 불구하고 고위 성직자인 주교가 죽은 일만을 문제 삼아 로렌초를 넘겨주지 않으면 피렌체에 성사 금지령을 내리겠다고 협박했다. 피렌체는 교황의 요구를 거부했지만, 나폴리 왕 페르난도 1세도 교황을 지지하고 있었다. 이런 상황에서 로렌초는 혼자 나폴리에 가서 당대 가장 잔혹한 통치자 가운데 한 사람이었던 페르난도 1세와 담

판을 벌였고, 평화조약까지 맺었다. 식스투스 4세 역시 이 평화조약을 인정할 수밖에 없었고, 이로써 로렌초의 우월한 위상은 확고부동한 것이 되었다. 그는 가문 대대로 내려온 은행업을 제쳐두고, 예술과 문학에 대한 후원 및 정치에 힘을 쏟았다. 그 자신 역시 시와 다른 문학 작품들을 남긴 저명한 문인이기도 했다.

(로렌초 디 피에로 데) 메디치(Medici, Lorenzo di Piero de', 1492-1519) 우르비노 공작이다. 1492년에서 1494년까지 피렌체를 통치했던 피에로 데 메디치의 아들이자 대인 로렌초의 손자. 1512년 메디치 가문이 피렌체에 복귀한 이후 대인 로렌초의 아들인 줄리아노 데 메디치가 1년간 피렌체를 통치했으며, 그는 1513년 8월 로렌초에게 통치권을 넘겨주었다. 마키아벨리의 「군주론」은 그에게 헌정되었다. 1516년 5월에 메디치 가문의 권세를 강화하려고 했던 레오 10세의 교사를 받아 프란체스코 마리아 델라 로베레 공작을 우르비노(Urbino)에서 몰아냈다. 레오 10세는 그를 우르비노 공작이자 페사로의 통치자로 임명했으며, 최고의 명예와 실권을 상징하는 교회의 기수(gonfaloniere)라는 명예 칭호를 수여했다.

(줄리아노 데) 메디치(Medici, Giuliano de', 1479-1516) 대인 로렌초의 아들. 피렌체의 공화파들은 프랑스의 도움을 받아서 메디치 가문을 축출했지만, 곧이어 공화파 내에 내분이 벌어졌고 교황 율리우스 2세가 신성동맹을 결성해서 프랑스에 대항하자 프랑스와 동맹관계를 맺고 있던 피렌체도 정치적으로 고립되었다. 율리우스 2세는 피렌체에게 신성동맹에 가입할 것을 요구하면서 공화파의 지도자들을 해임하고 메디치 가문이 복귀하도록 했다. 줄리아노는 1512년 메디치 일족과 함께 피렌체에 돌아와서 이듬해까지 피렌체를 다스렸다. 율리우스 2세의 뒤를 이어 1513년 3월에 그의 형이 교황 레오 10세로 선출되자, 신성 로마 제국 교회의 행정관으로 임명되어 로마로 갔다. 그는 1515년 느무르 공작(Duc du Nemours)이라는 프랑스의 작위를 받았다. 마키아벨리는

원래 「군주론」을 그에게 헌정할 생각이었다.

**(코시모 데) 메디치**(Medici, Cosimo de', 1389-1464)  별칭은 Vecchio (어른), 또는 Pater Patriae(국부). 메디치 가문의 세 가계 중에서 중심적인 가계를 일으킨 인물. 코시모는 교황 피우스 2세에게서 백반 광산 독점권을 얻음으로써 축적한 막대한 부를 기반으로 하여 메디치 가문의 피렌체 지배(1434-1537)를 위한 토대를 다졌다. 그에 관해서는 "제3판 개역본 해제"에 잘 기술되어 있다.

**(피에로 데) 메디치**(Medici, Piero de', 1471-1503)  대인 로렌초의 장남이다. 1492년에 아버지가 죽은 후에 그는 피렌체의 통치자가 되어 1494년 11월까지 피렌체를 다스렸다. 1494년에 프랑스 왕 샤를 8세가 이탈리아를 침략했을 때, 상황이 불리하다고 판단하고 그의 요구조건을 무조건 수용하면서 항복하여 피렌체 시민들에게 배신자로 낙인 찍혔다. 그의 굴욕적인 항복에 분노한 피렌체 시민들은 메디치 가문을 피렌체에서 추방한다는 법안을 통과시켰으며, 피에로도 국외로 망명할 수밖에 없었다. 그는 1503년 12월에 프랑스 편에 가담하여 스페인과 맞서 싸우다가 배가 뒤집혀 익사했다.

**베토리**(Vettori, Francesco, 1474-1539)  피렌체 귀족 가문에서 태어났으며, 마키아벨리의 가까운 친구이다. 하지만 1512년에 마키아벨리가 어려움을 겪고 있을 때 큰 도움을 주지는 못했다. 그는 신성 로마 제국의 막시밀리안 황제의 궁정에 피렌체 사절로 파견되었으며, 교황 레오 10세 궁정에도 사절로 파견되었다. 그는 「이탈리아 역사 개요, 1511-27년(*Sommario della istoria d'Italia, 1511-27*)」 등 여러 저작을 남겼다.

**벤티볼리오, 안니발레 1세**(Bentivoglio, Annibale I, 1413-45)  볼로냐의 통치자. 1441년에 그는 필리포 공작의 딸인 도나 비스콘티와 결혼해서 아들 조반니 2세를 낳았다. 수년 간 용병대장으로 활약한 이후, 그는 1443년에 사실상의 볼로냐 통치자가 되었다. 그러나 그의 집권은 다른 가문의 원성을 샀다. 1445년 6월 24일 그는 그가 대부로 초대된 세례성사를 마친 후에 암살되었다.

**벤티볼리오, 안니발레 2세**(Bentivoglio, Annibale II, 1469-1540)  조반니 2세의 아들. 용병대장으로서 대부분 피렌체를 위해서 싸웠다. 그는 프랑스의 원조를 받아 1511년 볼로냐에 입성했다. 하지만 1512년 4월에 벌어진 라벤나 전투 이후 페라라로 추방당했으며, 그곳에서 사망했다.

**보르자**(Borgia, Cesare, 1475-1507)  후에 교황 알렉산데르 6세가 된 추기경 로드리고 보르자와 반노차 카타네이 사이에서 차남으로 태어났다. 로드리고 보르자는 둘째 아들이 성직자가 되는 관례에 따라서 체사레가 성직 경력을 쌓아나가기를 원했다. 체사레는 어린 나이에 이미 다양한 성직을 거쳤는데, 1492년에 교황이 된 아버지를 대신해서 발렌시아의 대주교가 되었으며 1493년에는 추기경이 되었다.

1488년에 이복 형인 간디아 공작 페드로 루이즈가 사망한 이후 공작 작위는 체사레의 동생인 후안이 물려받았다. 하지만 1497년 6월에 후안이 수상쩍은 상황에서 살해당한 이후, 체사레는 추기경의 지위를 포기했다. 이는 호전적이고 정치적인 체사레의 성향과 믿을 만한 속세의 참모를 필요로 하는 아버지의 요구가 맞아떨어졌기 때문이었다. 그를 유력한 왕족의 딸과 혼인시키려는 계획이 마련되어, 체사레는 나바라 왕의 질녀인 샤를로트 달브레와 결혼하기 위해서 1498년 10월에 프랑스로 갔다. 프랑스에서 그는 루이 12세 — 그는 교황이 자신의 결혼을 취소해주기를 바라고 있었다 — 로부터 발렌티누아(Valentinois) 공작의 작위를 받았다. 그래서 체사레는 발렌티노 공작으로 불리게 되었다. 1499년 5월, 그는 샤를로트 달브레와 결혼했다. 체사레는 1499년 9월에 이탈리아로 돌아왔다(그 때 임신한 그의 아내는 같이 돌아오지 않았으며 이후로도 그는 아내를 다시 보지 않았다). 그는 프랑스 왕과 그의 아버지인 교황의 호의와 도움을 받아서 통치자가 되고자 했다. 그는 로마냐에서 군사 작전을 감행했다. 1499년에 알렉산데르 6세는 체사레를 교황군의 총사령관으로 임명했다. 이제 형식적으로 그의 군사행동은 교황의 대리인으로서, 과거 교황들의 나약함을 틈타 교황령에서 군림했던 다양한 세력들을 몰아내는 임무를 수행한다는 명분을 갖추게 되었다. 그러나 그의 목표이자 알렉산데르 6세의 목표는 체사레 자신이 강력하고 독립적인 통치자가 되는 것이었다(마키아벨리는 때때로 실제로는 체사레가 행동한 것에 대해서 알렉산데르 6세가 행동한 것처럼 말하기도 하며, 그 반대의 경우도 종종 있다는 점에 주목할 필요가 있다. 이는 마키아벨리가 보기에 의심할 여지없이 체사레와 알렉산데르 6세가 동일한 목표를 가지고 있었기 때문이다). 체사레는 1500–01년의 원정으로 리미니, 페사로, 파엔차를 수중에 넣었으며, 1502년에는 우르비노, 시니갈리아를 점령했다. 마키아벨리가 피렌체의 대표로 보르자 진영에 가담하여 그의 행동방식을 직접 관찰할 수 있었던 시기는 이 마지막 원정 때였다.

1503년 알렉산데르 6세가 사망하자, 체사레는 극히 어려운 상황에 처하게 되었다. 아버지가 죽을 때, 그 자신도 병에 걸리는 바람에 생사의 기로에 서 있었다. 게다가 새로 선출된 교황 율리우스 2세는 오랫동안 보르자 가문에 강한 적의를 가지고 있었던 인물이었다. 그는 교황 율리우스 2세의 호의를 얻으려 애썼지만, 율리우스 2세는 체사레를 도와주려고 하지 않았다. 율리우스 2세는 로마냐의 반환을 요구했고, 1504년 5월에 체포된 체사레는 그 요구에 동의함으로써 형 집행을 유예받은 뒤 나폴리로 달아났다. 하지만 얼마 지나지 않아 스페인 부왕(副王)인 코르도바에게 다시 잡혀서 같은 해 8월 20일 스페인으로 압송되었다. 1506년 10월에 그는 스페인의 감옥에서 탈출해서 나바라의 왕에게 몸을 의탁했다. 지모뿐만 아니라 용모로도 "이탈리아에서 가장 뛰어났던 남자"였던 그는 1507년 3월 12일에 나바라 반군의 손에 죽음을 당했다. 이때 그의 나이는 32세였다.

**비텔리**(Vitelli, Paulo, 1465?–99)  그는 용병대장으로서 큰 명성을 얻었으며,

피렌체는 1498년 6월에 그를 피렌체 군의 지휘관으로 고용했다. 그러나 피렌체인들은 비텔리가 피사와의 전쟁에서 펼친 작전수행에 불만을 품고 그의 행동을 의심하기 시작했다. 결국 그들은 비텔리를 체포했으며, 간단한 재판을 거친 후, 1499년 처형했다.

**사보나놀라**(Savonarola, Girolamo, 1452-98)  도미니크 수도회 신부. 1482년 페라라에서 신학 공부를 마친 후에, 그는 피렌체로 파견되었고 그의 예언적인 설교는 상당한 인상을 남겼다. 그는 로렌초 데 메디치, 인노켄티우스 8세 및 나폴리 국왕의 죽음이 임박했음을 예언했으며, 또한 샤를 8세가 이탈리아를 침략해서 쉽사리 승리를 거둘 것이라고 예언했다. 그리고 그는 피렌체의 도덕적 해이와 속물적 근성 및 교황청의 악폐들을 비판했다. 1494년 11월 피에로 데 메디치가 피렌체를 떠난 이후에 피렌체에서 가장 유력한 인물이 되었다. 일부 사람들은 그의 엄격주의를 싫어했으며, 메디치 가문의 잔당들 역시 그에게는 장애물로 남아 있었다. 또한 밀라노 공작과 교황은 프랑스 왕에 맞서 신성동맹을 만들었는데, 피렌체가 이 동맹에 가담하는 것을 막는 가장 큰 장애물이 사보나롤라라고 보았다. 그러나 그가 몰락하게 된 가장 중요한 요인은 알렉산데르 6세가 교회의 폐단에 대한 사보나롤라의 준엄한 비판에 대해서 적개심을 가졌기 때문이었다. 알렉산데르 6세는 사보나롤라를 파문시켰으며, 피렌체에 성사(聖事) 금지령을 내리겠다고 위협했다. 그의 인기는 수그러들었고, 1498년 5월 '무장하지 않은 예언자'는 교수형을 당했으며, 시신은 불태워졌다. 그는 공화주의적 자유를 높게 평가했으며, 몇몇 종교 저작들뿐만 아니라 짧은 정치 논문들도 남겼다.

**샤를 7세**(Charles VII, 1403-61)  프랑스 왕. 그의 아버지인 샤를 6세는 1422년에 사망했다. 그러나 그는 안정적인 권력기반을 확립하지 못하고, 재정난에 시달렸으며, 그의 군대는 잉글랜드-부르고뉴 연합군에게 연일 패배했다. 이런 위기 상황에서 잔다르크가 나타나 오를레앙 방어전을 승리로 이끌었다.

샤를 7세는 내란을 끝냈으며, 1436년에 파리에 입성하고 잉글랜드가 점령한 지역을 회복했다. 1453년에 백년전쟁이 종결되었을 때, 프랑스 영토 내에 칼레만이 유일한 잉글랜드 소유지로 남았다. 마키아벨리는 샤를 7세를 프랑스 군대의 기초를 확립했다는 점에서 칭송했다.

**샤를 8세**(Charles VIII, 1470-98)  그는 루이 11세의 독자로서 1483년 왕위를 계승했지만, 1492년이 되어서야 친정할 수 있었다. 그는 1494년 9월에 앙주 왕가에서 물려받은 나폴리 왕국의 왕위계승권을 내세워 이탈리아를 침략했으며, 이때 베네치아 영토의 일정 부분을 장악하려 했던 밀라노 공작 루도비코 스포르차의 도움을 받았다. 그의 군대는 거의 저항을 받지 않았으며, 1495년 5월에 그는 잠시 나폴리 왕관을 쓸 수 있었다. 하지만 밀라노를 포함한 이탈리아 동맹이 결성되자 그는 북쪽으로 후퇴할 수밖에 없었다. 샤를 8세는 귀국할 무렵 정복지를 거의 모두 상실했으며, 다시 원정을 준비하다가 사망했다.

**세베루스**(Severus, Lucius Septimius Pertinax, 146-211)  제위 계승을 둘러싼 혼란 속에서 세베루스는 재빨리 로마로 진군했으며, 원로원은 즉시 그를 황제로 선포했다. 그는 황실 근위대를 자신의 도나우 군단에서 뽑은 15,000명의 정예 병력으로 교체하여 권력 기반을 다졌다. 197년에서 202년까지 메소포타미아에 침공한 파르티아와 싸웠으며, 그 전쟁을 틈타서 메소포타미아를 로마에 합병했다. 세베루스는 원로원을 약화시키고 자신의 권력 기반인 군대를 강화하는 정책을 펼쳤다.

**소데리니**(Soderini, Piero, 1452-1522)  피에로 데 메디치와 대인 로렌초 데 메디치의 측근 고문이었던 토마소 소데리니의 아들. 그는 대인 로렌초의 아들이자 1492년부터 1494년까지 피렌체를 다스린 피에로 데 메디치의 각별한 신임을 받았다. 1501년에 그는 피렌체 최고 행정회의인 시뇨리아(signoria)의 최고위원과 시민정부의 공식 대표인 정의(正義)의 기수(gonfaloniere)가 되었으며,

1502년에는 종신 곤팔로니에레에 임명되었다. 그가 취임한 종신 곤팔로니에레는 메디치 가문의 몰락과 사보나롤라의 순교 이후 어수선한 피렌체 공화국을 좀더 안정적으로 운영하기 위해서 1502년 8월에 새로 마련한 직위로서, 사실상 국가의 수장에 해당했다. 그는 정직하고, 인내심이 많으며, 친절한 성품을 가진 유능한 행정관이었다. 그러나 마키아벨리는 소데리니를 좋아했음에도 불구하고 그가 메디치 가문의 잔당에 대해서 준엄한 조치를 내리지 못하는 유약하기 짝이 없는 태도를 보인다고 생각했고, 이 때문에 소데리니는 새로운 체제를 유지하지 못하고 그의 정권은 붕괴되고 말 것이라고 판단했다. 소데리니는 항상 친(親)프랑스 정책을 선호했는데, 1512년 9월에 당시 프랑스와 갈등을 빚고 있던 스페인 군대의 힘을 빌어서 메디치 가문이 피렌체에 복귀하자 그는 피렌체에서 추방당했다. 교황 레오 10세는 1513년 초부터 소데리니의 로마 체재를 허용했고, 그는 그곳에서 사망했다.

**스키피오**(Scipio, 236?-183 기원전) 정식 이름은 푸블리우스 코르넬리우스 스키피오 아프리카누스(Publius Cornelius Scipio Africanus)이며, 로마의 장군이다. 기원전 210년에 그는 스페인 파견 지휘관으로 임명되었으며, 기원전 207년에는 스페인에서 카르타고 군을 몰아냈다. 기원전 205년에 집정관으로 선출된 그는 이탈리아에 있는 한니발의 군대를 무시하고 카르타고 본국을 공격하기로 결정하고, 기원전 204년에 로마 군을 이끌고 북아프리카로 진격했다. 기원전 202년 10월에 카르타고로 귀환하는 한니발과 싸웠는데, 자마 전투에서 대승을 거두었다. 201년 카르타고의 항복 이후, 스키피오는 로마로 개선했으며 아프리카누스(Africanus)라는 명예 칭호가 수여되었다. 이후 제2차 마케도니아 전쟁(200-197 기원전)이 벌어지자 원로원 수석으로 로마 정계를 지배하면서 동생과 함께 군을 지휘하여 소아시아에서 시리아의 안티오코스 3세와 싸웠다. 귀국 후 정적인 대(大)카토(Marcus Porcius Cato) 일파에 의해서 사실상 조국에서 추방되어 실의에 빠진 채 죽었다.

**(루도비코) 스포르차**(Sforza, Ludovico, 1451-1508) 밀라노 공작. 그는 프란체스코 스포르차의 차남으로 아버지가 죽은 후에는 형인 갈레아초 마리아(Galeazzo Maria)를 섬겼다. 갈레아초 마리아는 1476년 12월에 암살당했으며, 1480년이 채 되기 전에 스포르차는 음모를 통해 섭정의 지위에 오르는 데 성공했다. 그는 계몽 군주로서 뛰어난 안목을 가진 예술의 후원자이기도 했다. 그는 1482년부터 1499년까지 레오나르도 다 빈치가 밀라노에서 일할 수 있도록 후원했다. 그러나 강력한 군주라기보다는 교활하고 파렴치한 통치자였다. 형식적인 정통 군주인 잔 갈레아초가 할아버지인 나폴리 왕 페르난도 1세에게 스포르차의 찬탈 행위를 알리자, 페르난도 1세는 공작령 통치권을 잔 갈레아초에게 주라고 명령했다. 스포르차는 이를 거부하고 나폴리와의 전쟁에 대비해서 신성 로마 황제 막시밀리안 1세 및 프랑스 왕 샤를 8세와 동맹을 맺었다. 막시밀리안은 1494년에 막대한 돈을 받는 대가로 스포르차에게 밀라노 공작의 작위를 주어 그의 찬탈을 합법화해주었다. 스포르차는 같은 해인 1494년에 샤를 8세가 나폴리 왕국을 침략하도록 유도했는데, 이는 그 침략으로 베네치아 영토의 일부를 얻을 수 있을 것이라고 생각했기 때문이었다. 하지만 샤를 8세의 침공이 이탈리아 전역을 혼란에 빠뜨리자 위협을 느끼고 결국 반(反)프랑스 신성동맹에 가담하여 프랑스를 이탈리아에서 몰아내는 데 일조했다. 마키아벨리는 그가 샤를 8세의 이탈리아 침공으로 야기된 재난에 상당한 책임을 져야 한다고 비판했다. 루이 12세가 밀라노 공작의 계승권을 주장하면서 1499년 9월에 롬바르디아로 진격했을 때, 루도비코는 즉시 권력을 잃고 말았다. 그는 1500년 2월에 다시 집권했지만, 그해 4월에 전투에서 사로잡혔으며, 남은 여생을 프랑스의 한 성에 수감된 채 보내야 했다.

**(프란체스코) 스포르차**(Sforza, Francesco, 1401-66) 밀라노 공작. 용병 대장이었던 무초 아텐돌로 스포르차(Muzio Attendolo Sforza)의 서자이며, 1424년에 아버지가 죽은 후 스포르차 용병부대를 이끌었다. 그는 밀라노 공작인 필리포 비스콘티(Filippo Visconti)에게 고용되었으며 그의 서녀(庶女)인 비앙카

마리아(Bianca Maria)와 결혼했다. 밀라노 사람들은 필리포 공작이 죽은 후 반란을 일으켜 공화국을 선포하고 스포르차를 총사령관으로 임명했다. 그는 밀라노를 위해서 베네치아 군대를 격파했다. 그러나 밀라노 공화국은 스포르차를 따돌리고 베네치아와 평화조약을 맺었다. 이후 그는 편을 바꾸어서 이번에는 베네치아 군대를 이끌고 밀라노 공화국과 맞서 싸웠다. 1450년에 그는 밀라노 공작이 되었다. 이듬해 베네치아, 나폴리 등이 연합하여 스포르차에 맞섰는데, 스포르차는 코시모 데 메디치의 도움을 받았다.

**식스투스 4세**(Sixtus IV, 1414-84) 프란체스코 수도회에 가입하여 1464년에는 수도회 총장이 되었다. 몇몇 이탈리아 대학에서 가르쳤으며, 여러 편의 신학 및 철학 저작을 저술했다. 그는 명망 있는 설교자이기도 했다. 1471년 교황으로 선출되었으며, 즉위 후에 적극적으로 십자군 원정을 추진했다. 그러나 극심한 족벌주의로 얼룩진 그의 통치는 메디치 가문과의 분쟁을 야기했다. 결국 1478년 파치 가문의 음모를 방조했는데, 이 사건이 추문과 반발을 일으키자 그럴 듯한 명분을 내세워 로렌초 데 메디치를 파문했고, 피렌체에 성사 금지령을 내린다고 위협했다. 그리고 교황청의 동맹자인 나폴리 왕 페르난도 1세를 설득해서 피렌체와의 전쟁을 선포하게 했다. 이후 1478년에서 1480년 사이에 피렌체와의 전쟁이 이어졌다. 이 전쟁은 로렌초가 식스투스 4세를 제쳐두고 페르난도 1세와 담판을 지음으로써 종결되었고 그도 로렌초를 사면하고 피렌체에 대한 성사 금지령을 해제했다. 뿐만 아니라 1482년에는 베네치아를 부추겨서 페라라 왕국과 전쟁을 벌이게 하기도 했다. 한편 그는 인문주의와 예술에 대해서 아낌없는 후원을 베풀었다. 1481년에는 그의 이름을 딴 시스티나 성당이 완공되었다. 하지만 이런 업적을 뒷받침한 것은 무거운 세금과 성직 매매였다.

**아가토클레스**(Agathocles, 361-289 기원전) 시라쿠사의 참주. 시칠리아에서 도공(陶工)의 아들로 태어나 군인이 되기 전까지 한동안 도공 일을 했다.

기원전 325년 이후 시라쿠사에서 민주파의 지도자가 되어 과두파 정권을 전복시키려고 시도하다가 두 차례 추방당했다. 기원전 317년에는 용병을 거느리고 다시 시라쿠사로 귀환하여 약 1만 명의 시민—과두정권의 지도자를 포함하여—을 추방하거나 죽이고 스스로 참주가 되었다. 그는 빈민구제책을 실시했고 육, 해군을 증강했으며, 기원전 316년에서 기원전 313년경까지 벌인 전쟁으로 메시나(Messina)를 비롯한 시칠리아의 대부분을 장악했다. 하지만 카르타고가 시칠리아에 가지고 있던 자국의 영토를 빼앗길까 두려워하여 대군을 보내자 대규모 전쟁이 다시 벌어졌다. 기원전 311년 아가토클레스는 시라쿠사에서 카르타고 군에게 포위되는 상황에 빠지기도 했지만, 결국 봉쇄망을 뚫고 탈출했다. 이어서 그는 아프리카에 있는 카르타고의 본국을 공격하여 몇 차례의 승리를 거두는 등 상당한 성공을 거두었지만, 기원전 307년에 패배하고 말았다. 그러나 기원전 306년 카르타고와 맺은 평화조약을 통해 시칠리아에서의 영향력을 상당부분 유지했다.

**아우렐리우스 안토니누스**(Aurelius Antoninus, Marcus, 121–180)  로마의 황제이자 철학자. 동생 루키우스 베루스와 함께 공동 황제에 등극함으로써 로마 제국의 역사에서 공식적으로 동등한 법률상의 지위와 권력을 가진 공동 황제가 처음으로 탄생했다. 하지만 중요한 국정은 철저히 마르쿠스가 수행했다. 베루스 사후에도 마르쿠스는 도나우 강 국경선을 되찾기 위해서 온 힘을 기울여 3년간 더 싸워야 했으며, 또다시 3년간 보헤미아 지방에서 싸운 끝에 잠시나마 도나우 강 건너 부족들을 평정할 수 있었다. 그는 스토아 학파의 주요 철학자 가운데 한 사람이었으며, 그의 「명상록(*Meditations*)」은 로마인의 가장 내밀한 사상을 집약한 것이지만, 놀랍게도 그리스어로 저술되었다. 자신의 통치 기간을 거의 국경에서 외적을 방비하는 데 보냈던 마르쿠스는 제국의 북쪽 국경선을 확장하려고 전쟁을 벌이다가 180년 전선에서 숨을 거두었다.

**아이스쿨라피우스**(Aesculapius)  아폴로의 아들이며 카이론 밑에서 자란 그리스 신화의 영웅이다. 그는 카이론에게서 사냥과 의술을 배웠다고 하는데, 카이론에게서 배운 의술로 죽은 사람도 되살릴 수 있었기 때문에 제우스가 인간이 그를 통해 불사의 능력을 얻을까 두려워하여 번개를 쳐서 그를 죽였다. 하지만 아폴로의 요청으로 제우스는 그를 별로 바꾸어 뱀주인 자리(Ophiuchus)가 생겼다고 한다.

**안티오코스 3세**(Antiochos III, 242?-187 기원전)  시리아 왕국의 셀레우코스 왕조의 왕으로 소아시아 지역과 유럽에 대한 로마의 지배권에 도전했지만 실패했다. 소아시아 지방을 안정시킨 뒤 일찍이 알렉산드로스 대왕이 동진(東進)한 길을 따라 진군하여 인도까지 침입했다. 이런 확장 정책의 성공에 대해서 그리스인들은 그를 알렉산드로스 대왕에 비유하여 '대왕'이라는 별칭을 붙였다. 지중해 방면으로 진출하려고 했으나, 로마의 개입으로 결국 좌절되고 말았다. 그는 그리스를 침략했지만 기원전 191년에 테르모필레에서, 그리고 기원전 190년에는 마그네시아(Magnesia)에서 로마군에게 격파당했다. 기원전 188년에 아페메이아 평화조약을 체결하여 셀루우코스 왕국은 더는 로마 제국을 위협할 수 없을 만큼 축소되고 말았다.

**알렉산드로스 3세 대왕**(Alexandros III Magnus, 356-23 기원전)  마케도니아의 필리포스 2세의 아들로 페르시아 제국을 무너뜨리고 인도까지 진출하여 헬레니즘 세계의 토대를 쌓아 알렉산드로스 '대왕'으로 불렸다. 그는 13-16세에 아리스토텔레스에게서 교육을 받았다. 기원전 336년에 필리포스 2세가 암살되자 군대의 지지를 받아 마케도니아의 왕위를 계승했다. 그는 기원전 334년에 헬레스폰토스 해협을 건너 시리아, 페니키아를 공략해서 페르시아를 고립시켰으며, 기원전 332년 7월에는 테베를 함락시키고 같은 해 11월에는 이집트까지 진격해서 지중해 동부해안 전 지역에 대한 지배권을 완전하게 장악했다. 이후 기원전 331년부터 페르시아 본토를 공략해서 기원전 330년에 당시 페르시아의 수도를 점령했다. 이 해에 새겨진 로도스의 명문(銘文)에는 그를 "아시아의 군주"라고 칭하고 있다. 연이어 그는 중앙아시아, 인도로 진격했으며, 기원전 326년에는 인더스 강을 건넜다. 회군 이후 그는 제국의 정비 및 강화에 박차를 가했는데, 바빌론에서 유프라테스 강의 관개시설을 개량하고 페르시아 만 해안지방의 정착촌 건설 사업을 추진하던 중에 갑자기 병에 걸려 기원전 323년 33세의 나이로 죽었다. 그는 '알렉산드리아'로 명명된 도시를 70개나 건설했는데, 이 도시들은 그리스 문화를 기반으로 하여 오리엔트 문화를 융합시킨 헬레니즘 문화의 형성에 크게 기여했다. 그가 죽은 뒤, 대제국은 마케도니아, 시리아 및 이집트로 갈라졌다.

**알렉산데르 세베루스**(Alexander Severus : Marcus Aurelius Severus Alexander, 208-235) 그는 222년 3월 황실 근위대가 양아버지인 헬리오가발루스 황제를 암살하자 제위에 올랐다. 그가 집권하는 동안 실권은 그의 즉위를 위해서 암약한 외할머니와 어머니가 쥐고 있었다. 그는 공정하고 성실하며 상냥한 성격의 소유자로 알려졌지만, (의심할 나위 없이 그의 나이가 너무 어린 탓에) 어머니의 영향력에서 벗어나지 못했다. 그의 치하에서 법은 제대로 유지되지 못했고, 종종 반란이 일어났다. 235년 3월에 그는 게르만 계통의 알레만니 족의 침략을 막기 위해서 출정했는데, 어머니의 충고에 따라 게르만 족을 돈으로 매수하여 평화조약을 맺으려 하다가 군대의 분노를 샀다. 갈리아 지방에서 반란군들은 그를 그의 어머니와 함께 살해하고 막시미누스를 황제로 선포했다. 그의 죽음으로 세베루스 왕조는 종지부를 찍게 되고, 군인 황제 시대의 혼란이 시작되었다.

**알렉산데르 6세**(Alexander VI : Rodrigo Borgia, 1431-1503) 그는 당시 세도를 떨치던 보르자 가문의 스페인 분가의 일원으로 아라곤의 발렌시아 인근에서 태어났으며, 볼로냐 대학을 졸업했다. 1455년 4월에 그의 삼촌인 추기경 알폰소 데 보르자(Alfonso de Borja)가 교황 칼릭스투스 3세(Calixtus III)로 즉위했다. 칼릭스투스 3세는 1456년에 조카인 로드리고를 추기경에 임명했으며,

1457년에는 교황청 고위 관리로 임명했는데, 로드리고는 상당한 행정능력을 보인 듯하다. 1460년대에 그는 알려지지 않은 정부(혹은 정부들)와의 사이에서 세 명의 아이를 낳았고, 1473년경에는 로마 귀족 출신의 카타네이와 오랜 불륜관계를 시작했는데, 그녀에게서는 체사레와 루크레치아를 포함한 4명의 아이를 얻었다. 그는 교황 선거인들에게 성직을 매매하는 등 편법을 동원하여 1492년 8월 알렉산데르 6세로 교황에 선출되었다. 한편 샤를 8세는 1494년 나폴리 왕국의 통치권을 주장하며 이탈리아를 침공하고 교황의 폐위 및 개혁 공의회 소집안으로 알렉산데르 6세를 몰아붙였다. 그는 1495년 초 밀라노와 베네치아, 신성 로마 제국 등과 손을 잡고 제1차 신성동맹을 결성함으로써 나폴리 통치에 대한 샤를의 요구를 거부하고 프랑스 군대를 이탈리아에서 철수시키는 데 성공했다. 1493년에는 아직 십대인 아들 체사레를 추기경에 임명했다. 1494년 피렌체에서 사보나롤라가 교황청의 폐단을 강력히 비판하며 교황의 폐위를 주장했는데, 그는 표면적으로는 극도의 자제를 보이면서도 이면에서 온갖 정치 공작을 벌여서 결국 2년 후에 사보나롤라를 파멸시키는 데 성공했다.

**알베리코 다 바르비아노**(Alberico da Barbiano, 1348-1409) 코니오(Conio)의 백작이며 용병대장이었다. 1376년에는 교황측에 가담하여 호크우드 경과 함께 로마냐 전투에 참여했다. 그러나 외국 용병들이 자행하는 약탈로 인한 참상을 보면서, 그는 이탈리아인으로 구성된 용병부대를 편성했다. 200명 남짓한 규모로 출발한 이 부대는 급속히 성장하여 4,000명에 이르게 되었으며, 그 영향으로 이후 약 20년 내에 이탈리아의 용병부대 대부분은 이탈리아인으로 구성되었다.

**알폰소 5세**(Alfonso V, 1395-1458) 1416년에 아라곤의 왕이 되었다. 1420년에 사르데냐와 시칠리아를 평정했다. 나폴리를 점령하여 나폴리의 왕(1442-58)이 되기까지 그는 기나긴 전쟁을 벌여야 했다. 알폰소는 강력하고 계명된 통치자였으며, 그의 나폴리 궁정은 이탈리아의 르네상스 문화와 스페인의 고딕 문화 영향이 어우러져 문화와 예술의 중심지가 되었다. 알폰소는 동방 교역을 보호하고 투르크에 맞서 기독교의 교권을 지키기 위해서 아프리카, 발칸 반도, 지중해 동부에서 많은 군사적, 외교적 활동을 했다. 그는 제노바를 공격하던 중 1458년 6월 나폴리에서 급사했다.

**앙부아즈**(Amboise, Georges d', 1460-1510) 루앙의 대주교이며, 추기경이자 정치가이다. 불과 14세에 몽토방의 주교가 되었고 1492년 나르본의 대주교가 되었으며 이듬해에는 루앙의 대주교가 되었다. 1498년에는 추기경이 되었다. 오를레앙 공작이 루이 12세로 즉위하자 재상으로 임명되었다. 그는 루이 12세의 밀라노 원정을 도맡아 준비했는데, 1499년 9월에는 루이 12세를 따라서 이탈리아로 갔으며, 1503년에 교황 알렉산데르 6세가 죽자 두 차례의 교황 선거에서 교황 후보자로 지목되었다. 1508년에는 베네치아를 견제하는 캉브레 동맹의 결성에 참여했으며, 루이 12세와 함께 두 번째 이탈리아 원정에서 돌아오는 길에 죽었다.

**에파미논다스**(Epaminondas, 418?-362 기원전) 테베의 장군이자 정치가. 기원전 379년 이후 그는 스파르타의 군사적 우위에 쐐기를 박고 그리스 도시국가들의 세력균형을 유지시키는 데 큰 공헌을 했는데, 특히 스파르타의 공세로부터 테베를 방어하는 데 주요한 역할을 수행했다. 그는 여러 차례 펠레폰네소스 원정을 성공시켰는데, 아테네-스파르타 동맹군과 맞선 만티네이아 전투에서 테베의 승리를 이끌었으나 전쟁에서 입은 부상으로 사망했다. 그의 죽음으로 테베도 패권을 잃었다.

**오르시니**(Orsini, Paulo, 1460?-1503) 추기경 라티노 오르시니(Latino Orsini)의 서자이다. 그는 1483년에 페라라 전투에서 교황군을 이끌어서 일약 유명해졌다. 그는 여러 차례 피렌체와 베네치아를 위해서 싸웠으며, 이후에는 교황과 체사레 보르자를 위해서 싸웠다. 1502년에는 체사레 보르자에 대항한 마조네(Magione) 음모를 주도했다. 그러나 보르자 휘하의 장군인 미켈레토(Micheletto)에게 격파당했고, 1502년 12월에 마조네 음모의 다른 주도자들과 함께 세니갈리아에서 보르자의 책략에 빠져 처형당했다.

**오르코**(Orco, Remirro de, ?-1502)  스페인 출신으로 레미로 데 로쿠아(Ramiro de Lorqua)로 불리기도 했다. 그는 1498년에 프랑스 궁정으로 가는 체사레 보르자를 수행했다. 1501년에 보르자에 의해서 로마냐의 통치자로 임명되었으나, 1502년 12월에 그의 손에 처형되었다.

### 올리베로토 → 유프레두치

**유프레두치**(Euffreducci, Oliverotto, 1475?-1502)  그는 파울로 비텔리 휘하에서 군인으로 훈련받았으며, 비텔리와 함께 피사와 나폴리 왕국에서 프랑스 진영에 가담하여 싸웠다. 1499년 10월에 피렌체인들이 비텔리가 피사와의 전쟁에서 피렌체를 배신했다는 이유로 그를 처형했을 때, 올리베로토는 여러 전투에서 체사레 보르자에게 고용되어 활약했던 비텔로초 비텔리의 군대에서 복무하고 있었다. 1501년 올리베로토는 간악한 술책을 써서 페르모의 정권을 장악했다. 1502년 10월 그는 커져가는 보르자의 세력을 억제하려는 마조네(Magione)의 음모에 가담했다. 위장 화해 전술을 펼친 끝에, 보르자는 올리베로토와 다른 오르시니 가문의 지도자들을 시니갈리아에서 함정에 빠뜨려 체포했다. 1502년 12월 31일, 그는 그곳에서 비텔로초 비텔리와 함께 처형당했다.

**율리아누스**(Julianus : Marcus Didius Salvius Julianus, ?~193)  콤무두스의 뒤를 이은 페르티낙스는 짧은 제위 기간 후에 황실 근위대에 의해서 암살되었는데, 근위대는 즉위 하사금을 많이 내놓는 최고 금액의 입찰자에게 황위를 줄 것이라고 공언했다. 그는 결국 입찰에서 이겨 황제가 되었다. 얼마 후 도나우 강 주둔 군단이 이탈리아로 쳐들어와 그를 살해했다. 그는 고작 두 달 동안 로마를 다스렸다.

**율리우스 2세**(Julius II, 1443-1513) 세속명은 줄리아노 델라 로베레(Giuliano Della Rovere)이며 교황 식스투스 4세의 조카로서 프란체스코회 수사가 되었다. 1471년에 그의 삼촌이 교황이 되었을 때, 그는 추기경으로 임명되었다. 교황 선거 회의에서 로드리고 보르자의 교황 선출에 반대했다. 결국 교황이 된 보르자, 즉 알렉산데르 6세의 임기 동안 그의 눈밖에 났다. 알렉산데르 6세를 뒤이은 교황 피우스 3세의 짧은 재위 기간 후, 그는 1503년 교황으로 선출되었다. 그는 성급한 언동과 활력 및 결단력으로 매우 강력한 인물로 보였다. 그의 목표 가운데 하나는 교황령의 질서를 회복하고, 그 영토 내에서 세력을 떨치고 있는 세속 통치자들을 몰아내는 것이었다. 1509년에 그는 막시밀리안 1세 및 루이 12세와 연합해서 베네치아를 공격했다. 이후 프랑스 세력이 지나치게 커지자, 베네치아 및 스페인과 동맹을 맺었다. 율리우스는 예술의 유명한 후원자로서 미켈란젤로와 라파엘로에게 작품을 의뢰했다. 그리고 브라만테가 설계한 새로운 성 베드로 성당은 그의 재위 기간에 착공되었다.

**인노켄티우스 8세**(Innocentius VIII, 1432-92) 본명은 조반니 바티스타 치보(Giovanni Battista Cibo)이며, 제노바에서 태어났다. 1484년 식스투스 4세의 뒤를 이어 교황으로 선출되었다. 그는 젊은 시절에 두 명의 서자를 가졌다. 전임 교황인 식스투스 4세의 족벌주의적 관행을 그대로 이어나갔으며, 이탈리아 여러 도시들, 특히 나폴리와 치른 전쟁으로 교황청 재정이 바닥나자 새로운 성직을 만들어 팔기도 했다. 그의 뒤를 이어 알렉산데르 6세가 교황이 되었다.

**카라칼라**(Caracalla : Marcus Aurelius Antoninus, 188-217) 카라칼라 혹은 카라칼루스(Caracallus)로 불려진 로마의 황제이다. 그는 셉티미우스 세베루스 황제의 장남으로 태어났다. 196년에 카이사르 칭호를 부여받았다. 그리고 198

년에는 명목상 아버지 세베루스와 동격의 지위인 아우구스투스 칭호를 부여받았다. 그와 그의 동생 게타(Geta)—209년에 아우구스투스 칭호를 부여받은—는 209년에 아버지를 따라 브리타니아 원정에 참가했다. 211년 브리타니아 원정 중에 요크에서 세베루스가 죽은 이후, 카라칼라와 게타 형제는 로마에 돌아와서 공동 황제가 되어 통치했다. 하지만 형제 사이의 경쟁은 점점 심해져, 212년 카라칼라는 동생 게타를 살해했다. 같은 해 그는 안토니우스 시민법을 제정하여 제국의 모든 자유 거주민에게 로마 시민권을 부여했다. 하지만 그가 이런 조치를 취한 것은 상속세에서 얻어지는 세입을 증가시키기 위한 것임이 분명했다. 그는 그의 통치 기간 중 대부분을 군사작전에 보낸 잔혹하고 호전적인 통치자였다. 그는 217년 4월에 파르티아인을 상대로 한 두 번째 원정 중 카레 근처에서 근위대장인 마크리누스 — 그는 이후 황제가 되었다—에게 살해당했다.

**카이사르**(Caesar, Julius, 100–44 기원전) 제2차 포에니 전쟁 이후의 경제개혁으로 재산을 일부 몰수당한 농민계급은 지배계급을 증오하게 되었으며, 이에 따라 농민계급의 지지를 받아 권력을 장악하는 것이 유력한 대안으로 인식되었다. 이런 상황에서 카이사르는 자신의 두드러진 관대함으로 장군으로서 명성을 떨치기 전에 이미 매우 유명한 대중적인 인사가 되었다. 폼페이우스, 크라수스와 함께 삼두체제를 구축하고 집정관이 되어 큰 인기를 얻었으며, 갈리아 전쟁을 성공적으로 수행했다. 기원전 49년에 군대를 해산하고 로마로 복귀하라는 원로원의 결의가 나오자 "주사위는 던져졌다"는 말과 함께 갈리아와 이탈리아의 국경인 루비콘 강을 건너 로마로 진격했다. 폼페이우스의 거점인 스페인을 제압하고 패주하는 그를 쫓아 이집트로 향했다. 폼페이우스는 이미 암살당했지만, 이집트의 왕위계승 싸움에 휘말린 끝에 클레오파트라 7세를 왕위에 오르게 했고 그와 그녀와의 사이에 아들 카이사리온(프톨레마이오스 15세)을 두었다. 기원전 47년에는 소아시아를 공략해서 "왔노라, 보았노라, 이겼노라(veni, vidi, vici)"라는 유명한 보고를 원로원으로 보냈다. 그는 공화정을 이끌고 있던 원로원 지배를 무력화하고 로마의 지배자가 되었다. 기원전 44년 3월에 브루투스 등에 의해서 암살당했다.

**콤모두스**(Commodus, Lucius Aelius Aurelius, 161-192) 황제 마르쿠스 아우렐리우스의 장남으로서 177년에 연로한 아버지와 공동 통치하는 형태로 제위에 올랐다가, 180년에 아버지가 죽자 단독 황제가 되었다. 그는 원형 경기장에서 벌어지는 검투사와 맹수의 싸움을 좋아했고, 스스로 경기장에 내려가서 검투사들을 살해하곤 했다. 192년 12월 콤모두스는 일단의 고문관들이 고용한 레슬링 선수들에게 목이 졸려 암살되었다. 콤모두스 사후에 군대가 국가의 실권을 잡아서 제국은 '군인 황제 시대'라고 불리는 정체기에 들어서게 된다.

**클레멘스 7세**(Clemens VII ; Giulio de' Medici, 1478-1534) 대인 로렌초의 동생인 줄리아노 데 메디치의 서자로 태어났다. 그의 아버지는 피렌체 대성당에서 파치 가문의 암살자들에게 살해당했다. 1513년에 그의 사촌인 조반니 데 메디치가 교황 레오 10세로 선출되었을 때, 그는 피렌체의 대주교 및 추기경에 임명되었다. 1519년 5월에 우르비노 공작인 로렌초 데 메디치가 사망한 이후, 그는 피렌체를 다스렸다. 1523년 그는 교황으로 선출되었다. 전임 교황들과 마찬가지로 클레멘스 7세는 이탈리아 정치에 관여하고 르네상스 문화를 후원하며 가문의 발전에 관심을 기울였다. 그는 종교개혁의 의미를 과소평가하고 메디치 가문의 이익만을 추구하는 정책을 펴서 교회를 위험에 빠뜨렸다. 1527년 프랑스 왕 프랑수아 1세와 동맹을 맺었는데, 이에 대항하여 신성 로마 제국 황제 카를 5세는 1527년 5월에 로마를 침입했다. 클레멘스 7세는 포로가 되어 로마의 산탄젤로 성에 감금되었다가 석방되었는데, 석방된 이후에는 독일 황제에게 의존하지 않을 수 없었다. 잉글랜드 왕 헨리 8세가 자신의 형수였던 왕비 캐서린 공주와의 결혼을 무효화해달라고 요청했을 때, 그녀가 신성 로마 제국 황제의 숙모라는 점을 감안하여 결혼 무효를 허가하지 않았는데, 그 일이 도리어 영국의 종교개혁을 촉발하는 단서가 되었다. 또 독일 내에서의 종교개혁운동의 확산을 보고도 모른 체하여 로마 교회의 위신을 떨어뜨렸다. 클레멘스 7세와 마키아벨리와의 관계에서 중요한 사건은 「피렌체사(Istorie fiorentine)」의 집필이다. 그는 1520년 11월에 마키아벨리에게 그 집필을 의뢰했다. 1525년에 마키아벨리는 로마에 가서 「피렌체사」를 그에게 바쳤다.

**키로스 대왕**(Kyros, 590?-529 기원전) 페르시아의 아케메네스 제국을 창건한 정복자이다. 그는 기원전 약 559년부터 기원전 약 529년까지 아케메네스 제국을 다스렸다. 하지만 그의 생애의 구체적인 내용은 잘 알려져 있지 않다. 고대 페르시아 사람들에게는 백성의 아버지로 불렸던 인자하고 이상적인 군주로 기억되었고, 성서에서는 바빌로니아에 잡혀 있던 유대인들의 해방자로 기록되어 있다.

**테세우스**(Theseus) 아티카의 전설적인 영웅. 크레타의 미궁에서 반인반우(半人半牛)의 괴물인 미노타우루스를 죽인 일과 여인족의 나라인 아마존을 정복한 일이 유명하다. 그는 아티카를 하나의 국가로 통합했다.

**티투스 퀸투스**(Titus Quintus : Titus Quinctius Flaminius, 227?-174 기원전) 기원전 198년에 그는 로마의 집정관이 되었으며, 그 다음 해에는 로마 군을 이끌고 마케도니아의 필리포스 5세를 격파했다. 기원전 183년에는 비티니아의 왕인 프뤼지아스의 궁정에 도피해 있던 한니발을 양도하도록 압박했는데, 한니발은 독약을 먹고 자살했다.

**페르난도 2세**(Fernando II, Fernando el Católico, 1452-1516) 아라곤 왕이자 카스티야 왕(페르난도 5세)과 레온 왕을 겸했다. 이탈리아에서는 페르디난도 2세라고 불렸다. 알렉산데르 6세가 그에게 내린 별칭은 '가톨릭 왕'이었다. 그는 1469년에 사촌인 카스티야의 이사벨과 결혼했으며, 그뒤 부부는 카스티야를 공동으로 통치하게 되었다(이사벨은 1504년에 죽는다). 페르난도는

1479년에 아버지의 뒤를 이어 아라곤 왕이 되었다. 즉위 후에 그는 그라나다의 이슬람 왕국 공격에 착수했으며, 1492년 정복에 성공했다. 그라나다 정복으로, 스페인은 콜럼버스의 대서양 횡단 항해를 지원할 수 있었다. 교황 알렉산데르 6세는 특히 페르난도의 이탈리아 전쟁에 대한 개입을 치하하면서 1496년에 '카톨릭 왕'이라는 명예칭호를 내렸다. 1500년 11월에 그는 프랑스의 루이 12세와 비밀 조약을 맺었는데, 그들은 페르난도의 사촌인 프레데리코 1세가 통치하고 있던 나폴리 왕국을 정복하여 분할하는 데 합의했다. 이후 페르난도와 루이 12세는 분쟁에 휩싸였는데, 1504년 무렵에 프랑스 군을 몰아냄으로써 나폴리 왕국은 스페인에 병합되었다. 그의 죽음으로 카스티야와 아라곤의 왕위가 모두 카를로스 1세에게 넘어감으로써 스페인의 진정한 통일이 실현되었다.

**페르티낙스**(Pertinax, Publius Helvius, 126-193) 로마의 황제. 그는 해방 노예인 숯가마꾼의 아들로 태어났다. 그는 일반 공직뿐만 아니라 군사적인 공직—그는 169년 게르만 족이 침입했을 때 큰 명성을 얻었으며, 라이티아와 브리타니아의 장군이었다—에서도 매우 중요한 직위들을 거쳤다. 콤모두스가 암살된 이후, 193년 1월 1일에 그는 근위대에 의해서 황제로 선포되었다. 하지만 그의 개혁 정책은 군인들의 미움을 받았고, 급기야 제위에 오른 지 3개월도 못 되어 반란을 일으킨 군인들에게 살해당했다.

**프레데리코 1세**(Frederico I, 1452-1504) 아라곤의 왕이자 나폴리 왕국의 왕. 그는 신민으로부터 존경받는 군주였지만, 그의 사촌인 가톨릭 왕 페르난도 2세와 프랑스 왕 루이 12세가 나폴리 왕국을 점령하여 분할한 비밀 조약의 희생자가 되었다. 루이 12세의 군대는 1501년 여름에 나폴리 왕국을 북쪽에서 공격해왔으며, 페르난도의 스페인 군대는 나폴리 왕국의 남부 지역 대부분을 점령했다. 프레데리코는 공격에 맞설 수가 없었다. 1501년 그는 왕위에서 물러났다. 프랑스로 호송되었으며, 1504년 프랑스에서 죽었다.

**피로스**(Pyrrhos, 318?-272 기원전)  그리스의 북서쪽 지역에 위치한 이피로스의 왕이다. 그는 매우 훌륭한 장군이었는데, 기원전 280년 이후 이탈리아에서는 로마에 대항하여 전투를 벌였고, 시칠리아에서는 카르타고와 맞서 싸웠다. 그는 몇 차례나 승리를 거두었지만, 너무나 큰 대가를 치러야 했다. 희생을 많이 치른 승리라는 의미를 가진 피로스의 승리(Pyrrhic victory)라는 말은 여기에서 유래한다.

**피우스 3세**(Pius III, 1439-1503)  피우스 2세의 조카이며, 1460년에 피우스 2세는 그를 추기경에 임명했다. 그는 교황 알렉산데르 6세의 족벌주의를 비판하는 등의 면모를 통해 흠잡을 데 없는 평판을 얻었다. 알렉산데르 6세가 죽자 교황 선거 회의를 장악하기 위해서 자신의 군대로 바티칸을 포위했다. 교황에 선출되었을 무렵 그의 건강은 상당히 악화된 상태였다. 즉위식을 가진 직후에 사망했고, 율리우스 2세가 교황에 올랐다.

**필로포이멘**(Philopoemen, 253-184 기원전)  그리스의 장군으로서 메가폴리스에서 태어났다. 크레타에서 용병대장으로 활약한 이후에, 기원전 208년에는 아카이아 동맹의 총사령관이 되었다. 그는 스파르타의 통치자인 나비스를 몇 번이나 격파했다. 그는 아카이아 동맹의 정치적 맹주가 되었으나, 메시니에서 반란이 일어났을 때 사로잡혀서 처형되었다.

**필리포스 2세**(Philippos II, 382-336 기원전)  그는 젊은 시절에 3년간 볼모로 테베에 있으면서 그리스의 문화를 접했다. 기원전 359년에 마케도니아의 왕이 되었으며 그의 아들인 알렉산드로스가 세계 제국을 건설할 수 있는 기초를 구축했다. 기원전 338년에 아테네와 테베 연합군을 격파했으며 이듬해 코린트 동맹을 결성하여 그리스와 마케도니아의 패권을 잡았다. 그는 기원전 336년에 페르시아 원정을 추진하던 와중에 마케도니아 왕가의 내분에 휩싸여 암살당했다.

**필리포스 5세**(Philippos V, 238-179 기원전) 제2차 포에니 전쟁을 일으킨 한니발과 동맹을 맺고 10여 년 동안 로마를 상대로 제1차 마케도니아 전쟁을 벌였다. 그는 유리한 조건으로 로마와의 전쟁을 끝냈으나, 이집트 왕 프톨레마이오스 5세와의 전쟁을 계기로 로마는 다시 그에게 선전포고를 했다(제2차 마케도니아 전쟁). 그는 로마에 패했고 그의 세력권은 마케도니아에 국한되었다. 그러나 왕국의 내실을 강화한 그는 발칸 지역으로까지 그의 세력권을 넓히기도 했다. 그는 인기있는 뛰어난 군인이자 통치자였으나, 그의 팽창정책은 일관되지 못했고, 일시적으로 승리했을 뿐이었다.

**한니발**(Hannibal, 247-183? 기원전) 카르타고의 위대한 장군인 하밀카르 바르카의 아들로 기원전 221년에 26세의 나이로 카르타고 군의 총사령관이 되었다. 그는 3년 동안 스페인에서의 전투를 성공적으로 이끌었다. 기원전 219년에는 로마와 친선 관계를 맺고 있던 사군툼을 함락시켰다. 로마가 이에 대해서 선전포고를 함으로써 제2차 포에니 전쟁이 시작되었다. 그는 피레네 산맥을 넘어 남프랑스를 석권하고, 다시 기원전 218년에는 눈 덮인 알프스를 넘어 이탈리아로 진격해서 로마 군을 상대로 혁혁한 승리를 거두었다. 그러나 전선은 점점 교착상태에 빠져들었고, 스키피오가 카르타고 본국을 공격함으로써 한니발은 아프리카로 회군할 수밖에 없었다. 한니발의 군대는 기원전 202년 자마에서 스키피오에게 결정적으로 패배했다. 이후 그는 전쟁에서 패배했다는 국내의 비난을 받기도 했지만, 카르카고의 행정 장관에 임명되어 카르타고의 부활을 꿈꾸었다. 그러나 로마인들은 한니발을 넘겨줄 것을 집요하게 요구했다. 그는 티레, 에페소스, 크레타를 거쳐 마지막에는 비티니아로 달아났고, 끝내 독약을 먹고 자살했다.

**호크우드 경**(Hawkwood, Sir John, 1320?-1394) 잉글랜드의 용병 대장이며, 이탈리아인들에게는 조반니 아쿠토(Giovanni Acuto) 혹은 아우쿠트(Aucut)로 알려졌다. 에섹스 지방에서 피혁업자의 아들로 태어나서 군인의 길을 걸었는데,

에드워드 3세에게서 기사 작위를 받은 것으로 추정된다. 나중에 용병대장이 되었는데, 그는 약 1360년경 백군(白軍)으로 알려진 그의 군대를 이끌고 이탈리아에 가서 1364년에 피사의 장군으로서 피렌체와 싸웠다. 이후 그는 교황과 밀라노 공작을 위해서도 싸웠다. 1380년에는 피렌체가 그를 고용했는데, 그는 은퇴할 때까지 피렌체를 위하여 성실하게 복무했다. 그는 매우 유능한 장군으로 알려졌다.

**히에론 2세**(Hieron[또는 Hiero] II, 308-216? 기원전) 시라쿠사인들은 히에론을 시라쿠사 군의 사령관으로 임명했고 기원전 270년에는 시라쿠사의 왕으로 선출했다. 기원전 264년에 그의 군대는 마메르티니를 공격했으며, 마메르티니인들은 로마에 도움을 요청했다. 그는 시칠리아에 상륙하여 군사작전을 벌이고 있던 카르타고의 장군 한노와 동맹을 맺고 로마에 대항했지만, 패배하고 시라쿠사로 철수했다. 기원전 263년에 그는 로마와의 동맹에 동의했으며, 그 대가로 시칠리아의 동남 지역을 통치할 수 있는 권리를 인정받았다. 그가 죽을 때까지 이 동맹은 깨어지지 않았다.

# 부록 4 마키아벨리의 생애와 주요 사건 연표

1453             : 백년전쟁이 종결됨.

1454             : 로디 평화조약에 의해서 1494년까지 이탈리아에서 세력균형이 이루어짐.

1469      5월 : (3일) 피렌체에서 마키아벨리 출생.

1479             : 카스티야 여왕 이사벨과 1469년에 결혼한 아라곤의 페르난도가 아라곤 국왕으로 즉위함으로써 스페인 연합왕국이 성립함.

1481      11월 : 파올로 다 론실리온의 학교를 다니게 됨.

1480년대 말 : 아마도 이 시기에 피렌체 대학에서 마르첼로 아드리아니(Marcello Adriani)의 강의를 받은 것 같음.

1494             : 샤를 8세가 나폴리 왕국을 점령함.

1498      6월 : 대위원회에서 피렌체 공화국의 제2장관으로 인준됨.

           6월 : 10인 전쟁위원회의 비서로 선출됨.

         11월 : 10인 전쟁위원회를 대표하여 마키아벨리가 수행한 외교사절로서의 일련의 임무 중 최초의 활동으로 피옴비노의 통치자에게 파견됨.

1499      7월 : 카테리나 스포르차-리아로에게 파견됨.

1499-1500 : 루이 12세가 밀라노를 점령함.

1500    7-12월 : 프랑스의 루이 12세 궁정에 파견됨.

1501             : 마리에타 코르시니(Marietta Corsini)와 혼인함(슬하에 여섯 아이를 두게 됨).

         12월 : 보르자를 수행하여 체세나와 시니갈리아에 감.

| 1503 | 1월 | : 보르자의 궁정으로부터 돌아옴. |
|---|---|---|
| | 4월 | : 시에나의 군주인 판돌포 페트루치에게 파견됨. |
| | 10–12월 | : 율리우스 2세의 선출을 참관, 보고하기 위해서 로마의 교황청에 파견됨. |
| 1504 | 1–2월 | : 루이 12세의 궁정에 두 번째로 파견됨. |
| | 7월 | : 판돌포 페트루치에게 두 번째로 파견됨. |
| 1504 | | : 아라곤의 페르난도가 나폴리 왕국을 탈환함. |
| 1505 | 12월 | : 마키아벨리가 피렌체의 시민군을 재건하기 위해서 제안한 계획이 잠정적으로 승인됨. |
| 1506 | 1월 | : 피렌체 북쪽의 무겔로에서 시민군의 충원을 도움. |
| | 8–10월 | : 교황청에 두 번째로 파견됨. 율리우스를 수행하여 비테르보에서 오르비에토, 페루지아, 우르비노, 체세나 및 이몰라에 감. |
| | 12월 | : 대위원회는 9인의 시민군 위원회를 창설하고 마키아벨리를 그 비서로 임명함. |
| 1507 | 12월 | : 막시밀리안 황제의 궁정에 파견됨. |
| 1508 | 6월 | : 황제의 궁정에서 돌아옴. |
| 1509 | | : 루이 12세가 베네치아를 격파함. |
| 1510 | 6–9월 | : 루이 12세의 궁정에 세 번째로 파견됨. |
| 1511 | 9월 | : 루이 12세의 궁정에 네 번째로 파견됨. |
| 1512 | 8월 | : 스페인 군대가 피렌체 영토를 공격하고 프라토(Prato)를 약탈함. |
| | 9월 | : 피렌체가 항복함. 메디치 가문의 복귀. 공화정이 해체됨. |
| | 11월 | : 마키아벨리는 장관직에서 해임되고(7일), 피렌체 영내 거주 1년형을 선고받음(10일). |
| 1513 | 2월 | : 반(反)메디치 가문의 음모에 가담한 혐의로 기소되어 재판 및 고문을 받고 투옥됨. |

| | | |
|---|---|---|
| 3월 | : | 감옥에서 석방됨(11일). |
| 4월 | : | 피렌체 남쪽에서 7마일 떨어진 산탄드레아의 농장에 은둔함. |
| 1513 7(?)-12월 | : | 「군주론」의 초고를 집필함. |
| 1515년경 | : | 코시모 루첼라이가 주재하는 피렌체의 오르티 오리첼라리(Orti Oricellari)에 있는 토론 그룹에 자주 참석하기 시작했음. 「로마사 논고(Discorsi)」를 루첼라이에게 헌정하면서 마키아벨리는 그 책이 루첼라이의 간청에 의해서 집필되었으며 그들의 모임에서 논의되었음을 암시함. |
| 1518 | : | 「만드라골라(Mandragola)」를 집필함. |
| 1518 또는 1519 | : | 「로마사 논고」를 완성함. |
| 1520 | : | 「전술론(Arte della guerra)」과 「카스루치오 카스트라카니 다 루카의 생애(La vita di Castruccio Castracani da Lucca)」를 집필함. |
| 11월 | : | 추기경 줄리오 데 메디치(Giulio de' Medici ; 나중에 교황 클레멘스 7세가 됨)로부터 피렌체의 역사를 기술해달라는 위촉을 받음. |
| 1521 | : | 「전술론」을 출간함. |
| 1525 5월 | : | 교황 클레멘스 7세에게 완성된 「피렌체사(Istorie fiorentine)」를 증정하기 위해서 로마를 방문함. |
| 1526 | : | 「만드라골라」를 교정하고 추가함. |
| 1527 6월 | : | 서거(21일) ; 피렌체의 산타 크로체에 매장됨(22일). |
| 1531 | : | 「로마사 논고」가 출간됨. |
| 1532 | : | 「군주론」과 「피렌체사」가 출간됨. |

# 제3판 개역본 해제

## 1. 「군주론」을 집필하기까지[1]

군주론을 저술하기 전까지의 마키아벨리의 삶을 조망하면, 크게 3시기로 나눌 수 있다. 그 첫째 시기는 1469년에서 1494년까지이다. 곧 그의 출생에서 프랑스의 샤를 8세의 이탈리아 침입 때까지이다. 둘째 시기는 사보나롤라의 집권 시기로서 1494년에서 1498년까지이다. 그리고 셋째 시기는 사보나롤라가 몰락한 1498년부터 피렌체 공화정이 몰락한 1512년까지이다.

각 시기마다 피렌체의 국내외 정치상황은 마키아벨리의 사고형성에 큰 영향을 미쳤다. 나는 각 시기마다의 핵심 인물들과 그들이 마키아벨리의 사고에 미친 영향을 중심으로 해제를 서술하고자 한다.

첫째 시기는 마키아벨리가 아직 공직에 진출하기 전이었으며 메디치 가문이 피렌체를 지배한 시기이다. 마키아벨리의 저작들 속에서 특히 눈에 띄는 인물은 국부(國父, Pater Patriae)라고 불린 코시모 데 메디치이다. 코시모 데 메디치는 메디치 가문이 피렌체를 지배하는 데에 결정적 공헌을 하고 그 기반을 닦은 인물들이다. 1434년 반대파의 추방에서 돌아온 코시모는 피렌체의 권력을 장악했고, 마키아벨리는 그의 지혜와 깊은 사려가 정치적으로 큰 중요성을 가진다는 것을 파악했다. 마키아벨리는 특히 코시모의 사례를 통해서 다양한 권력이 상호 각축하는 과정에서 올바른 상황판단이 얼마나 중요한지를 언급한다. 코시모는 피렌체의 실질적 지배자가 되었음에도 불구하고 군주제를 무리하게 도입하려고 하지 않았다. 자신과 경쟁하는 귀족들의 권력이 여전히 강했

---

[1] 이 해제에서는 마키아벨리의 생애와 정치사상 일반에 대해서는 다루지 않을 것이다. 강정인 교수의 "초판 번역본 해제"가 그 문제들을 잘 다루고 있기 때문이다. 이 해제에서는 반복을 피하기 위해서 마키아벨리의 저술 속에서 자주 나타나는 인물들이 그에게 주었던 교훈들을 먼저 살펴보고, 「군주론」 속에 담긴 그의 정치사상들을 살펴볼 것이다.

던 것이 이유이기도 했지만, 그보다 더 중요한 것은 코시모 자신이 당시 피렌체 정치상황에는 군주제가 적당하지 않음을 인식했기 때문이다. 그가 시민의 지지를 얻을 수 있었던 것도 자신을 지지하는 경거망동하는 자기편의 귀족들을 제어할 줄 아는 "시민적 중용"을 갖추고 있었기 때문이었다.[2] 이러한 그의 지혜는 잘못된 상황에 따른 섣부른 시도가 의도했던 것과 달리 상황을 악화시킬 수 있다는 것을 알려주었던 것이다.

둘째 시기는 친프랑스 정책을 취함으로써 시민들의 원한을 산 메디치 가문이 추방되고 나서 사보나롤라가 집권한 1494년에서 그가 화형에 처해진 1498년에 이르는 시기로서, 마키아벨리로 하여금 정치와 종교의 적절한 관계에 대해서 성찰하도록 했다. 도미니크 수도회의 수도사였던 지롤라모 사보나롤라는 피렌체의 타락상을 비판했다. 공화제의 전통이 강한 피렌체를 장악하게 된 코시모 데 메디치 이후의 메디치 가문은 형식적인 공화제를 유지하면서 시민들의 환심을 사기 위해서 축제와 향연을 자주 베풀었다. 사치와 오락이 만연하는 분위기 속에서 시민들은 현실을 비판적으로 바라보기보다는 현실에 안주하고, 나태한 삶을 누리려고 했다. 이러한 피렌체의 타락상을 비판한 사제가 사보나롤라이다. 설교와 예언 등을 통해서 존경과 권위를 얻게 된 사보나롤라는 메디치 가문이 추방된 후 권력의 공백상태가 된 피렌체의 권력자로 등장했다. 그러나 사보나롤라는 정치가가 아니라 성직자로 남아 있으려고 했다. 피렌체 시내의 산 마르코 수도원에서 설교와 기도로 피렌체를 수렴청정하려고 했던 것이다. 그러나 교황 알렉산데르 6세의 견제와 피렌체의 반대파의 공격으로 사보나롤라는 1498년 화형장의 재로 사라지게 된다. 이를 두고 마키아벨리는 「군주론」 제6장에서 '말뿐인 예언자'와 '무기를 든 예언자'의 대비를 통해서 종교와 정치의 논리가 엄연히 다름을 암시하고 있다.[3] 셋째 시기는 1498년

---

2) 「피렌체사」 VII, 5 참조.
3) 종교, 특히 기독교는 유일신에 대한 믿음 위에 세워졌다. 즉 진리냐 비진리냐의 이분법적 사고 속에서 이루어졌던 것이다. 반면 정치는 이해관계를 가진 다양한 개인들 간의 혹은 집단들 간의 관계 속에서 이루어진다. 그리고 그 관계 속에서 하나의 행동을 이끌어낼 필요가 있을 때도 있다. 하나의 진리를 믿는 동질적 집단의 경우, 진리의 언명만으

마키아벨리의 공직 진출과 더불어 시작된다. 외교와 군사 부문에서 일했던 마키아벨리는 능력을 인정받게 되어 공화정의 주요 업무를 맡았다. 특히 1502년에 신설된 종신직(終身職) 정의의 기수(Gonfaloniere a vita)로 선임된 피에로 소데리니의 신임은 제2서기관 직을 수행중인 마키아벨리의 공직 활동에 힘을 실어주게 된다. 1498년부터 메디치 가문의 복귀로 공직을 잃게 되는 1512년까지의 이 기간 동안 마키아벨리에게 큰 영향을 미친 사람은 체사레 보르자와 피에로 소데리니였다.

체사레 보르자는 교황 알렉산데르 6세의 아들로서 교황국의 군대를 지휘하면서 로마냐 지방을 평정하고 피렌체를 위협했는데, 마키아벨리는 그를 만나 관찰할 임무를 부여받았다. 보르자는 처음에는 프랑스 군대와 용병을 이용하여 정복 전쟁을 수행하였으나, 그것이 진정한 자기 힘에 기반하고 있지 못함을 깨닫자 여러 난관들을 극복하면서 자기 군대를 육성하게 된다. 「군주론」 제18장에서 '여우의 간계와 사자의 용맹'으로 묘사되는 위기타파 능력을 통해서 보르자는 자기 군대를 확보하게 되는데, 마키아벨리에게 인상 깊었던 사건은 시니갈리아(Sinigaglia) 사건과 레미로 데 오르코를 이용한 로마냐 지방의 평정이라고 할 수 있다. 시니갈리아 사건은 자신에게 충성을 다하지 않는 용병대장들을 속임수로 꾀어낸 다음 미리 매복시켜둔 부하들을 시켜 제거한 사건이다. 여기에서 마키아벨리는 보르자의 자기 군대 육성뿐만이 아니라 그러한 목적을 달성한 방법에 주목하고 있다. 자기 군대가 없는 상황에서 보르자는 용병을 이끄는 군벌세력에게 밀릴 수밖에 없었다. 이런 상황을 고려한 결과 그는 전면전보다는 속임수를 택했던 것이다. 한편 레미로 데 오르코는 보르자의 충복으로 잔인하고 비정한 성격의 인물이었다. 보르자는 귀족의 전횡으로 피폐해진 로마냐의 질서회복을 위해서 레미로를 투입한다. 그의 잔인함은 단시간에 귀족들을 제압하고 질서를 회복시켰지만, 문제는 인민들의 두려움과 그로

---

로 충분하겠지만, 다양한 이해관계를 가진 사람들이 모여 생활하는 정치세계의 경우, 진리의 언명만으로는 그 공동체가 유지되기는 어려울 것이다. '말'과 '무기'의 대조는 바로 이러한 배경 속에서 나온 것이다(「군주론」 제6장 참조).

인해서 터져 나온 불만이었다. 이에 보르자는 레미로를 참수함으로써 인민들의 마음을 단번에 얻게 된다. 음모와 단호함을 적절히 사용할 줄 알았던 보르자는 힘이 미비하여 원군과 용병을 사용해야만 했던 한계 상황에서 벗어나서 인민의 지지와 자기 군대를 통하여 이탈리아 도시들을 위협하는 인물로 성장하게 되었다.

반면 피렌체 공화정내의 귀족파와 인민파 간의 대립 속에서 종신직 정의의 기수 자리에 오른 피에로 소데리니는 유약한 성격과 선의에 대한 믿음 속에서 공화정을 몰락으로 이끈 인물로 묘사된다. 종신직이라는 강력한 권한이 자신에게 주어졌음에도 불구하고, 귀족들의 자신에 대한 '적대적' 행위에 호의와 신의로써 대했던 것이다. 이러한 정치적 순진함은 결단을 내리지 못하고 시간을 끌었던 그의 우유부단한 정책으로 나타나게 된다. 그 틈새를 이용하여 힘을 비축한 귀족들은 스페인 군의 비호를 받았던 메디치 가문과 협력하여 공화정을 몰락시킨다. 메디치 가문은 다시 부활했으며, 마키아벨리는 공직에서 물러나서 영원한 야인 생활을 보내야 했다.


## 2. 「군주론」과 마키아벨리

마키아벨리가 「군주론」에서 설파한 것은 '위기의 정치학'이라고 할 수 있다. 정치에서 항상 잠복해 있는 위기는 언제든지 밖으로 나타날 수 있는 것이다. 위기가 오는 것을 막을 수는 없지만, 문제는 위기에 어떻게 대처하는가 하는 것이다. 이에는 두 가지를 생각해볼 수 있다. 그 하나는 적극적으로 대처하여 진행중인 위기를 전화위복의 기회로 만드는 것이고, 다른 하나는 진행중인 위기를 잘 극복하면서 피해를 최소화하는 것이다.

이 두 경우에 공히 필요한 것이 바로 사태에 대한 파악 역량이다. '시중(時中)'이라고도 말할 수 있는 이 정치적 지혜를 마키아벨리는 질병(소모성 열병)의 비유를 들어 설명하고 있다 : "그 병은 초기에는 치료하기는 쉬우나 진단하기가 어려운 데에 반해서, 초기에 발견하여 적절히 치료하지 않으면 시간이 흐름에 따라서 진단하기는 쉬우나 치료하기가 어려워집니다. 국가를 통치하는 일도 또한 마찬가지입니다. 왜냐하면 정치적 문제를 일찍이 인지하면(이는 현명하고 장기적인 안목을 가진 사람만이 가능합니다), 문제가 신속히 해결될 수 있기 때문입니다. 그러나 인식하지 못하고 사태가 악화되어 모든 사람이 알아차릴 정도가 되면 어떤 해결책도 더 이상 소용이 없습니다."[4] 이렇게 본다면 무조건적인 개입만이 능사가 아니다. 그것은 상황을 악화시킬 수도 있다. 시의적절한 '개입'과 '지연'이 필요한 것이다. 마키아벨리가 속전속결을 단행했던 로마인들이나 행동이 단호했던 체사레 보르자를 칭송하면서도 신중한 정책을 펼친 코시모 데 메디치를 높이 평가한 것은 바로 이러한 이유 때문이다. 반대로 마키아벨리가 자신의 상관이었던 소데리니를 비판했던 이유는 필요한 경우에도 적극적으로 개입하고 행동해야 할 시기를 놓쳤기 때문이다.

　복잡한 힘의 관계들 속에서 행동을 취해야 할 정확한 시기와 지점을 잡아내는 것이 정치적 지혜의 핵심이라면, 그것을 실행에 옮길 수 있는 역량이 비르투(virtú)이다.[5] 문제는 당시 이탈리아의 정치상황 속에서 그러한 지혜와 비르투가 거의 부재했다는 것이다. 그리고 그 부재를 지속시킨 이들은 자신들의 사적인 욕망만을 추구하는 귀족들이었다. 이탈리아는 끊임없는 분열상태에 있었다. 밀라노 공국, 베네치아 공화국, 피렌체 공화국, 교황국 그리고 나폴리 왕국은 그러한 분열의 결과물이자 그것을 재생산하는 메커니즘이었다. 코시모 데 메디치는 이러한 분열이 파국으로 치닫는 것을 막기 위해서 로디(Lodi) 평화조약을 이끌어냈다.[6] 그러나 1454년에서 1494년까지 이어지는 40년 동안

---

4) 「군주론」 제3장, 27면.
5) 마키아벨리 정치사상 핵심 개념 중 하나인 비르투에 대해서는 이 역서의 "「군주론」에 나오는 용어들에 대한 해설"을 참조할 것.
6) 이탈리아의 5개국들(피렌체 공화국, 밀라노 공국, 베네치아 공화국, 나폴리 왕국, 교황령)은 서로 합종연횡을 통해서 어느 한 나라가 강해지는 것을 견제했고, 그것은 이탈리아의 통일을 방해하는 결과를 가져왔다. 이러한 대립과 견제의 결과가 1454년에 베네치아와 밀라노 사이에 체결된 로디 평화조약이다. 1454년 4월 9일에 체결된 로디 평화조약은 형식적으로는 프란체스코 스포르차의 밀라노 지배권 계승을 두고 베네치아와 밀라노 간에 벌어진 전쟁(1452–54)을 종결시켰다. 그러나 실제로는 당시 이탈리아 내의 5대국 간의 세력 투쟁이 외부의 위협 — 투르크의 위협과 샤를 8세의 나폴리와 밀라노에 대

의 평화는 이탈리아 내부의 평화를 유지시켰을지는 몰라도 강력한 통일국가의 출현을 방해함으로써 국경 너머의 강대국들에게 이탈리아가 먹잇감이 되는 상황을 초래했다. 1454년에는 최선의 정책이었던 힘의 균형정책이 1494년에는 최악의 결과를 예비하고 있었던 것이다.

마키아벨리는 이런 예측 불가능한 상황 변화 속에서 그것에 대처할 수 있는 방법을 고민했고, 그것은 바로 '제방'을 튼튼하게 쌓는 것이었다. 국제정치적으로는 이탈리아의 단합과 통일을 달성하여 외세의 침입에 대처하는 것이었으며, 국내정치적으로는 정치세력들 간의 분열을 극복하고, 자국군을 만들어 질서와 규율이 서는 강한 국가를 만드는 것이었다.

왜 이탈리아는 여러 국가들로 분열되게 되었고, 그 분열이 극복되지 못했을까? 마키아벨리는 그 이유를 용병 문제에서 찾았다. 당시 이탈리아 국가들은 자국민들의 군대 대신에 용병들을 사용하고 있었다. 그런데 용병들은 전쟁을 직업으로 하기 때문에 전쟁을 끝내려고 하지 않았다. 속전속결을 통해서 승리를 쟁취하려고 했던 고용국과 전쟁으로 먹고 사는 용병들은 서로 다른 이해관계를 가지고 있었다. 결정적 승리 없이 지속되는 전투와 전쟁의 반복은 용병제하에서는 필연적인 것이었고, 이 모순이 바로 이탈리아 국가들의 통일을 방해했던 것이다. 그런데 이러한 용병제는 단순한 군사제도가 아니었다. 그것은 정치제도와 밀접한 관계가 있었다. 인민들이 자신들의 삶의 터전인 공동체를 지키기 위해서 무기를 들지 않고 군대를 돈을 주고 사는 것은 돈 많은 상인 자본가들이 지배하는 과두제하에서나 가능한 것이었다. '이탈리아를 노예화시키고 수모를 겪게 만든 것'[7]은 용병제이지만, 그 용병제를 낳은 것은 사실상 자국 군대의 육성을 가로막고 있었던 정치체제에 있었다. 이런 의미에서 우리는 「군주론」을 일관되게 관통하고 있는 귀족과 인민 간의 대립과 긴장관계를 이해할 수 있다. 강력한 '제방'을 건설하기 위해서는 귀족들을 제어하고 인

---

한 지배권 요구 — 과 내부의 혼란 등에 의해서 강제로 휴지기를 맞게 된 것을 의미한다. 문제의 해결이 아니라 지연이었던 것이다. 한편 마키아벨리는 이러한 이탈리아 내부의 문제를 「군주론」 제11장에서 잘 묘사하고 있다.

7) 「군주론」 제12장 마지막 단락.

민들의 지지에 의지해야 했다.

마키아벨리는 「군주론」에서 귀족에 대한 불신을 드러낸다. 귀족은 지배욕이 충만한 자들로서 억압받지 않고 자유롭게 사는 것 자체만으로 만족하는 인민들과는 달리 인민들을 억압하고 지배하려는 자들이다. 따라서 그들의 이해관계를 위해서 외세를 끌어들이거나 모반을 일으키는 등 정치적 갈등을 끊임없이 일으키는 주모자들은 주로 귀족들이다. 만족할 줄 모르는 욕망과 야심에 사로잡힌 자들이다. 마키아벨리는 귀족들의 전횡을 막고 인민들을 보호하는 것이 군주의 가장 중요한 역할이라고 생각했다. 귀족들은 인민들이 무기를 소유하는 것에 대해서 항상 두려워했다. 외세가 아니라 자신들을 향해서 그 무기가 사용될 수 있다는 두려움 때문이었다. 그 때문에 용병을 쓰게 되었고, 그 결과로 조국이 외세에 유린당하게 되었다. 자신들의 사적 이익을 지키기 위해서 공동체의 몰락이라는 정치적 비용을 기꺼이 지불했던 것이다. 이 때문에 군주는 귀족이 아니라 인민에 의지해야 한다. 마키아벨리는 인민들을 귀족들의 억압으로부터 보호하고, 인민들의 환심을 사며 지지를 계속 유지해야 한다고 주장한다. 마키아벨리는 인민들로 자국군을 구성하고, 자유에 대한 인민들의 사랑에 의지할 때에만 국가가 바로 설 수 있다고 보았던 것이다.

마키아벨리는 당시 피렌체 및 이탈리아의 급변하는 정치상황 속에서 정치를 사고하고 삶을 영위했다. 안정된 법이나 규칙이 지배하는 평온한 시기가 아니라 폭력과 힘의 논리가 관철되는 시기를 살았던 것이다. 행위자들 간의 혹은 국가들 간의 관계를 정형화시켜주고 제도화시켜주는 격률로서 법이 부재하는 상황 속에서 마키아벨리는 정치영역에 내재하는 적나라한 '관계'의 중요성을 보았다. 그 속에서 '그래야만 한다'는 윤리와 도덕은 현실 세계를 설명할 수 없었다.[8] 나아가서 윤리와 도덕이라는 안경을 벗고 바라본 세계는 인간들 간의

---

8) 「군주론」 제15장의 "인간이 어떻게 사는가"와 "인간이 어떻게 살아야 하는가"는 너무나 다르다는 유명한 언급 참조. 나아가서 제18장에서는 싸움에는 두 가지 방식이 있다고 말한다. 하나는 법인데 그것은 인간에게 합당한 것이고, 다른 하나는 힘인데 그것은 짐승에게 합당한 것이다. 그러나 전자로는 불충분하기 때문에 후자를 이용할 줄 알아야 한다고 말한다.

'관계의 아이러니'를 볼 수 있도록 도와주었다. 「군주론」 제16장에서 제17장까지 이어지는 일반적인 도덕관념에 대한 부정은 바로 그러한 세계상을 담고 있다. 관용, 사랑보다 인색함, 두려움, 잔인함이 더 나을 수 있음은 의도의 선함이 결과의 선함을 담보하는 것은 아니라는 가르침을 보여준다. 사적인 세계가 아니라 공적인 정치세계에서는 결과가 중요한 것이고, 일 대 일 관계가 아닌 다수간의 복잡한 관계에서는 의도보다는 결과를 먼저 생각해야 한다는 것이다. 그리고 그 결과는 국가든 정치인이든 행위자들 간의 관계에 대한 면밀한 성찰 속에서 얻을 수 있다는 것이다.[9]

마키아벨리는 그의 '악명 높은' 저서 「군주론」에 등장하는 군주들에게 한번도 폭군(暴君)이라는 이름을 붙이지 않았다. 사익만을 추구하는 군주를 그리지 않았던 것이다. 「군주론」은 폭군을 위한 저서도, 권모술수를 전파하려는 '악마'의 저술도 아니었다. 그것은 귀족들의 전횡 속에서 질서가 무너진 취약한 한 국가가 타국의 침략 속에서 나아갈 바를 모르고 있을 때, 그러한 위기를 타개하기 위해서 집필된 것이었다. 풍전등화와 같은 그러한 상황을 배태시킨 기존 정치에 대한 근본적인 회의와 비판을 드러낸 것이었다. 마키아벨리가 보기에 이탈리아에는 두터운 성벽도, 함선도, 금은보화도 부족하지 않았다. 문제는 공동체 구성원들 간의 관계에 있었다. 귀족들이 자원을 독점하고 인민들이 정치에서 배제된 상황에서 이탈리아는 그 풍부한 물적, 인적 자원을 응집시켜 외세에 대응할 엄두를 내지 못하고 있었던 것이다. 정치는 귀족들의 사리사욕을 채우는 수단이 되었고, 인민들은 귀족들이 나누어주는 떡고물에 취해 배가 불러 꼭두각시가 되어버렸다. 공(公)은 사라지고 사(私)만 풍미하게 된 것이다. 부패와 무질서의 상황을 극복하고 질서를 세우는 것, 공동체의 영역에서 사(私)의 전횡을 물리치고 공(公)의 질서를 회복하는 것이 군주의 임무였던 것이다.

---

9) 예컨대 「군주론」 제21장 '중립은 피해야 한다'(154면)라는 권고는 서로 싸우는 상대국들에 대한 면밀한 계산에 근거한다.

# 초판 번역본 해제[1]

## I

니콜로 마키아벨리(Niccolò Machiavelli, 1469-1527)는 1498년 29세의 나이로 피렌체 공화정에 참여하여 주로 외교업무를 담당하는 중책을 맡았다. 그러다가 1512년 스페인의 공격에 의해서 피렌체 공화정이 무너지고 메디치 가의 군주정이 복원되자 공직에서 추방되었다. 설상가상으로 1513년에 마키아벨리는 (실패로 끝난) 메디치 정부에 대한 음모에 연루되었다는 혐의로 체포되어 고문을 받고 투옥되기에 이르렀다. 하지만 같은 해에 메디치 가문의 조반니 추기경이 교황 레오 10세로 즉위하자 특사를 받고 석방되었다. 석방되자마자 마키아벨리는 메디치 정부의 공직에 참여하려고 계획을 짜기 시작했고, 그 계획의 일환으로 「군주론」을 1513년 말경에 집필했으나, 그의 기대는 실현되지 않았다. 낙심한 그는 결국 피렌체 교외에서 칩거생활을 하게 된다. 공화주의자인 마키아벨리는 반(反)메디치적이고 공화주의적인 다른 지식인들과 어울리게 되었으며, 이들의 지적인 영향을 받으면서 「전술론」과 자신의 공화주의적 사상을 담은 「로마사 논고」를 집필하게 되었다. 그러다가 1520년 마키아벨리는 메디치 궁정에 소개되어 같은 해 11월 피렌체의 역사에 대해서 저술하라는 임무를 부여받고 「피렌체사」를 집필하게 되었다. 그러나 메디치 정부는 1527년 프랑스 군의 로마 약탈, 이로 인한 교황의 도주, 인민의 신임 상실 등을 이유로 마침내 붕괴되고 공화정이 복원되었다. 이는 공화주의자인 마키아벨리에게 기쁨과 환희의 순간이었으리라. 그는 공화정의 복원과 더불어 예전처럼 활

---

1) I과 II 부분은 Quentin Skinner 외, 강정인 편역, 「마키아벨리의 이해」(서울 : 문학과지성사, 1993), "서론 : 마키아벨리의 생애와 사상", 11-27면의 내용을 다소 수정하여 옮겨온 것이다.

동적인 공직에 복귀하고자 하는 희망을 품었던 것으로 보인다. 그러나 새로운 공화주의자들에게 마키아벨리는 한낱 늙고 하찮은 메디치 가문의 가신(家臣)에 불과한 인물로 비쳤기 때문에, 그 뜻을 이루는 것은 거의 불가능했다. 이를 예감하고 낙담한 탓인지 마키아벨리는 병을 얻었고, 결국 1527년에 세상을 떠났다.

정치사상사적 차원에서 볼 때, 마키아벨리의 생애와 사상은 정치권력과 정치사상가의 관계에 관해서 많은 '생각거리'를 제공한다. 정치사상가는 끊임없이 정치권력의 행사에 개입하거나 관여하고자 하며, 때로는 정치권력의 성격 자체를 근본적으로 변형시키고자 한다. 옮긴이가 「플라톤의 이해」에서 지적했듯이 많은 정치사상가의 정치참여에 대한 관심은 일관된 자신들의 정치이론에 따라서 사회를 변화시키고자 하는 욕구에서 비롯된 경우가 많다. 즉 단순히 정치세계를 보는 방법—세계관—상의 변화를 가져오는 데에 만족하지 않고 세계 자체를 변혁시키고자 하는 충동에서 비롯되었다고 할 수 있다.

따라서 세계를 변화시키고자 하는 사상가적 충동은 마르크스의 경우 가장 현저한 예이지만 많은 다른 사상가들에게서도—그보다 정도는 덜하지만—어렵지 않게 발견된다. 세계를 변혁시키고자 하는 충동은 정치철학의 창시자인 플라톤의 행적에서부터 이미 태동하고 있었다. 플라톤은 이러한 충동에 이끌려 시라쿠사를 방문하고 디오니시우스 2세를 감화시켜 자신의 철학적 원리에 따라서 정치사회를 개조하는 도구로서 교화하고자 했다. 또한 플라톤은 「국가」에서도 정치권력과 정치이론을 합일시켜야만 사회에 영구적인 안녕과 복지를 확보할 수 있는 근본적인 개혁이 가능하다고 믿었고, 이에 따라서 지식과 권력이 결합된 철인왕(또는 철인귀족)의 이상을 제시했다. 플라톤이 서구 최초의 대학으로 세운 '아카데미'도 이러한 이상을 실현하기에 적합한 정치적 지도자를 양성하기 위해서 설립된 것으로 알려져 있다.

마키아벨리 역시 이러한 충동에 사로잡혀 있었다고 할 수 있다. 그는 「군주론」의 "헌정사"에서 자신의 의도가 '군주의 통치를 논하고 그것에 관한 지침을 제시하는 것'임을 분명히 하고 있다. 그리고 자신이 외교적인 경험과 고전에 대한 해박한 지식을 갖추고 있기 때문에 메디치 군주와 같은 신생 군주의 조언자로서 적합함을 호소하고 있다. 나아가 마키아벨리의 「로마사 논고」는 더욱 대담한 비전을 제시하고 있다. 그것은 단순히 새로운 정치체제인 공화정의 비전을 제시했을 뿐만 아니라 구체제—군주정—는 새로운 체제를 위한 준비 단계에 불과함을 강력하게 암시하고 있다. 즉 마키아벨리는 한편으로 「군주론」에서 총체적인 부패상황을 개혁하기 위해서는 국가를 세울 때와 마찬가지로 1인의 인물에 의한 통치—군주정—가 필수 불가결함을 역설하고, 다른 한편으로 「로마사 논고」에서는 일단 정치 공동체가 건강을 회복하면 다수 인민에 의한 지배가 인민의 자유를 신장시키고 위대한 국가를 만들 수 있기 때문에 군주정이 공화정으로 대체되는 것이 바람직하다고 주장한 것이다. 따라서 「군주론」과 「로마사 논고」에 나타난 마키아벨리의 사상을 종합해보면, 그는 「군주론」을 통해서는 사분오열된 이탈리아 반도를 통일하고자 하는 민족주의적 열망을, 그리고 「로마사 논고」를 통해서는 이탈리아가 고대 로마의 영광을 재현할 수 있는 비전을 제시하고자 했다고 해석할 수 있다.


## II

여기에서는 「군주론」을 통해 나타난 마키아벨리의 정치사상의 일반적 특색을 다음과 같은 주제영역을 설정하여 간략하게 개관하겠다. 곧 현실주의적 정치사상과 이익 정치의 태동, 정치의 독자성과 자율성, 정치와 윤리의 관계, 정치에서의 외양(appearance)과 본질(being)의 문제 그리고 마키아벨리의 정치 형이상학이 그것이다.

무엇보다도 마키아벨리의 정치사상은 대표적인 현실주의 사상으로 평가받고 있다. 「군주론」에서 군주에게 권력의 획득, 유지, 확대에 필요한 조언을 제시하기에 앞서 마키아벨리는 '사물의 실제적인 진실'과 '결코 존재한 것으로 알려지거나 목격된 적이 없는 공화국이나 군주국'에 대한 유명한 구분을 하고 있다. 이 구분에는 이전의 도덕철학자나 정치철학자들이 이제껏 전적으로 가상의 공화국이나 군주국에 관해서만 논의했을 뿐이고 군주가 실제로 활동해야 하는 현실의 세계에 관해서는 아무런 지침을 제공하지 않았다는 비판이 내포되어 있다. 그러나 정치현실에 대한 과학적이고 실증적인 접근의 필요성에 대한 마키아벨리의 역설은 홉스에 이르러 비로소 '군주에게서 개인으로', '국가의 본성에서 인간의 본성'으로 확대되었다. 물론 마키아벨리는 아마도 국가에 대한 현실주의적인 이론이 인간의 본성에 대한 지식을 필요로 한다고 감지했을 것이고, 인간본성에 대한 그의 언급이 예리한 통찰력을 품고 있었던 것은 사실이지만, 이는 체계화되지 못한 채 그의 저작에 산만하게 흩어져 있을 뿐이었다. 인간본성에 대한 체계적인 분석과 통찰은 홉스의 출현을 기다려야만 했다.[2]

따라서 마키아벨리의 현실주의적 정치사상은 국가의 통치자에게 적합한 행위를 처방하는 경우에 핵심적 원리나 중추적 개념을 아직 갖추지 못하고 있었다. 하지만 그의 사상은 16세기 말에 널리 쓰이기 시작하는 '이익(interesse, interests)'과 '국가의 이성(ragione di stato, raison d'etat, reason of the state)'이라는 개념의 원초적 기반을 마련한 것으로 평가받고 있다. 이익의 개념은 두 가지 함의를 내포하고 있었다. 그 하나는 마키아벨리 이전 시대에 만연되어 있던 도덕적 원리나 규범으로부터 정치행위의 독립성을 선언하는 것이었고, 다른 하나는 그 원리들이 군주에게 명료하고 건전한 지침을 제시하는 동시에, 정념(passion)이나 일시적인 충동에 의해서 오염되지 않는 계산적이고 합리적인 의지를 표상하는 것이었다. 마키아벨리는 국가통치술의 창립자로서 전자를 강조했지만, 이익이 합리적으로 군주의 행동을 규제하는 측면도 간과하지 않았다. 마키아벨리의 현실주의적인 사상은 영광과 권력을 추구하는 군주에게 단순히 종교적이거나 윤리적인 규범에 구애받지 않을 뿐만 아니라 걷잡을 수 없는 욕망이나 격정에 사로잡히지 않고 냉정하고 계산적으로 행동할 것을 요구했다. 정치행위의 원리로서 도덕적인 원리를 추방한 것은 정치행위의 비도덕성(amorality)을 암시하는 것이었지만, 또한 정념에 따른 행위를 배제하고 합리

---

2) Albert O. Hirschman, *The Passions and the Interests*(Princeton: Princeton University Press, 1977), p.13.

적이며 계산적인 이익의 개념을 도입한 것은 정치행위가 일정한 예측 가능성과 안정성을 획득하는 것을 의미했다.[3]

　이익지향적 행동원리의 가장 극적인 표현은 심지어 마키아벨리의 폭력이론에도 잘 나타나 있다. 폭력(violence)은 같은 어원에서 비롯된 격정(vehemence)이나 벗어남(위반, violate)에도 잘 나타나 있듯이 인간의 신체나 재산에 대한 '격렬한' 힘의 사용이라고 할 수 있으며, 이익의 합리성 및 계산적인 측면과 정면으로 배치되는 의미를 지니고 있고, 따라서 그 결과를 예측하기가 어려운 안정파괴적인 요소를 지니고 있다. 그런데 마키아벨리에게서 놀라운 점은 통상 격정에서 비롯되는 폭력마저도, 마치 의사가 환자를 치료하기 위해서 필요한 약을 처방하듯이, 결과를 감안하여 필요한 적절한 양만을 계산적이고 합리적으로 사용할 것을 권하고 있다는 점이다. 기실 계산되고 합리적으로 사용된 힘의 사용은 폭력의 '폭(暴)'이 가지는 규범 일탈성, 돌발성, 격렬성이 배제된 힘의 사용이라고 할 수도 있다. 그렇다면 그는 폭력마저도 계산적인 이익에 종속시킬 것을 요구한 셈이다. 그러나 이러한 이익 정치는 정치영역의 안정성을 확보하고 정치행위의 역동성을 포착할 수 있겠지만, 정치결사 특유의 '공동체적' 성격을 확보할 수 없다는 데에 마키아벨리 특유의 고민이 있었다. 따라서 이러한 이익 정치의 한계를 극복하기 위해서 「군주론」 마지막 장에서 돌발적으로 '민족주의'라는 공동체 지향적인 감정에 호소하지 않을 수 없었다는 월린의 지적[4]은 '정치란 무엇인가?'라는 근본적인 문제와 관련하여 깊은 생각거리를 제공한다.
　마키아벨리의 현실주의적인 정치사상은 또한 정치영역의 독자성과 자율성을 역설했다는 점에서 흔히 근대 정치사상의 출발점으로 간주된다. 고대 그리스 사상에서 정치영역의 독자성은 친숙한 관념이었지만, 중세의 정치사상은 교회제도를 그 주요 주제로 삼아 전개되었고, 그 결과 그 개념들도 종교적 비유와 사상에 의해서 채색되었다. 이는 정치질서가 독자성을 인정받지 못하고

---

3) 이 단락의 주요 내용은 Hirschman의 논의에 의존한 바가 크다(pp. 31, 41 참조).
4) 「마키아벨리의 이해」, 169면.

종교적 질서의 하부구조로서 포섭된 것과 그 궤를 같이한다. 그러나 르네상스 이후 종교의 영향력이 퇴조하자 이탈리아의 정치현상은 종교적 가치와 제도의 영향력을 벗어나서 더욱 순수한 형태로 그 모습을 드러내기 시작했다. 따라서 마키아벨리는 정치영역을 독립적인 탐구영역으로 설정하여 자연법 사상과 같은 중세적 사고방식과 결별하고 권력의 문제를 중심으로 정치현상을 분석했다. 그는 정치현상을 종교적 가치나 윤리적 고려를 배제하고 순수하게 권력의 획득, 유지, 팽창의 차원에서 조망했다. 이로 인해서 마키아벨리의 정치사상은 사회경제적 요소나 종교적, 윤리적 요소가 정치에 미치는 영향을 등한시했고, 그 결과 정치현실의 다양하고 복잡한 측면을 포섭하지 못한 편협한 사상이라는 비난을 받을 수도 있다. 그러나 그 반면 그의 사상은 이데올로기의 다양성, 사회경제적 차이, 종교적, 윤리적, 문화적 편차를 초월하여 권력정치(power politics)가 전개되는 상황이면 어디에서나 적용될 수 있다는 장점이 있다. 즉 마키아벨리의 권력정치에 관한 통찰력은 셰익스피어 당시 영국의 궁정정치, 조선의 당파 싸움, 옛 소련의 크렘린의 권력투쟁에도 모두 적용될 수 있다는 장점이 있는 것이다.

정치현상이 종교나 윤리와 구별된다는 마키아벨리의 주장은 「군주론」의 제 15장에서 19장에 나오는 군주의 처신에 대한 유명한 논의에서도 자세히 나타나지만, 마키아벨리의 용어 사용, 곧 마키아벨리가 군주에게 요구하는 덕(virtú)의 개념상의 혁신에서도 상징적으로 드러난다. 대부분의 기독교 사상가들과 초기 르네상스 시대의 문필가들은 군주의 덕으로 기독교적인 의미의 덕—겸손함, 자선, 경건함, 정직함 등—을 요구했다. 하지만 마키아벨리는 이러한 기독교적인 덕의 개념에 반기를 들고 군주에게 요구되는 덕으로서 고대 로마 공화정 당시의 '비르투(virtú)'에 해당하는 '남성다움', '용맹스러움', '단호함' 등을 요구했다. 즉 마키아벨리는 초기 로마 공화정의 정신으로 돌아가서 군주에게 남성다움 또는 전사(戰士)의 덕을 요구했던 것이다. 마키아벨리 사상에 나타난 '덕'에 대한 이러한 개념상의 혁신은 정치적인 행위자에게 요구되는 정치적인 덕이 일반 사적인 생활에서 요구되는 윤리적인 덕과 구별된다는

점을, 곧 정치영역의 독자성을 상징적으로 보여주는 것이라고 생각된다.[5]

그런데 마키아벨리가 정치와 윤리를 구별했다고 하여 그의 사상에서 정치와 윤리의 관계에 대한 논의가 완성되는 것은 아니다. 마키아벨리의 사상에서는 물론 정치사상사 전반에 걸쳐서 정치와 윤리의 적절한 관계 설정이 많은 사상가들의 끊임없는 관심거리가 되었다. 마키아벨리가 도덕적인 덕보다는 권력의 '기술(技術)' 문제에 골몰했다는 점은 아무도 부인할 수 없다. 마키아벨리는 「군주론」에서 한니발의 '비인간적인 잔인성' 또한 덕(virtù)으로 불렀다. 그러나 이를 기화로 해서 그의 정치사상을 부도덕한 것으로 규정하는 것은 그의 사상을 잘못 이해한 결과라고 할 수 있다. 왜냐하면 마키아벨리의 덕의 개념은 기독교적인 덕의 개념과 절연되어 있고, 로마 공화정 시대의 덕의 개념을 따르고 있기 때문이다. 물론 그렇다고 하여 정치와 도덕의 일반적인 문제에 관해서 마키아벨리가 무관심했던 것은 결코 아니다. 심지어 그는 정치에서의 도덕의 문제에 관해서 어떤 사상가 못지않게 민감했다고 해석할 수 있다. 이 문제에 대한 통념적인 오해를 불식시키기 위해서 마키아벨리의 사상에서의 정치와 윤리의 문제에 관한 두 가지 논점을 지적할 필요가 있다.

첫째, 마키아벨리는 정치영역에서는 윤리적인 덕이 자동적으로 공적인 덕으로 전환되지 않으며, 사적으로는 비윤리적인 행위가 공적인 영역에서는 덕이 될 수 있다는 점을 지적하고자 했다. 남을 잘 신뢰하고 약속을 잘 지키는 것이 사적인 영역에서는 유덕한 행위이지만, 인간의 이기심과 재화의 희소성으로 인해서 폭력과 기만이 난무하고, 한 개인의 사활이 아니라 공동체 전체의 사활이 걸린 정치영역에서는 그러한 행위가 치명적인 결과를 가져올 수 있기 때문에 공적으로는 유덕한 행위가 되지 못할 수 있다는 점을 마키아벨리는 지적하고자 했다. 마찬가지로 사적인 영역에서 남을 속이거나 폭력을 수반하는 잔인한 행위는 유덕한 행위가 아니지만, 공적인 영역에서는 전체 공동체에 유익한 결과를 가져오기 때문에 유덕한 행위가 될 수 있다고 지적했다. 그러나 물론 월

---

5) 이 단락의 논의는 Hanna. F. Pitkin, *Wittgenstein and Justice*(Berkeley: University of California Press, 1972), pp. 308-310에 의존한 바가 크다.

린이 지적한 것처럼 마키아벨리는 공적인 영역에서 항상 사적인 윤리에 반해서 행동하는 것이 적합하다고 주장한 것이 아니라 사적인 윤리규범이 적용되지 않는 정치적 상황의 특수성과 한계를 지적하고자 부단히 노력했다. 즉 마키아 벨리는 "대부분의 정치적 상황이 불안정하고 유동적이기 때문에 '국가 공동체 와 인민은 사적인 개인과는 다른 방법으로 통치된다'"는 점을 지적하고자 노 력했던 것이다.[6]

이 점에서 마키아벨리의 정치적 윤리관은 막스 베버가 "소명으로서의 정치 (Politics as a Vocation)"에서 구분한 '확신의 윤리(ethics of conviction)'와 '책임 의 윤리(ethics of responsibility)' 중 책임의 윤리에 해당하는 것이라고 해석할 수 있다. 베버에 따르면 확신의 윤리는 인간이란 선한 존재라고 전제하고, 동 기가 선하면 주어진 행위는 그 결과에 상관없이 선하다고 주장한다. 이에 반 해서 책임의 윤리는 인간의 평균적인 악을 전제하고, 이를 감안하여 행동해야 하며, 따라서 동기의 선함보다는 결과의 선함이 더 중요하다고 주장한다. 베 버의 이러한 구분은 일부 문제가 없지 않지만, 기독교적 윤리관은 확신의 윤리 에, 마키아벨리의 정치적 윤리관은 책임의 윤리에 상응한다고 볼 수 있다.[7]

둘째로, 그렇다고 하여 마키아벨리가 정치영역에서 윤리적 문제에 무감각했 다는 것은 아니다. 「군주론」의 여러 구절에서 나오듯이, 마키아벨리는 정치적 행위가 사적인 행동에 공통적으로 적용되는 기준에 부합하는 상황을 지적하 고자 고심했다. 따라서 마키아벨리는 정부가 안정되고 확고한 상황에서 운영 된다면 정부는 연민, 신뢰, 정직함, 인륜 그리고 종교와 같은 기존의 덕에 따라 야 한다는 점을 강조했다.[8] 곧 마키아벨리는 이와 같은 상황하에서는 공적인 윤리와 사적인 윤리가 일치해야 한다고 역설했던 것이다. 물론 그는 동시에 정 치적인 행위에 관한 규범을 사적인 관계를 규율하는 규범으로부터 분리시키 고 구별했지만, 이 경우에도 그는 정치적인 상황이 군주를 포함한 정치적 행

---

6) 「마키아벨리의 이해」, 203면.
7) H.H Gerth and C. Wright Mills, eds, *From Max Weber*(New York: Oxford University Press, 1958), pp. 120-127.
8) 「마키아벨리의 이해」, 203면.

위자에게 권력의 획득과 유지를 위해서 비정하고 냉혹한 행위를 강요하는 경우가 비일비재하기 때문에 정치적인 삶보다는 사인(私人)으로서의 삶이 우월하며, 영혼의 구원을 원하는 자는 차라리 정치영역에 들어서지 않는 편이 낫다고 고백하고 있다. 이러한 고백은 정치적 행위자가 정치적 결정을 내릴 때에 사인으로서는 하고 싶지 않고 또 해서는 안 될 반윤리적인 행위를 선택해야 할 경우가 많으며 이러한 선택에는 도덕적으로 많은 고뇌가 수반된다는 점을 마키아벨리가 익히 인식하고 있었다는 점을 의미한다. 이는 정치적인 상황이란 선과 악 중에서 일목요연하게 택일하는 것이 아니라, 악(evil)과 보다 적은 악(less evil) 중에서 보다 적은 악을 선택할 것을 요구하는 속성을 지니고 있음을 지적하는 것으로서 마키아벨리 사상의 현실주의적인 면모를 잘 보여준다.

마키아벨리의 정치사상을 논할 때 외양(appearance)의 문제를 또한 빼놓을 수 없다. 그는 정치의 핵심을 '상징'과 '외양'으로 파악했다. 정치적 행위자로서 통치자는 능란한 위선자요 가장자(伽裝者)여야 하며 성실함, 자비, 인간애 및 신실함을 가지고 있는 것으로 '보여야' 한다. 마키아벨리의 정치사상에서 '외양'의 강조는 대체로 네 가지 함의를 지니는 것으로 보인다. 이를 간단히 살펴보도록 하자.

첫째, 마키아벨리는 정치가 '본질(또는 실재 ; what is)'의 영역이 아니라 '외양(what appears)'의 영역에 속하는 것으로 파악한다. 플라톤과 같은 그리스 사상가나 중세의 정치사상가들이 정치영역에서 철학적 진리나 종교적 진리를 구현하고자 하여 정치현상을 이러한 원리에 따라 규율하고자 했다면—가령 플라톤의 경우 정치권력은 선의 이데아를 실현하고자 하며 그 정당성 역시 철학적 지식에서 나온다—마키아벨리의 경우 정치는 변전무상한 생성과 현상의 영역이기 때문에 철학적 진리나 종교적 진리의 적용을 거부한다. 마키아벨리에게는 군주나 정치적 행위자들이 권력을 통해서 추구하는 것은 영혼의 완성이나 진리의 실현이 아니라 영광과 명예였는데, 이 역시 '외양'의 속성에 불과하다.

둘째, 마키아벨리는 기만과 폭력이 횡행하는 정치상황에서 정치적인 행위자가 자신을 정치적인 적으로부터 보호하기 위한 보호색으로서 능숙한 가장과 위선을 필요로 한다는 의미에서 외양의 중요성을 강조한다. 대부분의 정치적인 상황이 불안정하고 유동적이기 때문에, 정치적 행위자가 한결같이 일관되게 기존의 도덕률을 채택하게 되면, 그의 행위는 적에게 쉽게 노출되고 간파되어 정치적으로 파멸을 초래할 위험이 커진다. 그리고 이는 정치 행위자 개인의 파멸에 그치지 않고 정치 공동체의 사활에 관련된 결과를 초래하는 것이 통상적인 정치적 상황이다. 따라서 통치자는 외국의 적으로부터 자신의 국가를 보호하기 위해서 또는 국내의 적으로부터 자신의 권력을 보호하기 위해서 적절한 위장과 기만을 통해서 '외양'을 조작할 필요가 있다는 것이다.

셋째, 통치자는 통상의 윤리로부터 일탈하여 정치상황의 필연적 논리에 따라서 행동해야 될 경우가 많은데, 그 경우에도 권력의 유지에 필수적인 대중의 지지를 확보하기 위해서 능숙한 가장과 위선이 필요하다는 인식이다. 물론 앞에서 지적한 대로 정상적인 정치적 상황에서 통치자는 기존의 도덕과 규범을 준수해야 하고 이 경우에는 위선과 가장을 필요로 하지 않을 것이다. 하지만 통치자는 필연의 요구에 의해서 독자적인 정치윤리에 따라서 통상 반도덕적으로 간주되는 행위를 취해야 될 경우가 있다. 마키아벨리는 이 경우에도 정치와 통상적인 윤리간의 긴장과 갈등관계를 가급적 외양의 조작을 통해서 해소해야 된다는 점을 강조하고 있다. 즉 정치적 행위가 부득이 통상적인 윤리적 규범에서 일탈해야 하는 경우에도 적절한 외양의 조작을 통해서 그 간극을 메우거나 '그럴듯한 핑계나 구실'을 제시하여 그 충격을 축소하도록 노력해야 된다는 것이다. 항상 정직하게 행동하지는 않더라도 정직하게 '보이는' 것, 신의를 지키는 것처럼 '보이는' 것, 관대하게 '보이는' 것 등 통상적인 윤리적 규범을 존중하고 준수하는 것으로 '보이는' 것은 중요하다. 이러한 외양의 조작을 통해서 정치적인 행위자는 사적인 윤리에 반하여 행동해야 되는 경우에도 사적인 윤리에 기반한 비난의 화살을 피하고, 인민대중의 환심과 지지를 유지, 획득할 수 있을 것이다. 이처럼 마키아벨리의 사상은—비록 외양의 조작을 통한 것이지만—군주에게 대중의 지지가 필수 불가결함을 은연중에 역설함으로써,「군주론」에서도 자신의 공화주의적 사상을 드러내고 있으며, 멀리는 근대의 인민주권론을 이미 예상하고 있었다고 할 수 있다.

그런데 이러한 외양의 조작을 통한 대중적 지지의 확보는 정치와 위선(僞善)의 관계 그리고 정치의 대중조작과 관련하여 두 가지 중요한 함의를 내포하고 있다. 첫째, 마키아벨리는 군주나 정치적 행위자가 인민의 지지를 확보하기 위해서 외양의 조작을 구사해야 된다는 점, 즉 위선의 가면을 써야 한다는 점을 강조하고 있다. 그러나 정치적 행위자가 항상 위선의 가면을 써야 한다는 사실은 행위자에게 커다란 윤리적 부담이 아닐 수 없다. 가면을 벗고 진면목을 드러낼 경우 치러야 하는 부담과 대가보다는 적겠지만 말이다. 영어로 "위선이란 악덕이 미덕에게 바치는 공물(供物)이다(Hypocrisy is a tribute vice pays to virtue)"라는 말이 있는데, 이는 위선행위가 그 반도덕성에도 불구하고 미덕이 악덕에 비해서 우월하다는 점을 끊임없이 시인하고 확인하는 행위라는 의미이다. 즉 갖가지 외양의 조작을 통해서 선한 인물처럼 보이고자 하는 악인은 선과 도덕의 우월성을 — 그 위선자가 자기기만에 빠지지 않는 한 — 항상 타인은 물론 자신 앞에서 고백하는 셈이다. 그렇기 때문에 역설적으로 정치행위자는 정상적인 정치상황에서는 가급적 통상적인 윤리를 좇아서 행동함으로써 그러한 심리적, 윤리적 부담으로부터 해방되고자 하는 충동을 가지게 될 것이다.[9] 따라서 마키아벨리는 정치적인 행위자가 상황에 따라서 통상적인 윤리와 구별되는 독자적인 정치적 윤리에 의거해서 행위해야 될 필요성이 있음을 역설하면서도 동시에 행위자에게 가급적 이를 통상적인 윤리에 따라서 위장하라고 조언함으로써 궁극적으로 독자적인 정치적 윤리에 대한 통상적인 윤리의

---

9) 물론 궁극적으로 행위자가 위선행위에 따르는 막중한 부담을 피하는 데에는 세 가지 대안이 있다. 첫째는 위선적인 행위를 정신분열증에 걸린 환자처럼 정신적 고통 없이 지속적으로 실행하는 것이고, 둘째는 행위자가 궁극적으로 자기기만에 빠져서 자신의 행위를 정당한 것으로 생각하는 것이며, 셋째는 악행을 중지함으로써 위선의 탈을 벗어던지는 것이다. 여기에서 논의한 것은 정상적인 윤리감각을 지닌 인간이 취할 수 있는 셋째의 대안이다. 정치적 행위자가 첫째나 둘째의 대안을 따르는 경우, 이는 정치적으로 행위자 개인은 물론 공동체 전체에도 심각하고 치명적인 결과를 가져올 것이기 때문에 마키아벨리가 이 점을 바랐거나 고려했다고 보기는 어렵다. 하지만 정치세계의 실상은 이러한 마키아벨리의 낙관적인 희망으로부터 이탈하는 경우가 많다는 것을 보여준다.

우월성과 우선성을 긍정하고 있다고 할 수 있다. 두번째 함의는 마키아벨리가 독자적인 정치적 윤리의 적용과 이를 은폐하기 위한 외양의 조작을 예외적이고 비정상적인 정치상황에 대처하기 위한 처방으로서 제시했음에도 불구하고, 이러한 처방은 마키아벨리의 본래 의도와는 달리 정치일반에 확대적용될 수 있는 가능성이 항상 있다는 점이다. 마키아벨리는 대중의 환심과 지지를 얻기 위해서 외양의 조작을 강조했지만, 이러한 외양의 조작이 그의 의도대로 '예외적'으로 이루어지는 것이 아니고 정치영역에 '일상화'될 때 어떠한 함의를 가지게 될 것인가의 문제에 관해서는 깊은 생각을 하지 않았다. 여기에서 이 점에 대한 자세한 논의는 생략하고, 다만 서구에서 민중의 지속적이고 끈질긴 투쟁을 통해서 확보된 현대의 민주주의가 절차적으로 민주주의적인 외관을 가지고 있음에도 불구하고 실질에서 인민주권론과 민주주의를 이름뿐인 허울에 불과하게 만든 중요한 요소 중의 하나가 정치적 선전과 상징조작 — 곧 외양의 조작 — 에 근거한 대중정치라는 점만을 지적하고자 한다.

넷째, 정치와 윤리의 관계에 대한 논의에서 이미 지적한 것처럼, 마키아벨리는 정치상황의 아이러니컬한 속성 때문에 정치영역에서는 빈번하게 외양상 미덕으로 보이는 것이 악덕이 되고, 외양상 악덕으로 보이는 것이 덕이 된다고 지적했다. 예를 들면 정치상황에서 통치자의 관후함(liberalità, liberality)은 국고를 탕진하게 되고 이는 궁극적으로 인민의 세금으로 부담되기 때문에 악덕으로 전환되는 반면, 통치자의 인색함은 사적으로는 악덕이지만, 세금 부담을 줄이고, 그 결과 신민들에게 보다 많은 재산을 남겨놓기 때문에 공적으로는 미덕이 된다는 것이다. 또 하나의 예는 자비로움과 잔인함이다. 통치자가 자비로워서 쉽게 죄인을 용서하게 되면 기강이 문란해져서 권력과 질서를 유지하기 힘들어지고, 급기야 엄격하고 잔인한 통치를 해야 되는 상황에 봉착하기 때문에 결과적으로 초기의 자비로움이 악덕이 되는 반면에, 잔인함이라도 절약해서 사용하면, 기강을 바로잡아서 자비스러움보다도 더 관대한 결과를 나중에 가져오기 때문에 덕이 된다는 것이다. 즉 잔인함은 단지 소수의 사람에게만 해를 가하고 나머지 다수는 두려움에 의해서 그들의 행동이 제지를 받는 반면에, 전자는 무질서를 양산하여 전체 공동체에 해를 입히거나 아니면 나중에 더 많은 사람에게 보다 잔인한 조치를 취해야 되는 결과를 초래한다는 것이다.

마지막으로 마키아벨리의 정치 형이상학을 검토함으로써 그의 정치사상에 대한 논의를 마치기로 하자.[10] 무릇 정치사상가가 이론화하는 정치세계란 재화 — 부, 권력, 명예 등 — 의 상대적 희소성의 상황하에서 인간의 가치, 야심 및 이기심이 부단히 충돌하고 운동하는 변전무상한 '현상의 세계'이다. 하지만 서구의 많은 사상가들은 이러한 생성의 세계를 거부하고 불변적이고 확실한 질서를 구축하고자 했다. 변화로 뒤엉킨 세계에서 확실하고 안정된 정치질서를 구축하고자 하는 사상가들의 노력은 종종 변화가 동결된, 운동이 없는 고정불변의 정치체제에 대한 구상 — 정당한 권위의 문제에 대한 탐구 — 으로 귀결되었다. 플라톤은 선의 이데아라는 철학적인 영구불변의 진리에 따라서 정치체를 구성함으로써 영구적으로 안정된 정치질서를 구축하고자 했고, 아퀴나스와 같은 중세의 사상가들은 종교적 신앙이나 진리의 구현이라는 차원에서 정치체를 조망하고 이론화하고자 했던 것이다. 근대에 들어와서도 많은 사상가들이 자연법과 인간의 이성, 기하학적인 진리, 뉴턴의 물체의 운동법칙과 같은 물리학적인 진리에 상응하는 정치운동의 법칙, 그리고 절대이성, 유물변증법 및 사적 유물론 등과 같은 확실하고 고정된 이론적인 틀을 통해서 정치체를 조망하고 이론화함으로써 정치질서의 확실성과 안정에 대한 요구를 만족시키고자 했다. 그들 자신들이 구상한 정치질서가 비교적 항구적이고 불변적인 원리에 기반한다면, 그 정치질서도 그러한 원리가 담지한 항구성과 불변성을 공유할 수 있으리라고 믿었기 때문이다. 이러한 원리가 바로 그들의 정치 형이상학에 해당한다고 할 수 있다.

그러나 이러한 형이상학적이고 과학적인 원리들은 정치질서에 항구성과 안정성을 부여하는 반면 정치세계의 다양성과 역동성을 간과하는 정치사상을 산출하는 경향이 있었다. 마키아벨리에게도 이러한 모색의 최종적 성과는 정치

---

10) 이하에서 전개되는 마키아벨리의 정치 형이상학에 대한 논의는 월린의 논의에 크게 의존했다. 「마키아벨리의 이해」, 186-187면 참조.

세계의 본질이라고 할 수 있는 정치적 활력이 소진된, 동결된 정치세계를 의미했다. 따라서 마키아벨리는 안정된 정치체제를 수립하기 위해서 정당한 권위를 추구하는 문제에 골몰하는 대신, 정치세계의 다양성과 역동성의 문제, 곧 운동하는 세력들로 구성된 불안정한 정치체를 통제하기 위한 지배력을 획득하는 능력의 문제로 관심을 전환했다. 그리고 정치세계의 역동성을 간과하지 않으면서도 비교적 안정된 이론 틀을 제시하는 정치 형이상학으로 마키아벨리는 '역사'를 선택했다.

역사적 설명이 가지는 장점은 그것이 운동과 변화를 서술하는 한편, 인간사회에 작용하는 일정한 항구적인 요인들을 소홀히 하지 않는다는 데에 있다. 나아가서 역사가 사건의 변화무상함을 넘어서 안정된 지식체계를 제공할 수 있다면, 정치상황의 불확실성을 감소시킬 수 있다는 희망도 가질 수 있게 될 것이다. 이는 결국 그리스 철학자들과 기독교 신학자들을 자극했던 동일한 문제의식에 대한 상이한 답변을 의미했다. '전인미답의 새로운 방법'은 영원한 이성과 영원한 신앙 대신에 '역사 속에 보존된 위대함의 영원한 모델'에서 그 확실성을 발견했다. 이러한 전제하에서 마키아벨리는 로마 공화정이 바람직한 정치제도와 정치행위의 기본이 되는 영구적인 모델을 제시했다는 결론을 얻었다. 또한 순환론적 역사관에 입각하여 마키아벨리는 고대 로마의 위대함을 재현시키고자 희망했다. 즉 마키아벨리는 당대 피렌체를 포함한 이탈리아 정치의 총체적인 부패와 위기를 로마 공화정에 비교함으로써 진단할 수 있고, 로마 모델을 모방함으로써 난국을 극복하고 고대의 영광을 성취할 수 있다고 믿었던 것이다.

# 제3판 개역본 역자 후기

까치글방의 「군주론」 한글 번역본을 이탈리아어 원본을 가지고 개역작업을 하자는 제의를 강정인 교수님으로부터 처음 받았을 때, 주저하는 마음이 없지 않았습니다. 마키아벨리 전공자로서 「군주론」을 언젠가는 이탈리아어 원본으로 번역해보고자 하는 욕심이 있었기 때문입니다. 그러나 기존 번역본과 이탈리아어 본을 비교하는 작업을 시작하고 나서 저는 이 개역작업에 참여하기를 정말 잘했다는 생각을 가지게 되었습니다.

"초판 번역본 역자 후기"와 "제2판 개역본 역자 후기"를 보면 알 수 있듯이 이 번역본은 한 번의 작업으로 이루어진 번역서가 아닙니다. 많은 시간, 많은 사람들의 손을 거쳐 나온 작품입니다. 물론 강정인 교수님의 역할이 주도적이었습니다. 개역작업을 수행하면서 강정인 교수님과 문지영 박사님 그리고 그 외 여러분들의 노고가 얼마나 값진 것이었는지를 직접 확인할 수 있었습니다. 특히 「군주론」 같은 책은 애정을 가진 많은 사람들의 공동작업 속에서만 그 의미와 가치를 제대로 전달할 수 있다는 확신을 가지게 되었습니다.

제가 대조에 사용한 이탈리아어 본은 인글레제가 새로 편집한 책입니다 (Niccolò Machiavelli, *Il Principe*, Nuova edizione a cura di Giorgio Inglese, Torino : Einaudi, 1995). 그는 「군주론」에 대한 상세한 연구서를 펴냈고, 젠나로 사소(Gennaro Sasso) 이후 이탈리아에서 마키아벨리 연구의 선두에 서 있는 학자입니다. 그리고 미심쩍은 부분이 보이면 영어 본, 독일어 본 그리고 프랑스어 본을 비교해보았습니다. 영어 본은 스키너와 프라이스가 편집한 책과 맨스필드가 편집한 책을 사용했습니다(N. Machiavelli, *The Prince*, eds. by Quentin Skinner and Russel Price, Cambridge : Cambridge Uni. Press, 1988 ; N.

Machiavelli, *The Prince*, with an introduction by Harvey C. Mansfield, Jr., Chicago : Uni. of Chicago Press, 1985). 독일어 본은 레클람 출판사에서 나온 책을 사용했습니다(N. Machiavelli, *Il Principe/Der Fürst*, übersetzt und herausgegeben von Philipp Rippel, Stuttgart : Reclam 1995). 특히 프랑스어 본은 인글레제가 새로 편집한 책을 원본으로 번역한 책이며, 400쪽에 달하는 방대한 주석이 인상적인 책입니다(N. Machiavel, *Le Prince*, Traduction et commentaire Jean-Louis Fournel et Jean-Claude Zancarini, Paris : puf, 2000). 이 책들은 *Machiavelli and Republicanism*(ed. G. Bock, Q. Skinner & M. Viroli, Cambridge : Cambridge Uni. Press, 1990)을 공동편집했으며, 역사학자의 꼼꼼한 독해방식이 무엇인지 직접 보여준 저의 논문 지도 교수님들 중의 한 분이신 기젤라 복(Gisela Bock) 교수님이 권해주신 책들입니다. 해박한 서지학적 지식으로 많은 가르침을 주신 복 교수님께 이 자리를 빌어 감사의 마음을 표하고 싶습니다.

이렇게 일독(一讀)을 한 후에 다시 한번 이탈리아어 본과 한글본을 꼼꼼히 대조해가면서 읽고, 개역작업을 수행하였습니다. 그런데 이 자리에서 솔직히 밝혀야 할 것은 강정인 교수님과 문지영 박사님의 기존 번역본을 크게 수정할 필요가 없었다는 점입니다. 번역은 완전한 직역도 그리고 완전한 의역도 아닌, 그 사이에서 수행되어야 한다고 생각합니다. 그런 점에서 이탈리아어도 잘 해야겠지만 우리말을 잘 할 줄 알아야 한다는 것을 이번 개역작업에서 절실히 느꼈습니다. 따라서 이번 작업에서 제가 한 일은 이탈리아 본과 비교하여 기존 번역의 정확성과 충실성을 입증한 것이었다고 해도 과언이 아닐 것입니다. 물론 이번 개역작업이 이전 번역본과 완전히 똑같은 것은 아닙니다. 마키아벨리가 중요하게 생각하는 용어의 경우 번역어의 일관성을 살렸고, 영역본이 의역을 한 경우 좀더 이탈리아어 본에 충실하게 바꾸었습니다. virtú를 거의 일관되게 '역량'으로 옮긴 것이 그 한 예 입니다. 나아가서 역주를 보완했으며, "부록"의 인명 해설을 추가하였습니다. 전자의 경우는 제가 주로 맡았고, 후자의 경우는 강정인 선생님과 서강대 정외과 박사과정을 수료한 이지윤 씨가 전적으로 수고해주셨습니다.

　이미 많은 「군주론」 번역서가 시중에 나와 있습니다. 저마다의 특성을 가지고 있는 많은 번역서들이 독자들에게 다양한 선택의 기회를 주는 것은 좋은 일일 것입니다. 그 중에서도 이 역서는 이탈리아어 원전에 충실하면서도 독자들이 접하기 쉽게 옮겼다는 것이 장점일 것입니다. 두 마리 토끼를 다 잡는 것이 어려운 일이지만, 앞에서도 말씀드렸듯이 이 역서는 많은 분들의 노고와 애정이 만들어낸 작품이기에 그것이 가능하지 않았나 싶습니다.

　따라서 "제3판 개역본 역자 후기"를 마치면서 그 산고(産苦)에 참여하셨던 분들께 감사의 말씀을 드리는 것은 당연한 일일 것입니다. 강정인 교수님의 꼼꼼하신 독해와 날카로운 질문은 저에게 많은 가르침을 주셨습니다. 또한 직접 저의 작업을 검토하시고, 미심쩍은 부분에 대해서 허심탄회한 질문을 던지신 까치글방의 박종만 사장님의 열정은 이 책에 그대로 담겨져 있습니다. 아울러 이전 개역판 작업에 참여하셨던 문지영 박사님과 다른 모든 분들의 실력과 노고에 찬사와 감사의 말씀을 드리고 싶습니다. 이 모든 분들의 공동작업이 전제되지 않았으면 이번 개정본은 나올 수 없었을 것입니다. 하지만 이번 개정본에서 나타날 수도 있는 오역이 있다면, 그것은 전적으로 제가 천학비재한 탓일 것입니다. 끝으로 우리나라에서 거의 최초로 시도되는 「군주론」의 이 이탈리아어 본 번역이 독자들에게 인정받고 사랑받게 된다면 옮긴이들에게는 무한한 기쁨이 될 것입니다.

2007년 10월
김경희

# 제2판 개역본 역자 후기

「군주론」 한글 번역본을 출간한 지 어언 9년이 지나갔습니다. 그간 10쇄 이상을 거듭하면서 의외로 독자들의 사랑을 받았던 것 같습니다. 번역본이 나온 지 얼마 안 되어 발견된 너무나 명백한 일부 오류는 책의 면수를 변경하지 않는 범위에서 간단히 손질한 적이 있지만, 수업시간에 학생들과 책을 같이 읽으면서 표현과 구문이 매끄럽지 못해서 은근히 낯이 붉어지던 대목들이 적지 않았습니다.

1996년경에 이미 서강대 대학원 박사과정을 이수하고 있던 문지영이 많은 시간을 들여 표현이 매끄럽지 못하거나 구문이 엉성한 부분들을 전면적으로 교정하고 의문사항을 지적하면서 책의 본문에 연필로 표기해놓았지만, 여러 가지 바쁜 일정, 저의 게으름 그리고 출판사 사정 등을 이유로 전면 개역판을 내는 것을 미루고 있었습니다. 그러나 출간된 지 9년이 되어가는 시점에서 "기회가 닿을 때마다 이 번역본을 수정하고 손질"하겠다던 독자와의 약속을 더 이상 미룰 수는 없는 상황에 처하게 되었습니다.

그리하여 2002년 12월경에 개역판을 내기로 마음을 굳히고, 서강대 대학원 박사과정에 입학 예정이던 엄관용이 문지영의 교정사항을 일일이 점검하면서 다시 자신의 교정 및 지적사항을 책의 본문에 추가하는 작업을 진행했습니다. 그 후 저는 두 사람의 교정 및 지적사항을 검토하면서 대부분 그들의 의견을 받아들였고, 다른 한편 지적사항을 되새기며 영어본 「군주론」과 대조하던 중 중대한 번역상의 오류를 몇 가지 찾아내어 시정했습니다.

따라서 새로 출간되는 개역판 「군주론」이 과거에 비해서 대폭 개선되었다면, 이는 전적으로 문지영, 엄관용 두 사람의 성실한 도움 덕분이라고 생각됩니다. 또 까치글방의 박종만 사장님께서도 부자연스러운 표기법을 개선하고 손수 교정에 참가하시는 등 책의 질적 향상을 위해서 많은 노력을 기울이셨습니다. 마지막으로 엄관용이 색인작업을 꼼꼼히 마무리지었고, 까치글방에서 새로 완성한 원고의 오자와 탈자를 교정하는 데에 엄관용을 비롯한 김혜영, 박지훈, 이진실, 김현아가 참여하여 많은 노력을 기울였습니다. 다시 한번 여러분들의 도움에 대해서 깊은 감사를 드립니다.

본래 저의 의도는 「군주론」에 마키아벨리의 희곡 「만드라골라(*Mandragola*)」를 추가하는 것이었는데, 출판계의 사정상 그렇게 하지 못하게 된 점이 커다란 아쉬움으로 남습니다. 곧 이어 서강대 영문과에 재직 중인 안선재 교수와 함께 번역한 마키아벨리의 개역판 「로마사 논고」를 출간할 예정으로 되어 있습니다. 새 봄과 함께 출간하게 될 제2판 「군주론」과 「로마사 논고」가 마키아벨리의 사상을 이해하고자 하는 독자들에게 오랜 사랑을 받게 된다면 옮긴이들에게는 커다란 기쁨이 될 것입니다.

옮긴이들을 대신하여
서강대 다산관에서
2003년 2월
강정인

# 초판 번역본 역자 후기

I

1989년 서강대학교 정외과에 부임하여 정치사상을 강의한 지 어언 5년이 지났다. 그동안 매년 한 번씩은 학부에서 서양 근대정치사상사를 강의했으며, 그때마다 마키아벨리의 「군주론」을 학생들과 더불어 읽곤 했다. 그러나 이제까지 국내에서 출판된 「군주론」의 한글 번역서들은 두 가지 이유로 마음에 들지 않았다. 그 이유란, 첫째, 번역된 「군주론」의 한글 문체가 현대적인 감각에 적합하지 않았고, 둘째, 「군주론」의 영어 원문과 대조해볼 때 기존의 한글 번역서에서 많은 오역과 생략이 발견된다는 것이었다. 그렇기 때문에 매번 강의시간에 학생들에게 한글 번역서의 잘못된 부분을 '대충이나마' 지적하고 고치는 데에 한두 시간씩을 할애해야 했다. 그런데 이 일은 무척이나 짜증스럽고 소모적인 작업이었다. 언제부터인가 내게는 논리상으로나 구문상으로나 정확하지 못한 문장을 읽는 작업이, 차량이 빽빽하게 들어선 교통 혼잡 지역에서 차를 운전하는 것만큼이나, 짜증스러운 일이 되고 말았기 때문이다. 그 결과 강의 도중에 한글 번역서를 직접 인용하는 일이 드물어지고 나 자신도 한글본을 잘 읽지 않게 되었다.

나아가서 한글본의 잘못된 번역 부분을 지적하고 고치기 위해서 강의에서 한두 시간을 할애한다는 것은, 강의가 집단의 공적인 시간이기 때문에 단순히 사사로운 한두 시간의 소비로 끝나는 것이 아니라는 생각이 해를 거듭해가면서 나를 괴롭혔다. 가령 70명의 학생에게 한글본 「군주론」의 잘못된 부분을 지적하고 정정하는 데에 두 시간을 쓴다고 전제하고 이를 사적인 시간으로 환원하면 70×2=140시간이라는 계산이 나온다. 따라서 한글본의 오역을 지적하고 고치는 데에 매학기 140시간이 소모된다고 말할 수 있다. 즉 「군주론」의 좋은 한글 번역본이 있었더라면, 서강대학교에서 소모되는 140시간은 반드시 사용되지 않아도 되는, 곧 '낭비된' 시간이었음이 판명된다. 만약 이런 계산을 대학 일반, 나아가서 국민 일반으로 그리고 과거로부터 현재까지 확대 적용한다면, 그로 인해서 과거에 낭비되었던 그리고 앞으로 낭비될 시간은 가히 기하급수적으로 증가될 것이다. 게다가 그러한 피해와 불편을 감당하기 싫어서 책을 읽지 않는 풍조가 어렸을 때부터 일반 국민에게 조성된다면, 그 보이지 않는 효과가 한 국민의 문화수준 일반에 미치는 폐해는 어떻게 계산할 것인가?

따라서 옮긴이는 이처럼 불필요하고 무모한 시간의 낭비와 그 반복이 언젠가는 누군가에 의해서 중단되어야 한다는 생각을 가지게 되었다. 그렇기 때문에 일찍부터 「군주론」을 번역하고 싶은 마음이 있었으나, 여러 가지 이유로 실천에 옮기지 못했다. 그중 중요한 이유는, 첫째, 남한사회에서 번역은 창의적인 작업이 아니라고 생각되기 때문에 학문적으로 크게 평가받지 못하며 또한 번역이라는 지루한 작업에 대한 경제적인 보상도 별로 많지 않다는 점이다. 이러한 현실은 다른 연구활동—가령 학술논문을 쓰거나 책을 저술하는 것—과 비교하여 번역활동을 망설이게 만드는 주된 이유가 되며, 상대적으로 우수한 재능과 진지한 정열이 번역작업을 홀시하거나 외면하게 하는 결과를 초래한다. 둘째, 마키아벨리의 「군주론」의 경우에는 원어인 이탈리아어를 알아야 하는데, 옮긴이는 이탈리아어를 전혀 모른다는 점이다. 따라서 옮긴이의 경우에는 영어로 된 「군주론」을 한글로 번역하는 수밖에 없는데, 이는 이중오역이라는 심각한 위험을 제기한다. 영어 번역자의 오류와 한글 번역자의 오류가 중첩적으로 나타나게 되는 경우, 한글 독자는 많은 피해를 입게 될 것이다. 따라서 원어인 이탈리아어에 능통한 학자가 번역하는 것이 순리라고 생각되었기 때문에 번역을 주저하지 않을 수 없었다.

우리 사회에서는 대체로 두 부류의 학자들이 서양 고전의 번역에 종사한다. 하나는 그 고전이 쓰여진 원어에 능통한 학자가 자신의 전공분야와 상관없이 번역하는 경우이다. 예컨대 대학의 불문과 교수가 루소의 「사회계약론」을 번역하거나 이탈리아에서 사학을 공부한 교수가 마키아벨리의 「군주론」을 번역하는 경우가 여기에 해당한다. 다른 하나는 전공분야의 학자가 고전의 원어에는 능통하지 못하지만 자신의 전공지식에 근거하여 영어, 독일어, 일어로 번역된 서양 고전을 다시 번역하는 경우이다. 예컨대 옮긴이와 같이 서양 정치사상을 전공하는 교수가 프랑스어나 이탈리아어를 모르면서 영어본에 근거하여 「사회계약론」이나 「군주론」을 번역하는 경우를 말한다. 물론 각각의 경우에 그 장단점이 있다. 전자의 경우 번역자는 원문의 '문의(文意)'에 충실할 수 있으나, 사상사 전반이나 특정한 사상가의 사상에 대한 지식이 결여되어 있기 때문에 학문적으로 중요한 핵심용어나 문구들을 정확하게 옮기지 못하는 경향이 있다. 후자의 경우 번역자는 전체적인 맥락을 제대로 포착하고 핵심적인 학술용어를 제대로 옮길 수 있을지는 모르나, 원문의 미묘한 뉘앙스를 포착하지 못하는 결함이 있다. 더욱이 이중번역으로 인해 오역의 위험이 배가될 가능성이 있다.

물론 고전이 쓰여진 원어에 능통하고 고전의 주제와 직접적으로 연관된 전공분야에 종사하는 학자가 그 고전을 번역하는 것이 이상적이며, 그 경우에는 앞에서 지적한 문제가 심각하게 부각되지 않을 것이다. 고대 그리스어에 능숙하고 그리스 철학에 정통한 철학교수가 플라톤이나 아리스토텔레스의 저작을 번역하는 경우가 여기에 해당할 것이다. 예컨대 옮긴이에게 친숙한 플라톤의 「국가」나 아리스토텔레스의 「정치학」의 경우에는 고대 그리스어에 능통하고 그리스 철학을 전공하는 학자들이 번역한 책들이 시중에 널리 보급되어 있다. 책 뒤에 나오는 역자들의 약력을 보면 번역자들은 그리스 철학과 그리스어에 해박한 지식을 가지고 있는 것처럼 보인다. 그럼에도 불구하고 국내에 가장 널리 보급되어 있는 플라톤의 「국가」 번역본은 유감스럽게도 수많은 오역으로 가득 차 있다. 그 이유는 무엇인가? 출판사 탓인가 아니면 역자들의 학문적 미숙함과 불성실함에 기인하는 것인가? 또한 독자들의 무감각에 기인하는 것인가? 나아가서 우리의 지적 풍토 일반의 책임은 아닌가? 이유야 여하튼 그러한 책이 널리 보급된다는 사실 자체가 우리 사회에서의 이른바 '고급문화'

의 현주소를 적나라하게 드러내는 단면처럼 보인다.

옮긴이가 「군주론」의 번역을 망설인 결정적인 이유는 앞에서 제기한 이러한 비판을 극복할 수 있는 한글 번역서를 내놓을 능력과 자신이 없기 때문이었다. 따라서 여기 펴낸 「군주론」이야말로 앞에서 제기한 비판이 적나라하게 적용될 법도 하다. 예컨대 옮긴이는 마키아벨리의 정치사상을 이해하고자 할 때 '덕(virtú)'과 '운명(fortuna)'의 관계를 정확히 규명하는 작업이 매우 중요하다는 점을 알고 있다. 그러나 옮긴이가 접한 영역본들이 영어권 일반 독자들의 편의를 위해서 대부분 이 단어들을 의역해서 여러 가지 영어 단어들로 옮겨놓았기 때문에 일일이 이를 밝히는 작업은 불가능한 일이 되고 말았다. 따라서 이탈리아어 원문을 대하지 않는 이상 「군주론」에서 '덕'과 '운명'의 정확한 관계를 해명하는 일은 대단히 어려운 작업이 되고 말았다. 옮긴이의 본래 의도는 비록 '덕'과 '운명'을 다양한 한글 단어들로 번역하더라도 괄호 속에 그 단어들이 동일한 단어인 '덕'과 '운명'의 다양한 번역어임을 밝히려는 것이었는데, 이를 못하게 된 것이다. 다만 위안할 수 있는 것은 한글 번역본의 말미에 부록으로 이 단어들의 다양한 의미를 조금이나마—그것도 영어본의 부록을 번역함으로써—밝힌 것이라고 할 수 있겠다.

이탈리아어를 모르는 옮긴이가 마키아벨리의 「군주론」을 영역본에 의거하여 번역해야 한다는 사실은 일면 '안타깝고', 일면 '한심한' 일인 한편 '엄연한' 한국의 문화현실을 단적으로 드러내는 것이라고도 말할 수 있겠다. 이러한 현실은 가급적 빨리 타파되어야 할 것이다. 따라서 옮긴이의 이 번역본은 이러한 현실이 타파될 때까지, 곧 이탈리아어에 능숙하고 정치사상사 일반은 물론 마키아벨리 사상에도 정통한 번역자가 「군주론」에 대한 탁월한 번역서를 낼 때까지, 잠정적이고 과도기적인 가치를 지닐 뿐이다. 그러한 날이 빨리 오기를 기대하면서, 옮긴이는 기회가 닿을 때마다 이 번역본을 수정하고 손질함으로써 과도기적인 임무를 성실하게 수행하고자 할 따름이다.

## II

참고로 옮긴이가 「군주론」을 번역하면서 사용한 영어 대본은 다음과 같다 :

Machiavelli, *The Prince*, eds. by Quentin Skinner and Russel Price (Cambridge : Cambridge University Press, 1988).

Machiavelli, *The Prince in The Chief Works and Others*, tr. by Allan Gilbert(Durham, North Carolina : Duke University Press, 1965) Vol I, pp. 5–96.

Niccolò Machiavelli, *The Prince and the Discourses*(New York : The Modern Library, 1950), pp. 3–98.

옮긴이는 이중에서 주로 스키너와 프라이스가 번역한 영어 대본을 옮긴이의 한글 번역본의 기본 골격으로 삼았다. 따라서 중세 이탈리아의 지도, 주요 사건 연표 및 부록은 이 영어 대본에 있는 것들을 옮긴이가 번역한 것이다. 또한 본문의 각주도 다른 표시가 없는 한, 이 대본에 나온 주를 번역한 것이다. 간혹 이 대본에 나오는 구절 중에서 영어의 의미가 분명치 않거나 또는 길버트가 번역한 영어 대본의 의미가 더 명료하다고 생각되는 경우에는 길버트 본에 따라서 번역했다. 그러나 이 점을 한글본의 본문에서 밝히지는 않았다. 옮긴이는 한글로 번역하면서 국내에서 널리 읽히는 임명방, 한승조 번역의 「군주론, 리바이어던」(서울 : 삼성출판사, 1990)의 「군주론」 부분(임명방 역)을 참고했다. 마지막으로 마키아벨리의 정치사상 일반에 관심을 가진 독자는 옮긴이가 편역한 퀜틴 스키너 외, 「마키아벨리의 이해」(서울 : 문학과지성사, 1993)를 참고하기 바란다.

## III

이 책은 1993년 4월부터 강의 도중 틈틈이 시간을 내어 번역한 것이다. 옮긴이는 원래 「군주론」에다 「로마사 논고」의 중요한 부분을 발췌, 번역하여 합본하고자 했기 때문에, 출판을 늦추고 있었다. 그러나 출판사에서 「군주론」만이라도 우선 출판하자고 권유하여 「군주론」의 번역을 서둘러 완료하게 되었다. 따라서 옮긴이는 마키아벨리가 「군주론」의 원고 집필을 마무리짓던 1513년 12월 말로부터 480년이 지난 작년 연말에 시간에 쫓기면서 「군주론」과 씨름하지 않을 수 없었다.

이 책을 번역하는 데에는 많은 분들의 도움이 있었다. 우선 항상 인간적이고 학문적인 격려를 아끼지 않는 서강대학교 정치외교학과의 선배 및 동료 교수들께 다시 한번 감사드린다. 영어 해석이 간혹 막히는 부분에 관해서는 항상 친절하게 설명해주시는 서강대 영문과의 앤소니 교수와 사회학과의 박문수 신부님께 도움을 받았다. 이 원고를 처음부터 끝까지 읽고 세심하게 교정을 해준 대학원 정외과의 하상복 석사에게도 깊은 감사를 드린다. 그리고 편집 및 교정에 많은 노력을 기울인 출판사 편집부 직원들에게도 감사를 드리고 싶다.

직장 일로 피곤함에도 불구하고 가사를 도맡아가면서 남편의 학문을 묵묵히 뒷받침해준 아내에게는 항상 미안함과 고마움을 금할 수 없다. 그리고 밤늦게 아빠가 돌아올 때까지 귀를 쫑긋 세우고 기다리는 세빈이와 아직도 아빠가 서먹서먹한 이방인으로 남아 있는 세윤이에게도 말로 다할 수 없는 미안함을 느낀다.

마지막으로 나는 이 책을 번역하면서 받은 부모님의 은혜에 다시 한번 감사드리지 않을 수 없다. 나는 작년부터 학교 연구실보다는 학교 근처에 있는 연남동의 부모님 댁에서 주로 연구를 하게 되었다. 그곳이 훨씬 조용하고 연구에 전념할 수 있는 곳이기 때문이었다. 이 집은 대학시절부터 우리 가족이 살던 집인데 옛날에 쓰던 방을 다시 씀으로써 대학시절의 감회가 되살아나기도 했다. 그리고 이제는 매일 한번 정도 들리지 않으면 무언가 허전한 마음이 드는, 보금자리가 되고 말았다. 어느덧 연로하신 부모님은 어엿한 성인이 된 자식의 연구를, 예전의 어린 자식의 공부를 돌보듯이, 한결같이 보살펴주셨다.

아버님은 방이 추울까 보일러도 더 때시고, 당신이 쓰시던 가스 난로를 책상 옆에 가져다주시기도 했다. 어머님은 식사 때마다 내가 좋아하는 음식을 차려 놓곤 권하셨다. 그리고 항상 따뜻한 찻물과 간식을 잊지 않고 준비해주셨다. 이제는 결혼도 하고 자식도 낳아서 어엿한 어른이 된 내가 연남동에서는 어린 시절로 되돌아가서 부모님의 자상한 보살핌을 받게 되었던 것이다. 부부(父夫)로서의 의무는 소홀히 하는 한편, 자식으로서의 권리(?)는 여전히 누리고 있는 셈이 되었다.

이러한 상황에서 느끼는 애처롭고 막막한 감회를 어떻게 표현해야 할까? 과거로의 도피라고 할까 아니면 과거의 현재적 부활이라고 할까? 아니, 마키아벨리의 사상처럼 과거는 현재에도 항상 살아 있는 것이라고 할까?

그 대답이 여하튼 처자식의 희생에 대해서는 미래의 보상을 약속할 수 있다. 하지만 인생사가 그렇듯이, 부모님의 은혜는 보답할 길이 없다. 이 책을 부모님께 바친다.

1994년 1월 연남동에서
강정인 씀

# 인명 색인